La escritura paso a paso

Paloma Lapuerta

Central Connecticut State University

Gustavo Mejía

Central Connecticut State University

PEARSON

Prentice
Hall

worLd
Languages

Upper Saddle River, New Jersey 07458

Library of Congress Cataloging-in-Publication Data

Lapuerta, Paloma.
  La escritura paso a paso/Paloma Lapuerta, Gustavo Mejía.
    p. cm.
  ISBN 0-13-221306-0 (pbk.)
  1. Spanish language—Composition and exercises. I. Mejía, Gustavo.
II. Title.
  PC4420.L37 2007
  808'.0461—dc22

                                        2007017990

Sponsoring Editor, Spanish: *María F. García*
Editorial Assistant, Spanish: *Amanda Staab*
Director of Marketing: *Kristine Suárez*
Senior Marketing Manager: *Denise Miller*
Senior Managing Editor: *Mary Rottino*
Project Manager: *Manuel Echevarria*
Project Manager: *Jill Traut, ICC Macmillan Inc.*
Prepress and Manufacturing Buyer: *Cathleen Petersen*
Cover Art Director: *Jayne Conte*
Manager, Cover Visual Research and Permissions: *Karen Sanatar*
Marketing Coordinator: *William J. Bliss*
Publisher: *Phil Miller*
Cover Image: *Getty Images, Inc.*

For permission to use copyrighted material, grateful acknowledgment is made to the copyright
holders starting on page 239, which are hereby made part of this copyright page.

This book was set in 10/13 AGaramond by ICC Macmillan Inc. and was printed
and bound by King Printing Co., Inc.

© 2008 by Pearson Education
Upper Saddle River, NJ 07458

Printed in the United States of America
4 5 6 7 8 9 10   V0CR   16 15 14 13 12

ISBN   0-13-221306-0
            978-0-13-221306-6

Pearson Education LTD., *London*
Pearson Education Australia PTY, Limited, *Sydney*
Pearson Education Singapore, Pte. Ltd
Pearson Education North Asia Ltd., *Hong Kong*
Pearson Education Canada, Ltd., *Toronto*
Pearson Educación de México, S.A. de C.V.
Pearson Education-Japan, *Tokyo*
Pearson Education Malaysia, Pte. Ltd
Pearson Education, *Upper Saddle River*, New Jersey

Contenido

Capítulo 3   *La narración*   77

Capítulo 4   *La narración en el futuro*   115

Capítulo 5   *La exposición*   161

Capítulo 6   *La argumentación*   *203*

Preface

La escritura paso a paso is a six-chapter, one-semester program that targets colleges and universities offering courses specialized in writing and composition at the intermediate to advanced levels in SL Spanish. The aim of *La escritura paso a paso* is to help learners move from intermediate to advanced levels of proficiency as defined in the writing guidelines developed by the American Council on the Teaching of Foreign Languages (ACTFL). More specifically, the textbook has been designed to help students advance progressively from intermediate low or mid levels toward advanced low or mid levels of performance.

Progress from one level of performance to the next is accomplished through two basic principles of the communicative approach: **spiraling** and **recycling**. Spiraling is a technique that allows instructors to provide learners with tasks that start at an established *floor of competence* before gradually incrementing the requirements of the task so students are guided to a *target level of performance*. Recycling recognizes that the exposure of the students to a particular concept does not necessarily mean that the students have learned it or have incorporated it into their performance. Because the focus is on performance, students are provided with many opportunities to continue practicing their newly acquired skills and writing strategies. As a result, students are progressively better able to incorporate these functions into their writing and build on their ability to arrive at their target level of performance.

The development of writing skills is fostered in the textbook by a particular approach: **process writing**. In terms of this textbook, process writing is understood in various ways, as explained next.

- The concept is used in its conventional sense. It starts with the idea that good writing is not the result of a simple operation, but rather of a process that involves prewriting and planning strategies, drafting and revising strategies, reading and discussing the text with others, and editing to make overall improvements and to incorporate commentaries made by readers.

- Process writing is also understood in a less conventional sense. Because the textbook is keyed to the ACTFL guidelines for writing, both starting and end points are easily identifiable. This allows for progress from one to the other to be accomplished through a process that focuses precisely on the functions, contents, and text types that will help students write richer and more elaborate texts. Different exercises and activities in each chapter then gradually increase the expected performance level by guiding students on how to incorporate details, connectors, appropriate time markers, and so on, in order to transform strings of sentences into paragraphs.

- Process writing is also understood in *La escritura paso a paso* as the result of combining two basic types of writing: **spontaneous** and **reflective**. Spontaneous writing is what must be done with limited time and limited opportunity for prewriting, planning, and revising. Reflective writing is done under conditions that allow the writer to plan, discuss, draft, and revise without time constraints. Improvement in writing is the result of a process that involves continuous interaction between a writer's spontaneous writing performance and his or her reflective writing performance. Therefore, numerous activities are included in this textbook for in-class spontaneous writing, assigned homework, and longer projects that involve more reflective writing, with tasks that require planning, drafting, and rewriting.

- Finally, process writing is understood as a way to learn. Not only do students learn by doing, but also by being actively involved in their learning process; by reflecting on what they do; by becoming aware of their shortfalls; and also, very importantly, by having clear goals and knowing by what criteria their writing is being assessed. Process writing, therefore, is seen as a way of putting students in control of their progress. Because the textbook works with precise descriptions of what characterizes the different levels of performance, it can give learners the means and the tools to understand where they are, where they have to go, and what they have to do in order to get there. In order to give students these tools, *La escritura paso a paso* includes a *Controla tu progreso* box in each chapter, where level descriptions are explained and students are invited to reflect on their own writing in terms of those concepts.

Features of *La escritura paso a paso*

- A consistent practice of different writing functions such as summarizing, describing, narrating, supporting opinions, and defending arguments by building up from simple to more complex text types, and through the constant recycling of these functions throughout the textbook.

- A practical approach to writing that explores different genres that students are likely to encounter if they continue to use Spanish in their normal life. Students will likely find the need to write narratives, descriptions, anecdotes, projects, and essays, not just as part of their university courses, but also in any career that requires the use of Spanish. And although *La escritura paso a paso* addresses the needs of academic writing, its scope is more encompassing and practical.

- A majority of task-based activities that have been designed to allow students to improve from lower to higher levels of performance within each section of the chapter, as opposed to a linear progression of difficulty from one chapter to the next.

- A system of cross-references between the main textbook, *La escritura paso a paso*, and the workbook, *Cuaderno de estudio y referencia*, to allow students to expand their cultural knowledge and organizational skills, review and incorporate grammatical features, and facilitate the process of reflective writing.

- A good number of self- and peer-assessment devices, such as evaluation tools and rubrics throughout the chapter, and tips to help students monitor their own progress.

- A Companion Website that includes numerous teacher notes, rubrics, and other tools that facilitate the teaching and evaluation of students' writing performance.

Organization of *La escritura paso a paso*

La escritura paso a paso program is composed of a main text, a completely integrated workbook, and a Companion Website™. The main textbook is divided into six chapters. Each chapter focuses on a different writing function: **El resumen, La descripción, La narración, La narración en el futuro, La exposición,** and **La argumentación**. Different types of text (the news item, the letter, the anecdote, the proposal, the expository essay, and the argumentative essay) serve as contextual vehicles to practice the required functions.

The contexts of the six chapters are as follows:

- Chapter 1: **El resumen** (*La noticia y el periódico*) focuses on the function of summarizing. The news item contains all the functions that the student will study and practice during the semester: summarizing, describing, narrating, incorporating indirect speech, etc.

- Chapter 2: **La descripción** (*El anuncio clasificado y la carta*) gives students tools to write descriptions that are well organized and rich in detail.

- Chapter 3: **La narración** (*La anécdota y el diario*) helps students organize and enrich narratives of a factual nature.
- Chapter 4: **La narración en el futuro** (*Las invitaciones, los planes y la propuesta*) strengthens students' abilities to write in different time frames.
- Chapter 5: **La exposición** (*El comentario y el ensayo expositivo*) gives students tools to write expositions of concrete—rather than abstract—topics such as they may encounter in some academic work.
- Chapter 6: **La argumentación** (*La publicidad y el ensayo argumentativo*) starts students in the more advanced skills of defending a thesis and persuading with arguments.

The organization of the chapters

Each chapter in *La escritura paso a paso* is divided into the following sections: ***Preparación, Contexto, Producción,*** and ***Revisión.***

Preparación. The purpose of this section is to introduce students to the concepts and writing functions that are going to be developed within the chapter. The first activity serves as a warm-up, and it is based on a photo or drawing that includes questions to generate a discussion on a topic relevant to the chapter. In order to facilitate the discussion, a list of useful vocabulary is also included, as well as ideas on how to incorporate and build on this vocabulary. The following activities of this section require spontaneous writing to be done in class as a group, in pairs, or individually. This section also includes a role play that introduces a new level of difficulty in order to measure the level of students' performance, both orally and in writing.

Contexto. This section gives students the cultural context about the type of text that is being presented in the chapter. It also aims to give students writing tools and strategies that will help them improve their understanding of the writing process. This section includes two subsections.

The first subsection aims at familiarizing students with the type of text that they will be required to write. It includes an introduction to the type of texts covered in the chapter that explains the organization of the texts under study, their variations, the particularities of the language they use, as well as questions of register, tone, etc.

The second subsection, titled *Paso a paso,* is both analytical and practical in focus, and its aim is to make students aware of some of the traits of the type of texts discussed in the chapter that are particularly relevant to the improvement of the students' own writing. Activities in this subsection include pre-, during, and postreading exercises, leading students to focus on the text itself. Activities range from guided summaries or short descriptions to more open-ended problem-solving activities or role plays related to a given genre.

Producción. This section focuses on text production. The main writing project for the chapter (*El proyecto*) is always presented at the beginning of this section to allow students enough time and practice to complete the writing assignment. Producción has two parts:

- **Taller de escritura.** As this title indicates, this subsection goes into detail about writing a specific type of text or performing a particular function. It gives students very specific techniques that will help them improve their writing. For example, when the focus is on description, the *Taller* tells students how to look for different kinds of traits in the object of description, or how to make comparisons to enhance their descriptions.

- **Manos a la obra.** Activities in this subsection are specifically directed to preparing students for the chapter's main writing project. By concentrating on particular aspects, such as purpose, register, or organization, these activities break down the complex project into smaller, more manageable tasks and give students the opportunity to use class work to enhance their projects.

Revisión. Throughout the chapter, students have numerous opportunities to check their writing performance through rubrics that are built into some activities. However, this final section systematically incorporates the principles of drafting and revising. Activities such as self- and peer commentary, which require the learner to shift from writer to reader, are integrated to emphasize the middle stages of the writing process. A box titled *Controla tu progreso* allows students to analyze their strengths and weaknesses, apply the tools they are given, and take risks in order to improve their writing through concrete references to the ACTFL writing guidelines. To facilitate this work and allow students to acquire the distance needed to be objective readers of their own or other writers' compositions, the textbook provides students with worksheets, questionnaires, and guidelines. Activities in this section are geared to develop students' awareness of purposes, detail, organization, and clarity.

Components

Cuaderno de estudio y referencia works as a well-integrated supplement that allows students to expand their cultural, organizational, and grammatical knowledge through readings and activities that can be done outside of class. *Cuaderno* focuses on reflective writing, which comes as a necessary support to the spontaneous writing done in class. Throughout the main text, there are continuous references to explanations and activities that appear in *Cuaderno*, and which students should do for homework. *Cuaderno* is divided in three sections: *Historia y cultura, El arte de escribir,* and *Gramática aplicada.*

Historia y cultura *de la noticia, de la carta, etc.*, focuses on cultural aspects. For example, in the first chapter, there is an overview of the news item (*La noticia*) and the media in general in a historical and sociological context. Through a cultural reading and related activities, this subsection aims to encourage students to make cultural comparisons and connections, while helping students to better understand the context in which the type of texts they are working with are or have been used. This section also helps students develop vocabulary, reading skills, and general culture.

El arte de escribir *una noticia, una carta, etc.*, has a dual purpose: to build on the basic composition elements identified in *Preparación* and *Contexto* and to give students concrete tips on how to organize, structure, or approach the writing for the chapter. This part also has a number of activities that students will be asked to do outside of class to prepare for the work that will be done in class during the days that correspond to the *Producción* section.

Gramática aplicada serves as the linguistic referent of the book and has a particular approach to grammar, as the title suggests. The grammar is not intended to serve as a general review of predetermined grammar topics, but rather to identify and practice the real connections between the language and the specific writing purpose. Thus, the explanations are not meant to be exhaustive, but are limited to the needs of the student when performing a particular writing function. The section is structured around strategies that allow students to become better writers by enriching a particular text with the use of syntactical features such as adjectives, connectors, or complex sentences. Very clear and concise explanations of grammatical points that students can review on their own are followed by a number of activities whose purpose is to enrich given written texts and/or create texts of progressive complexity. Throughout *La escritura paso a paso,* there are *Cuaderno* boxes with help icons that contain references to *Cuaderno de estudio y referencia* to facilitate the students' review of organizational and grammatical aspects. In the Cuaderno, these cross-references from the textbook are indicated by a help icon. Additionally, *Tarea* boxes in the textbook suggest homework that students can do as they advance in each chapter.

Companion Website™. In addition to *Cuaderno de estudio y referencia, La escritura paso a paso* program includes a Companion Website™ (http://www.prenhall.com/laescritura) where students will find valuable resources. The Companion Website™ also includes teachers' notes, rubrics, and other useful resources for teachers. The Web site for students includes support for research in the form of useful links to relevant sources that will facilitate their information-gathering efforts. A discussion of copyright, fair use, plagiarism, and other ethical issues of writing can also be found here.

Acknowledgments

This first edition of *La escritura paso a paso* has been possible through a collaborative effort, not just between us, the authors. It is our pleasure to recognize the help and encouragement of our publisher, editors, and innumerable colleagues and former students. We are deeply indebted to our colleague and excellent friend, Beatriz Pastor, for her generous contributions in texts and ideas that helped give this textbook its present form. Ninon Larche's help in discussing the textbook's plan, suggesting visuals, and locating copyright holders was invaluable. We are sincerely appreciative of all the comments and suggestions that we received from the many members of the Spanish teaching community, whose reviews and comments at various stages throughout the preparation of this manuscript gave us a critical perspective on *La escritura paso a paso* while contributing with excellent ideas. We would particularly like to thank:

Esther Aguilar, *San Diego State University*
Matthew C. Alba, *Brigham Young University*
Alan S. Bell, *University of Maryland, Baltimore County*
Carlos Benavides, *University of Massachusetts, Dartmouth*
Julie Marie Brice, *Illinois State University*
Jens H. Clegg, *Brigham Young University*
Lisa J. Huempfner, *Illinois State University*
Charles M. Oriel, *University of California, Davis*
Marisa Herrera Postlewate, *The University of Texas at Arlington*
Marcela Ruiz-Funes, *East Carolina University*
Sarah Williams, *University of Pittsburgh*

We extend our appreciation to all the editorial, production, and marketing staff at Prentice Hall who have contributed to *La escritura paso a paso*. Special thanks to our sponsoring editor, María F. García; Bob Hemmer, Executive Editor, for recognizing the potential of this project and for his guidance and support; Phil Miller, Publisher, for his enthusiasm, encouragement and friendly advice, and Amanda Staab, Editorial Assistant, for suggesting the image cover and for helping out with the countless details. And last in the chronological order of things, though certainly not in our appreciation, we would like to thank Jill Traut, Project Manager at ICC Macmillan Inc., who helped us give this book its final shape.

El resumen

El capítulo 1 se enfoca en el **resumen**, dentro del contexto del periódico y la noticia. Como proyecto de este capítulo, se te pedirá que escribas una noticia en la que deberás incluir información resumida de otros textos.

PREPARACIÓN

Las lluvias torrenciales pueden causar inundaciones.

Vocabulario relacionado

barro	*mud*
cables	*power lines*
ciudad	*city*
damnificados	*victims*
daños	*damages*
electricidad	*power*
habitantes	*inhabitants*
inundaciones	*floods*
litros por metro cuadrado	*liters per square meter*
lluvias torrenciales	*downpours*
peligro	*danger*
pérdidas	*losses*
rescatar	*to rescue*
seguros	*insurance*
tormenta	*storm*

1-1 **Una imagen vale más que mil palabras.**

Primera fase. Observen la foto de la página 2 y contesten las siguientes preguntas entre todos. Usen su imaginación. Pueden utilizar las palabras del **Vocabulario relacionado** u otras que ustedes conozcan.

1. ¿Qué hay en la foto? ¿Cómo están estos autos? ¿Dónde están? ¿Hay personas dentro de ellos?

2. ¿Qué creen ustedes que pasó probablemente? ¿Cuándo ocurrió? ¿Cómo fue?

3. ¿Qué va a pasar ahora? ¿Quién va a pagar los daños? ¿Qué van a hacer los dueños de los autos? ¿Qué harían ustedes si encontraran su auto en estas condiciones?

Segunda fase. Escriban en la pizarra con ayuda del/de la profesor/a una descripción de la foto y el relato de lo que probablemente pasó.

A tener en cuenta

Hablar y escribir

Hablar y escribir son dos formas de comunicación que persiguen el mismo objetivo: trasmitir a otra persona nuestros pensamientos. Sin embargo, las dos funcionan de manera muy diferente. Así, mientras la conversación normal entre dos personas en un café salta de un tema a otro, en un texto escrito se hace necesario organizar las ideas con más claridad porque mientras la conversación no tiene un propósito predeterminado, el texto escrito sí lo tiene. Al escribir, siempre tenemos que preguntarnos, ¿Por qué escribo esto? ¿Qué propósito tengo? ¿Qué quiero comunicar? Reflexiona sobre las diferencias entre contar algo oralmente y contarlo por escrito cuando hagas las actividades 1-2 y 1-3.

 1-2 **Entrevista a los damnificados.**

Primera fase. Tú eres un periodista que trabaja para el periódico local. Te han encargado que entrevistes a los habitantes de una población que ha sufrido graves inundaciones. Tu compañero/a es un habitante. Hazle preguntas para obtener la información siguiente. Después intercambien roles. Acuérdate de usar los interrogativos (¿dónde?, ¿cómo?, ¿qué?, ¿cuántos/as?, etc.).

1. Lugar en que se encontraba cuando empezó a llover

2. Daños sufridos y pérdidas personales

3. Descripción de la ciudad después de las lluvias

4. Planes para superar (*overcome*) los problemas

Segunda fase. Toma nota de lo que dice tu compañero/a y compártelo con la clase.

> **CUADERNO**
>
> ¿Necesitas ayuda con las citas directas e indirectas? Busca esta información en la sección **Gramática aplicada** del capítulo 1 del *Cuaderno de estudio y referencia.*

1-3 La noticia.

Primera fase. Ahora escriban entre todos la noticia que podría acompañar la foto de la página 2 en un periódico local. Tengan en cuenta los siguientes puntos.

1. La noticia debe ser breve (dos párrafos).
2. Debe incluir una descripción y un relato.
3. Basándose en las entrevistas de la actividad anterior, debe citarse al menos a uno de los testigos (*witnesses*).
4. Debe tener un titular (*heading*).

Segunda fase. Lean la noticia y hagan los reajustes necesarios para mejorarla teniendo en cuenta los siguientes puntos. Márquenlos con una X.

1. _____ La noticia tiene fecha y un titular atractivo que la resume.
2. _____ El tono del lenguaje es apropiado para un periódico serio.
3. _____ Las oraciones son completas y están bien conectadas.
4. _____ Los párrafos expresan contenidos bien diferenciados.
5. _____ Las descripciones se corresponden con el contenido de la foto.
6. _____ El relato de los hechos es informativo, detallado y secuencial.
7. _____ Lo que dicen los testigos está bien integrado con el resto.
8. _____ La gramática (uso de los tiempos verbales, conectores, concordancia, etc.) es correcta.

CONTEXTO

El periódico y la noticia

Titular —

Entrada —

Cuerpo informativo —

La Gaceta de Guatemala
Diario independiente al servicio de todos

Martes 24 de agosto de 2007 — Todos los derechos reservados

Extraños seres de más de dos metros causan el pánico en Chile

Aterrorizados testigos cuentan sus experiencias en el desierto de Atacama

Las gárgolas de Notre Dame de París sirven de fondo a esta historia de extraños encuentros. ¿O serán verdaderamente mostruos desconocidos?

En el interior
Editorial 3
Internacional 5
Nacional 7
Deportes 9
Sociedad 13

SANTIAGO DE CHILE.- ¿Se imaginan encontrarse en medio de la calzada a extraños seres de más de dos metros de altura con apariencia de animales fantásticos? Esto es lo que ha sucedido en el norte de Chile, donde varias personas han visto "monstruos" de estas características en una carretera en los últimos días, según informa la prensa local.

Los testigos citados por distintas versiones periodísticas describen a esos seres como enormes canguros, dinosaurios de dos patas e incluso "gárgolas".

Los diarios de esas ciudades recogen relatos de algunos ciudadanos que dicen haber visto a las raras criaturas,

como el militar Hernán Cuevas, que asegura que se cruzó con dos de ellas el pasado jueves cuando viajaba junto a otros dos adultos y dos niños. "Sólo atiné a frenar mientras por delante pasaba una tremenda bestia, muy similar a un dinosaurio de dos patas, con tremendos muslos", ha declarado.

Cuando aún no habían salido de su asombro vieron pasar otra criatura igual, "de color gris, sin pelos y con una altura de dos metros", informa al diario 'La Estrella', de Arica, Darío Riquelme, uno de los ocupantes del vehículo.

La UE prohibe la importación de plátano

Más información en la página 28ª

6%

¿Por qué pagar más?

Banco de Cali.

El banco de todos. Su banco.

Nuestro Banco

Panadería La Especial
El pan de cada día

Siempre fresco

Desde el siglo XIX, el **periódico** ha sido la principal fuente de información y de noticias. La radio, la televisión, y más recientemente, el Internet, han remplazado en parte esta función del periódico. Sin embargo, el periódico sigue siendo un importante elemento de referencia. A través del periódico se expresan opiniones, se comparten ideas, se conecta con el mundo.

Si bien es cierto que en un periódico podemos encontrar distintos tipos de textos como la **entrevista**, el **reportaje**, la **crónica**, el **artículo de opinión**, etc., que sirven para ampliar, debatir, difundir una noticia o para profundizar en ella, la **noticia** es uno de los componentes centrales del periódico. La noticia es el **relato** de unos hechos. Las noticias del periódico suelen tener tres partes: los **titulares**; la **entrada** o primer párrafo, que contiene lo esencial de la historia; y el resto de la noticia o **cuerpo informativo**. Antes de analizar una noticia hay que tener en cuenta la fecha, el tipo de periódico y **la sección** del periódico en que aparece, además de las imágenes que la acompañan. Las secciones pueden variar según el periódico y según el énfasis que se quiere dar a ciertos temas. Por ejemplo, en un periódico local, la sección de noticias internacionales tendrá menos importancia que los eventos sociales de la comunidad o los logros del equipo regional de fútbol. Por otro lado, la inclusión dentro de una sección u otra puede variar el **registro** o el **tono** en que está escrito el artículo, ya que el periodista escribe en función del interés de sus lectores. Como la noticia informa sobre hechos que ya han pasado, los tiempos verbales más usados en la noticia son el **pretérito** y el **imperfecto**. Estos tiempos se emplean para **narrar** hechos, **describir** situaciones o **resumir** acontecimientos.

En este capítulo vamos a familiarizarnos con la organización de un periódico y el formato y la historia de la noticia. Además, vamos a explorar y desarrollar en profundidad las técnicas del **resumen**, aunque también hablaremos brevemente sobre la descripción y la **narración**.

> **CUADERNO**
>
> **Tarea**
>
> Leer la sección **Historia y cultura** del *Cuaderno*. Actividades: 1-1, 1-2, 1-3, 1-4 y 1-5.

Paso a paso

 1-4 **Imágenes y titulares.**

Primera fase. Asocien las fotos con cada uno de los siguientes titulares.

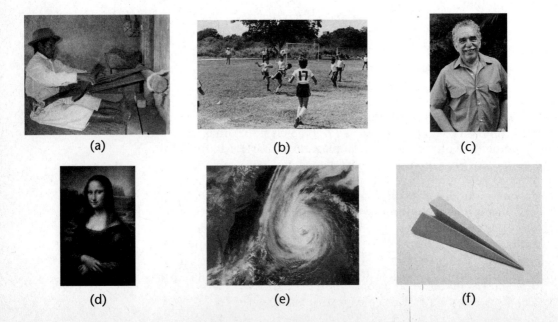

(a)   (b)   (c)

(d)   (e)   (f)

1. _____ El huracán se acerca a la costa de los Estados Unidos, levantando olas de 3 metros.

2. _____ Una comunidad andina oculta en Ecuador se abre al turismo.

3. _____ ¿La aviación en crisis?

4. _____ Descubren la identidad de la Mona Lisa, la modelo que inspiró a Leonardo.

5. _____ Fomentar el fútbol infantil para crear las estrellas de mañana.

6. _____ El escritor colombiano Gabriel García Márquez, premio Nobel de Literatura.

Segunda fase. Ahora imaginen el contexto de estas noticias y hablen entre ustedes de lo que probablemente pasó o va a pasar, dónde ocurrió y por qué. Una vez que hayan discutido el contexto, elijan una de las noticias y escriban una entrada en un máximo de 30 o 40 palabras.

1-5 **¿En qué sección?**

Primera fase. Asocien cada uno de los siguientes titulares con la sección del periódico a la que probablemente pertenece.

1. _____ Un muerto por una explosión en una zona turística de Turquía.

2. _____ El precio del petróleo se dispara, causando la bajada de las Bolsas.

3. _____ Unos exploradores uruguayos consiguen llegar a la cumbre del Everest.

4. _____ El ministro de Sanidad asegura que los fármacos serán gratuitos para los mayores de 70 años.

5. _____ Robado a punta de pistola *El grito*, de Munch, en el museo de Oslo.

6. _____ Hoy empiezan las clases en miles de colegios de todo el país.

7. _____ Muere el fotógrafo Cartier Bresson.

8. _____ La actriz Nuria Espert presenta una nueva versión de *La Celestina*.

a. espectáculos
b. noticias internacionales
c. economía
d. noticias nacionales
e. deportes
f. necrológicas
g. cultura
h. educación

Segunda fase. Visiten la página electrónica de *La escritura paso a paso* (http://www.prenhall.com/laescritura) y encontrarán enlaces con periódicos en español. Elijan un periódico diferente y hagan un esquema de la organización del periódico y sus secciones. Comprueben las semejanzas y las diferencias.

1-6 **¡Qué me dices!**

Primera fase. Lean el cuerpo informativo de las siguientes noticias y subrayen en ellas las oraciones que mejor resumen la información.

1. Los hispanos suman más de 40 millones en los Estados Unidos. Es por lo tanto la mayor minoría del país y su influencia es cada vez mayor tanto a nivel cultural como económico. La Oficina de los Censos de Estados Unidos compartió el martes un informe según el cual el número de empresas creadas por los hispanos creció un 31% entre 1997 y 2002. El informe define como empresa hispana a aquella que pertenece a hispanos en más de un 50% y afirma que una de cada tres se dedica a la construcción. Otro gran porcentaje se encuentra en el sector de la alimentación. Sin embargo las empresas hispanas suelen ser pequeñas y de gestión (*management*) familiar, lo cual hace que no generen mucho empleo (*employment*). Además, un gran porcentaje de ellas no tienen plantilla (*payroll*) fija sino temporal. Los condados que tienen mayor concentración de negocios hispanos son: Los Angeles, California; Miami-Dade, Florida; Harrs, Texas; y Bronx, Nueva York. En cuanto al origen de los empresarios, los mexicanos poseen el 44% de todos los negocios.

2. En la carretera entre Mexico D.F. y Puebla un autobús de pasajeros invade el carril izquierdo y está a punto de chocarse con otros dos vehículos que circulan en dirección contraria. Estos consiguen evitar el choque saliéndose de la carretera. Uno de los ocupantes llama a la policía para advertir del peligro. La policía localiza poco después al autobús que se avanza en zigzag, mientras el chofer habla por el celular. Entonces, detienen el autobús y le practican al chofer el control de alcoholemia. Resultado: supera siete veces la tasa máxima permitida. En el autobús viajaban 40 personas que iban a un congreso sobre energías alternativas.

    Los hechos ocurrieron ayer, poco después de la una de la tarde. El chofer no sólo estaba borracho sino que no tenía la licencia de manejo (*driving license*) en regla. Para manejar autobuses turísticos es necesario superar unas pruebas especiales que él aún no había tomado. La empresa de autobuses que lo contrató es responsable de esta infracción.

3. Las agencias de noticias internacionales han hecho resurgir el viejo rumor sobre una supuesta relación que tuvo lugar en 1947 entre el magnate (*tycoon*) griego Aristóteles Onassis y la entonces primera dama argentina Eva Perón. Diputados argentinos han denunciado la manipulación de información sobre personajes muertos que ya no pueden defenderse. Por otro lado, el historiador argentino Norberto Galasso ha

desmentido (*has denied*) la noticia y acusa a la oposición anti-peronista del momento de haber divulgado el falso rumor que ha sido recogido ahora por algunas revistas.

Segunda fase. Individualmente inventen un titular apropiado para cada una de estas noticias y luego comprueben entre ustedes si coinciden. ¿Qué aspectos de cada noticia les ha parecido importante subrayar? ¿Resumen bien los titulares la idea más importante de la noticia? ¿Hay elementos gramaticales en el titular que parecen innecesarios para expresar la idea principal?

A tener en cuenta

La descripción y la narración

En una noticia generalmente encontramos descripción, narración y resumen. La **descripción** trata de ofrecerle al lector una imagen. Por ejemplo, los monstruos que algunas personas vieron en el desierto eran, según unos, «de color gris, sin pelos y con una altura de dos metros», y según otros, «seres como enormes canguros» o «como gárgolas». Estas son dos técnicas frecuentes para describir: (1) mencionar la apariencia física de lo que tratamos de describir y (2) hacer comparaciones con otros objetos que pensamos que el lector conoce.

La **narración**, en cambio, nos cuenta algo que ocurre y por lo tanto implica una acción y un tiempo que pasa. «Los avistamientos se han producido por personas que viajaban en automóvil en días diferentes por... el desierto de Atacama». La narración menciona algo que sucedió (avistamientos) a alguien (personas que viajaban en coche) en un tiempo determinado (en días diferentes).

1-7 **De qué se trata.** Antes de leer ten en cuenta los siguientes puntos y contesta las preguntas.

1. **Localización.** La siguiente noticia apareció en el diario español *El Mundo* en agosto de 2004. ¿En qué sección del periódico crees que está? ¿Qué tipo de artículos suelen aparecer en esta sección? ¿Puedes dar algunos ejemplos? ¿Tiene esta noticia un autor específico? ¿Qué fuente (*source*) da como referencia el periódico? ¿Qué crees tú que es EFE?

2. **Forma de la noticia.** A primera vista, esta noticia tiene la forma de: (a) una entrevista; (b) una información; (c) un artículo de opinión. ¿Hay algún icono o imagen en esta noticia que te permita hacerte una idea del tema o que te ayude a captar tu atención? ¿Qué imagen sería apropiada para acompañar a este artículo? Descríbela.

3. **Titular y entrada.** Por el titular y la entrada o primer párrafo ya sabes cuál es el tema de la noticia. ¿Qué técnicas utiliza el periodista para captar la atención del lector? Señala las

CUADERNO

¿Necesitas más información sobre la descripción y la narración? Busca esta información en la sección **Gramática aplicada** del capítulo 1 del *Cuaderno*.

diferencias que encuentras con el posible titular y la entrada siguientes. ¿Cuáles son más eficaces? ¿Por qué?

Unos viajeros vieron unos seres extraños en el desierto de Atacama *Según la prensa local, varias personas han visto seres de grandes dimensiones que no han podido identificar en el desierto de Atacama al norte de Chile.*

El Mundo   **SOCIEDAD**   Jueves, 05 de Agosto de 2004

SEGÚN LA PRENSA LOCAL

■ Extraños seres de más de dos metros causan el pánico en Chile
EFE

SANTIAGO DE CHILE. -¿Se imaginan encontrarse en medio de la calzada[1] a extraños seres de más de dos metros de altura con **apariencia de animales fantásticos**? Esto es lo que ha sucedido en el norte de Chile, donde varias personas han visto «monstruos» de estas características en una carretera en los últimos días, según informa la prensa local.

Los testigos citados por distintas versiones periodísticas describen a esos seres como enormes canguros, dinosaurios de dos patas e incluso «gárgolas»[2].

Los avistamientos[3] se han producido por personas que viajaban en automóvil en días diferentes por la ruta que une a las ciudades de Iquique y Arica a través del desierto de Atacama, a unos 2.000 kilómetros al norte de Santiago de Chile.

Los diarios de esas ciudades recogen relatos de algunos ciudadanos que dicen haber visto a las raras criaturas, como el militar Hernán Cuevas, que asegura que se cruzó con dos de ellas el pasado jueves cuando viajaba junto a otros dos adultos y dos niños.

«Sólo atiné[4] a frenar mientras por delante pasaba una tremenda bestia, muy similar a un dinosaurio de dos patas, con tremendos muslos», ha declarado. Cuando aún no habían salido de su asombro vieron pasar otra criatura igual, «de color gris, sin pelos y con una altura de dos metros» informa al diario *La Estrella*, de Arica, Darío Riquelme, uno de los ocupantes del vehículo.

Un caso particular

A raíz de estas declaraciones se conoció el caso de la familia del suboficial del Ejército Carlos Abett de la Torre.

Seis de los Abett de la Torre afirman haber vivido una experiencia semejante en la misma ruta pero dos semanas antes y con cuatro criaturas extrañas que se desplazaban lentamente por el aire.

«De pronto todo se oscureció, luego miré por el vidrio (parabrisas)[5] y se vieron unas cosas que eran como pájaros con cabeza de perro y con las alas hacia atrás, eran como gárgolas», explica el suboficial.

Su hija Carmen dice que no estaba segura de si eran alas o patas lo que tenían, y calculó que su estatura se acercaba a los dos metros.

Todos los ocupantes de este segundo vehículo coincidieron en que dos de los extraños seres pasaron volando por encima de ellos y minutos más tarde se presentaron otros dos dando saltos[6] por delante de los espantados viajeros. Ambas familias coincidieron en que lo que consideran como raros animales en algunos momentos llegaron a desplazarse a unos cien kilómetros por hora.

---

[1]Calle, carretera   [2]*Gargoyles*   [3]Del verbo ver, visiones, vista   [4]Pude   [5]Vidrio es la palabra que usa el testigo, chileno, para la ventana frontal del coche; el periódico, español, la glosa como parabrisas, que es la palabra que se usa en España.
[6]*Jumping*

1-8 **Resumen del contenido.**

Primera fase. Completa las siguientes frases con la respuesta adecuada.

1. Algunas personas vieron
   a. seres extraños.
   b. platillos voladores (*flying saucers*).
   c. monstruos acuáticos.

2. El total de testigos (*witnesses*) fue de
   a. dos.
   b. al menos siete.
   c. cinco.

3. Los testigos aseguran haber visto los monstruos
   a. cerca de Iquique y Arica.
   b. cerca de Santiago de Chile.
   c. cerca de las Cuevas de Hernán.

4. En el momento de ver los monstruos
   a. los testigos estaban en sus casas.
   b. los testigos estaban solos.
   c. los testigos viajaban junto con otras personas.

> **CUADERNO**
>
> **?** ¿Necesitas revisar los verbos que se usan para narrar? Busca esta información en la sección **Gramática aplicada** del capítulo 1 del *Cuaderno*.

Segunda fase. En un solo párrafo resume el contenido del artículo incluyendo: lo que pasó, dónde pasó, el número de testigos y el aspecto de lo que vieron. Añade cualquier otra información que consideres necesaria.

1-9 **¡A quién se lo cuentas!** Asocia la forma de contar la noticia con el receptor más probable.

1. _____ Me he enterado de que en el desierto de Atacama hay gente que ha visto unos seres rarísimos, con unas pintas de animales fantásticos. Son, por lo visto, tremendos y tienen alas y todo.

a. Una empresa que tiene intereses económicos en el desierto de Atacama

2. _____ Alerta en Atacama. Informamos urgentemente de un asunto de toda gravedad que puede afectar nuestras operaciones. En los dos días pasados se han percibido en el desierto de Atacama extraños seres aún no identificados por las autoridades. De confirmarse la existencia de animales peligrosos se tomarán las medidas pertinentes.

b. Un grupo de amigos

c. Los lectores de una revista de divulgación científica

3. _____ La existencia de animales de aspecto prehistórico en el desierto de Atacama, confirmada por varios testigos, supondría un impulso en la línea de investigación iniciada por los científicos de la Universidad de Chile quienes cuestionan la total desaparición de los dinosaurios.

1-10 **De tu cosecha.**

Primera fase. Piensa en un suceso reciente (robo, accidente, disputa, evento deportivo, etc.) que haya ocurrido en el lugar donde vives o en tu universidad y escribe una noticia breve. Si no recuerdas un suceso, puedes inventarlo. Ten en cuenta los siguientes puntos.

1. La noticia debe tener un titular, una entrada o primer párrafo explicativo y un cuerpo informativo dividido en dos o más partes.
2. Incluye el comentario de al menos dos testigos.
3. Imagina que escribes la noticia para un periódico local o para el periódico de tu universidad.

Segunda fase. Comparte la noticia con el resto de la clase y decidan entre ustedes cuál es la mejor noticia, teniendo en cuenta los siguientes elementos.

1. El contenido tiene interés para el público local o universitario a quien se dirige el periódico.
2. Es fácil entender qué pasa, cuándo, dónde, a quién, por qué, etc.
3. La información está bien organizada y se reconocen fácilmente las diferentes partes de la noticia.
4. El uso de la lengua es bueno y el tono es apropiado para el público que va a leerla.

1-11 **Infórmate.** Antes de leer anota la información que se te pide a continuación.

1. Indica el periódico, la fecha y la sección donde se encuentra esta noticia. ¿Tiene un autor específico? Lee por encima (*scan*) la noticia para identificar en qué fuente se basa y anótala.
2. Observa la foto de la página 13 y deduce lo que hacen estas personas probablemente.
   a. Trabajan en la pesca de alta mar.
   b. Huyen de sus países para buscar trabajo en otros.
   c. Hacen turismo en un barco de recreo.
3. ¿Conoces todas las palabras del titular? Busca en un diccionario las que no conoces y apúntalas.
4. Lee el primer párrafo. ¿Sabes cuál es el tema de la noticia? ¿Qué sabes sobre este tema? ¿Es un tema de actualidad en tu país? ¿Cómo? ¿Por qué? Escribe tus explicaciones en un breve párrafo (tres o cuatro líneas).
5. Subraya en el texto todas las palabras que se refieren a lugares o al origen de las personas y escríbelas. Si no sabes dónde están estos lugares búscalos en un mapa.

Dos grupos de balseros viven odiseas en alta mar

■ GERARDO REYES

Un total de 28 balseros rescatados en alta mar por un crucero de Carnival, serán entregados al Servicio Guardacostas de Estados Unidos después de seis días de espera a bordo del mismo barco.

Todos afrontan la repatriación.

Entretanto, otros 19 cubanos lograron llegar a tierra en Sand Key, de acuerdo con el vocero de la Patrulla Fronteriza, Robert Montemayor.

El portavoz indicó que 14 de los cubanos fueron llevados a las oficinas de la Patrulla Fronteriza en Pembroke Pines y cinco fueron transportados a un hospital en Miami para ser tratados por deshidratación e insolación.

Los 25 hombres y tres mujeres rescatados en alta mar fueron divisados[1] en la madrugada del martes pasado por la tripulación del Carnival Conquest, cuando navegaban a la deriva[2] a bordo de un embarcación construida con un tanque de gasolina de unos 30 pies e impulsada por un motor de tractor, según una fuente de *El Nuevo Herald* familiarizada con declaraciones dadas por los cubanos.

La fuente, que pidió no ser identificada, explicó que el motor se quedó sin combustible el segundo día de la travesía y al ser rescatados en las cercanías del puerto de Montego Bay, Jamaica, los ocupantes de la balsa dijeron que no habían probado comida en cinco días.

«Estaban perdidos», explicó la fuente.

De acuerdo con la misma persona, el capitán del barco intentó entregar a los cubanos en Cozumel, México, uno de los puertos de la ruta turística, pero las autoridades de este país no los admitieron.

Al arribar a Galveston, Texas, destino final del crucero, el capitán esperó a que las autoridades recibieran a los cubanos, pero no se presentaron, explicó la fuente.

«Antes de que el crucero llegara [a Galveston] la embarcación fue advertida[3] de que los cubanos no podrían ser desembarcados», explicó el lunes el vocero del Servicio Guardacostas, Luis Díaz. «Una vez que el barco salga, ellos serán embarcados en un escampavías[4] y se seguirán los procedimientos normales.»

De acuerdo con la programación de Carnival en su página de Internet, estaba previsto que el domingo en la tarde el Carnival Conquest, un barco de 952 pies de largo y con capacidad para 2.974 pasajeros, zarpara[5] de Galveston para cumplir con su nuevo periplo semanal que toca los puertos de Cozumel, Montego Bay y Grand Cayman.

El lunes no fue posible establecer si los cubanos, que continúan a bordo del crucero, serían entregados en las inmediaciones de Cayo Hueso, versión que escucharon pasajeros del barco. La compañía refirió las llamadas al Servicio Guardacostas.

Algunos de los rescatados explicaron que su destino original era Honduras debido a que las costas del sur de la Florida están fuertemente vigiladas en estos días, explicó la fuente. De allí buscarían la manera de ingresar a EEUU.

El grupo está compuesto en su gran mayoría por jóvenes de diferentes profesiones y oficios de la provincia de Camagüey, de donde partieron. Entre ellos se encuentran un pediatra y un paramédico.

Díaz manifestó que un crucero puede ser considerado, en algunos casos, territorio estadounidense, pero debe tener bandera de Estados Unidos.

Según Díaz, la embarcación en la que fueron rescatados los cubanos no es de bandera estadounidense.

El vocero afirmó que las embarcaciones de turismo y comerciales deben alertar a las autoridades con 96 horas de anticipación de su arribo a puerto y suministrar la lista completa de pasajeros.

Cuando un crucero lleva a bordo inmigrantes cubanos, agregó el funcionario, el procedimiento es que deben de mantenerlos a bordo dado que aún son «pies mojados».

El reportero de *The Miami Herald*, Oscar Corral, contribuyó a esta información.

---

[1]Vistos [2]Sin rumbo, sin dirección [3]*Warned* [4]Tipo de barco con motor [5]De zarpar (salir)

1-12 **Analiza y comprende.** Ahora lee los puntos siguientes y anota tus respuestas.

1. Indica los días en que ocurrieron los hechos.
2. Subraya con color amarillo la secuencia de eventos relacionados con uno de los grupos de balseros.
3. Subraya con color azul los eventos relacionados con el otro grupo de balseros.
4. Inventa en una o dos oraciones una cita directa de la declaración de las siguientes personas.
   a. Uno de los balseros que llegaron a Sand Key
   b. Uno de los balseros rescatados por el crucero de Carnival
   c. Uno de los pasajeros del crucero
   d. Una autoridad del Servicio Guardacostas de Estados Unidos
5. Señala dos o tres lugares de la noticia donde se mencionan las fuentes de información. ¿Qué sabemos sobre estas fuentes?

WWW **1-13** **Profundiza en el tema.**

Primera fase. Visita la página electrónica de *La escritura paso a paso* (http://www.prenhall.com/laescritura) y sigue los enlaces a esta actividad para obtener la siguiente información.

1. La inmigración ilegal en Estados Unidos
2. Medios comunes para la entrada de inmigrantes y refugiados en Estados Unidos y en otras partes del mundo
3. Pueblos desplazados debido a las guerras o a la falta de medios económicos

Segunda fase. Delimita uno de estos temas y prepara una breve presentación en forma de noticia-reportaje para hacer en la clase.

CUADERNO

Tarea

Leer la sección **El arte de escribir una noticia** del *Cuaderno*. Actividades: 1-6, 1-7 y 1-8.

PRODUCCIÓN

El proyecto

1-14 **El reportero eres tú.** Tú trabajas para el periódico *El Estudiante* de tu universidad. Te han encargado escribir una noticia sobre la visita del candidato presidencial Luis Molina a la ciudad de Ayala. Como no pudiste viajar a Ayala, porque tenías un examen de español esa mañana, tus únicas fuentes de información son las dos noticias publicadas en periódicos locales que encontrarás en las páginas 21 y 23. El director de *El Estudiante* te pide que, basándote en esas noticias, escribas una otra que tenga las características siguientes.

1. Que sea políticamente imparcial, pero que muestre lo positivo y lo negativo del candidato
2. Que no tenga más de tres párrafos
3. Que tenga un titular y una entrada
4. Que contenga al menos dos citas, una directa y una indirecta
5. Que mencione las fuentes de información

1-15 **¡Atrévete!** El director de *El Estudiante* te ha pedido, además, que le ayudes a encontrar un buen subtítulo para el periódico. Debe ser un subtítulo que exprese su ideal periodístico: ser independiente, ser justo, y decir sólo la verdad.

Taller de escritura

La habilidad de resumir es esencial para la buena escritura. En la práctica, podemos hablar de dos técnicas principales para resumir.

1. Enfocándonos en las palabras. El texto se resume utilizando sus mismas palabras, pero eliminando algunas que no son «esenciales».
2. Enfocándonos en las ideas. Es decir, extrayendo aquellos conceptos que consideramos más relevantes.

   A continuación vamos a practicar las dos técnicas.

El resumen por eliminación de las palabras

1-16 **¿Cuánto sabes?**

Primera fase. Individualmente, hagan una lista de todo lo que saben sobre Shakespeare. Luego, llenen el cuadro siguiente.

	Escriban aquí lo que saben sobre Shakespeare.
Nombre completo	
Nacionalidad	
Actividad o profesión	
Fecha de nacimiento	
Otros datos	

Segunda fase. Comprueben sus cuadros y subrayen en la siguiente oración la información que ustedes **no sabían** antes de leerla.

William Shakespeare, el autor de obras de teatro inglés, nació en el año de 1564.

La mayoría de los textos escritos son redundantes. Es decir, incluyen repeticiones de la información que ya se ha dado, o información que el lector ya conoce o que es evidente por sí misma. Por ejemplo, podemos asumir que muchos lectores cultos saben que Shakespeare se llamaba *William* y que era un autor de teatro inglés, y por lo tanto, hablar de *William Shakespeare, el dramaturgo inglés*, es una forma de redundancia.

Este ejemplo nos permite entender una técnica para resumir textos que consiste en identificar aquello que es **evidente**, ya sea porque lo conocemos previamente, o porque lo podemos deducir de forma inmediata. Por ejemplo, la frase «en la oscuridad de la noche» se puede resumir diciendo «en la noche» porque es lógico que la noche es oscura. También tratamos de identificar las **repeticiones** a fin de eliminarlas. Cuando sea posible, eliminamos las **transiciones** y las **conexiones** —esas palabras que nos llevan de una idea a otra, o de una oración a otra—, ya que la fluidez de estilo necesaria en el texto largo no es necesaria en el resumen.

El resultado será un texto muy sencillo desde el punto de vista del estilo y la expresión, pero que contiene la información central.

Estudia con atención el siguiente ejemplo.

Todas las obras de Shakespeare en una sola temporada

■ **Todas las obras conocidas de William Shakespeare serán interpretadas por primera vez en una misma temporada, anunció el martes la Real Compañía de Shakespeare.**

Según se informa, las piezas se montarán en el Festival de Obras Completas de Shakespeare señalado para el 2006, que también incluirá la poesía y otros textos del bardo.

«Será la primera vez que todas las obras de Shakespeare se montarán juntas en el mismo evento», dijo la compañía. «Además de las piezas teatrales, el festival incluirá sus sonetos, poemas y textos apócrifos».

El evento comenzará en abril del 2006, durará siete meses y en sus actividades participarán compañías teatrales de numerosos países. (AP)

Todas las obras de Shakespeare en una sola temporada

■ **Todas las obras ~~conocidas~~ de ~~William~~ Shakespeare serán interpretadas por primera vez en una ~~misma~~ temporada, anunció el martes la Real Compañía de Shakespeare.**

~~Según la Compañía,~~ ~~las piezas~~ se montarán en el Festival de Obras Completas de Shakespeare ~~señalado para el 2006~~, que ~~también~~ incluirá ~~la~~ [su] poesía y otros textos [apócrifos] ~~del bardo~~.

~~«Será la primera vez que todas las obras de Shakespeare se montarán juntas en el mismo evento», dijo la compañía. «Además de las piezas teatrales, el festival incluirá sus sonetos, poemas y textos apócrifos».~~

El evento comenzará en abril del 2006, durará siete meses y ~~en sus actividades~~ participarán compañías ~~teatrales~~ de numerosos países. (AP)

1-17 Encuentren la razón. Ahora, justifiquen cada una de las eliminaciones propuestas en el texto anterior, señalando la razón probable para su eliminación o reemplazo.

Eliminaciones	Justificación
conocidas	☐ evidencia ☐ repetición ☐ transición
William	☐ evidencia ☐ repetición ☐ transición
misma	☐ evidencia ☐ repetición ☐ transición
Según se informa	☐ evidencia ☐ repetición ☐ transición
las piezas	☐ evidencia ☐ repetición ☐ transición
señalado para el 2006	☐ evidencia ☐ repetición ☐ transición
también	☐ evidencia ☐ repetición ☐ transición
«Será la primera vez que todas las obras de Shakespeare se montarán juntas en el mismo evento» dijo la compañía. «Además de las piezas teatrales, el festival incluirá sus sonetos, poemas y textos apócrifos».	☐ evidencia ☐ repetición ☐ transición
en sus actividades	☐ evidencia ☐ repetición ☐ transición
teatrales	☐ evidencia ☐ repetición ☐ transición

1-18 Haz tus propios resúmenes. Utilizando la técnica de eliminación de palabras, resume cada uno de los siguientes textos. Haz los ajustes necesarios.

Diseñadora colombiana triunfa en Milán

Nacida en Barranquilla, Silvia Tcherassi se ha distinguido como una de las más prestigiosas diseñadoras latinoamericanas. Aunque empezó su carrera como diseñadora de interiores, desde hace unos años se ha enfrentado con éxito al desafío de diseñar ropa y desde hace tres años ha conseguido entrar en el club selecto de la pasarela (*catwalk*) de Milán. Este año, después de presentar una excelente colección en la pasarela de Cibeles en Madrid, trajo a Milán una preciosa colección caracterizada por colores brillantes y telas ricas en texturas, que le dio un resonante éxito con la crítica especializada.

La magnífica colección de la Tcherassi incluye tanto pret-a-porter, como alta costura y, algo que recibió excelentes comentarios en las revistas de moda, una bellísima e innovadora colección de trajes de novia.

Las tiendas Tcherassi, que ya suman seis en las principales ciudades de Colombia, se han internacionalizado en los últimos años, desde que se han abierto dos en Miami. Una de estas dos tiendas es, en realidad, un atelier especializado en trajes de novia. Además, sus colecciones se pueden encontrar en las principales tiendas de moda, tanto en América Latina, como en Estados Unidos, Europa y Asia.

Aerolíneas latinoamericanas en crisis

El 60% de las compañías aéreas regionales registran pérdidas y la mitad están técnicamente quebradas.

SANTIAGO DE CHILE/EFE La aviación latinoamericana afronta un panorama complejo, con el 60% de las aerolíneas regionales con pérdidas, informaron hoy en Santiago de Chile directivos de la Asociación Internacional del Transporte Aéreo (IATA).

«La mitad de las aerolíneas que contabilizan pérdidas están técnicamente quebradas (*bankrupt*)», afirmó en rueda de prensa Patricio Sepúlveda, vicepresidente de IATA para América Latina y el Caribe.

La industria del transporte aéreo genera en América Latina un millón y medio de empleos y contribuye en más de 20.600 millones de dólares al Producto Interior Bruto (PIB) regional, según datos de la IATA.

Las aerolíneas latinoamericanas registraron un crecimiento (*growth*) del 11,4% en el 2005, uno de los mayores a nivel mundial, pero sus resultados, según la entidad, se vieron afectados por los altos precios de los combustibles.

A juicio de IATA, el resultado es una situación que mezcla aerolíneas que operan con beneficios y otras que afrontan crisis financieras.

Para el período 2005–2009, la IATA proyecta en la región un crecimiento del flujo de pasajeros del 4,9% anual y del 5,8% para el flujo de carga.

El resumen por condensación de ideas

Otra técnica para hacer resúmenes consiste en encontrar aquellos fragmentos del texto que contienen la información o las ideas «importantes». El problema es, ¿cómo podemos saber cuál es una idea importante en un texto? La respuesta a esta pregunta no es sencilla, porque lo que es importante para un/a lector/a, puede no ser importante para otro/a.

Nota que en este tipo de resumen no nos interesa buscar repeticiones o palabras innecesarias, sino buscar información o ideas importantes. Así, este tipo de resumen está condicionado por el **propósito** que tenemos al resumir el texto. Veamos un ejemplo. Juan y Marina trabajan en la oficina de prensa de un político y cada mañana deben presentarle un resumen de las noticias donde se menciona su nombre. Juan debe resumir todos los textos donde se habla bien de su jefe y Marina los textos donde se habla mal de él. Al leer los periódicos todos los días, el propósito de Juan es encontrar cosas buenas sobre su jefe y el propósito de Marina es encontrar las críticas, y por lo tanto, cada uno hará un resumen diferente del periódico.

 1-19 **Encuentra lo que buscas.**

Primera fase. Lean la siguiente noticia, cada uno con un propósito diferente:

Estudiante 1. Tú eres un turista en Buenos Aires que busca algo para hacer durante tu estadía en la ciudad.

Estudiante 2. Tú eres un estudiante que quiere aprender sobre diferentes tipos de danza.

Al terminar la lectura, cada uno debe escribir un resumen de la información más importante de la noticia, seleccionando únicamente la que es útil a su propósito.

Vitalidad y dinámismo

Danzas Coreanas en el Teatro Colón

■ Se inicia la temporada de El Centro Nacional de Artes Interpretativas Folclóricas Coreanas en el Teatro Colón.

El Centro Nacional de Artes Interpretativas Folclóricas Coreanas presenta a las 8:45 en el Teatro Colón en Libertad 621, danzas típicas de Corea. Esta temporada forma parte de los intercambios educativos que tienen lugar con motivo de la visita que realiza a la Argentina el presidente coreano.

El grupo de danzas, dirigido por el coreógrafo Kwak Younghyop, ofrecerá un programa que incluye tanto Pangut como Sogochum. El Pangut es una danza acrobática que se realiza al ritmo de diversos tambores y platillos. El Sogochum se baila al ritmo del Sogo, un tambor de unos 40 centímetros de diámetro, que funciona como elemento coreográfico y como instrumento musical.

Será esta una oportunidad de acercarse al folklore coreano. Se trata de una expresión de gran dinamismo y vitalidad que representa con gran fuerza diversos estados emocionales.

Por su parte, el Centro Nacional de Artes Interpretativas Folclóricas Coreanas es uno de los principales grupos artísticos de su país, con una larga trayectoria en la que ha demostrado ingenio y creatividad, al mismo tiempo que su apego a la tradición. Uno de los objetivos principales de este conjunto es la difusión por todo el mundo de la música folklórica de su país.

Segunda fase. Comparen sus resúmenes y comenten las diferencias para ver cómo el diferente propósito afectó el trabajo de cada uno.

Manos a la obra

A tener en cuenta

El respeto a las fuentes

Cuando escribimos un resumen, trabajamos con textos generalmente escritos por otras personas, y nuestro propósito es extraer de esos escritos las ideas centrales o que nos interesan. Por esto es esencial que respetemos la propiedad de esas ideas. En ningún momento debemos intentar hacer pasar esas ideas o esas palabras como nuestras, sin dar el debido reconocimiento a sus autores. El uso indebido de las fuentes puede llegar a ser un delito, y en el mundo académico, una de las más serias faltas de honestidad intelectual.

El reconocimiento de las fuentes se hace de manera diferente, según el tipo de texto que estemos escribiendo. En un periódico, se suele dar crédito a la fuente dentro del texto mismo de la noticia, utilizando las comillas cuando se trata de citas textuales, o incluyendo el nombre de la persona o el título del escrito de donde proviene la idea que se incluye. Por otra parte, en los escritos académicos, es necesario incluir una referencia en la que se especifique el lugar exacto de donde proceden esas palabras o ideas. Las diferentes disciplinas han establecido convenciones apropiadas para escribir esas referencias. Cada universidad tiene su política con respecto a la honestidad académica y es obligación de cada estudiante informarse sobre ella.

Antes de escribir tienes que investigar sobre el tema y contrastar las fuentes de que dispones. Para facilitarte la tarea, en este primer capítulo te proporcionamos dos noticias muy distintas sobre un mismo tema. En estas noticias te vas a basar para escribir la tuya. Haz las actividades 1-20 a 1-22 antes de escribir tu propio texto.

1-20 Primera noticia.

Primera fase. Antes de leer.

1. Lee el título y subtítulo del periódico. Luego lee el titular y la entrada de esta noticia. ¿Crees que este periódico es «objetivo e imparcial»? ¿Por qué? ¿Crees que este periódico tiene alguna preferencia política? ¿En qué basas tu respuesta?

2. Haz algunas predicciones. ¿Qué información esperas encontrar en el cuerpo informativo de esta noticia? ¿Qué tipo de organización de la noticia sugiere la siguiente frase del primer párrafo: «Una multitud se desplazó al aeropuerto, a las calles y a la Plaza»?

Segunda fase. Ahora lee la noticia.

El Liberal de Ayala | Diario Objetivo e Imparcial

El Candidato Luís Molina visita Ayala

■ Más de tres mil personas se concentran en la Plaza de la Independencia para dar la bienvenida al candidato preferido por la ciudad de Ayala.

Ayala, martes. La campaña presidencial del candidato liberal ha traído color y animación a esta ciudad, normalmente tan tranquila y paradisíaca. Una verdadera multitud de ayalenses se desplazó al aeropuerto, a las calles y a la Plaza de la Independencia para recibir al candidato Luís Molina, quien dijo nada más bajarse del avión: «Ayala es la perla del liberalismo y es un placer estar una vez más en esta bella ciudad».

Molina se desplazó hacia la ciudad en un carro descubierto y saludó a cientos de personas que se reunieron a ambos lados de la Avenida del Aeropuerto para saludar a su candidato. «Estoy emocionada», dijo María del Socorro Hernández, madre de tres hijos pequeños. «Apoyo a Luís Molina, porque considero que sus planes para mejorar las escuelas son excelentes».

En la Plaza de la Independencia, Molina encontró una de las mayores concentraciones políticas que se han visto en Ayala en los últimos años. El candidato agradeció el apoyo de los ayalenses y prometió un gobierno honesto que luchará contra la corrupción y a favor de los hombres y mujeres comunes y corrientes. En una alusión a la candidata del partido conservador, María Fernanda Poveda, a quien algunos relacionan con el escándalo del Banco del Mar, Molina dijo que ya era tiempo de poner fin a los privilegios de los ricos del país. Esta afirmación causó la más fuerte oleada de aplausos.

Tercera fase. Después de leer vuelve sobre el artículo cuanto sea necesario para contestar los siguientes puntos.

1. Resumen de ideas.
   a. Selecciona dos oraciones completas del texto donde se expresan aspectos del programa político de Luis Molina.
   b. Selecciona al menos dos expresiones de cantidad que indiquen cuántas personas acudieron a ver al candidato.
   c. Selecciona al menos una oración donde se critique a la candidata conservadora.
   d. El periódico o, al menos, la persona que escribió la noticia, ¿manifiesta una inclinación a favor o en contra del candidato Molina? Encuentra textos que apoyen tu respuesta.
   e. Selecciona una oración donde se exprese la relación de Molina con la ciudad de Ayala, según la presenta *El Liberal*.

2. Resumen por eliminación de palabras.
   a. Haz un resumen por eliminación de palabras del primer párrafo.
   b. Haz un resumen por eliminación de palabras de la declaración de María del Socorro Hernández.

3. Citas y estilo indirecto.
   a. Identifica dos citas directas en el texto. Cámbialas a estilo indirecto.
   b. Identifica una cita en estilo indirecto y vuélvela a escribir como si fuera una cita directa.

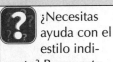

CUADERNO

¿Necesitas ayuda con el estilo indirecto? Busca esta información en la sección **Gramática aplicada** del capítulo 1 del *Cuaderno*.

1-21 **Segunda noticia.**

Primera fase. Antes de leer.

1. Lee el título y subtítulo del periódico y luego el titular y la entrada de esta noticia. ¿Crees que este periódico es objetivo e imparcial? ¿Por qué? ¿Crees que este periódico tiene alguna preferencia política? ¿En qué basas tu respuesta? ¿Cómo se compara la información del titular y la entrada de este periódico con lo que tú ya has leído sobre este hecho?

2. Haz algunas predicciones. ¿Qué información esperas encontrar en el cuerpo informativo de esta noticia? La siguiente frase de la entrada, que se repite casi igual en el primer párrafo «en camino hacia la capital del Estado» ¿sugiere algo sobre lo que se puede esperar en esta noticia?

Segunda fase. Ahora lee la noticia.

El Conservador de Ayala   Toda la Verdad, Aunque Nos Cueste

Luís Molina hace una pequeña escala en Ayala

■ **Menos de dos horas se detiene el candidato liberal en camino hacia la capital del Estado.**

Ayala, martes. Casi desapercibida (*unnoticed*) pasó la escala de algo menos de dos horas que hizo Luís Molina en la ciudad de Ayala, cuando se dirigía hacia la capital del Estado. Aunque ésta no es la primera vez que Molina visita la ciudad, la última vez que vino fue hace 15 años, cuando era candidato al cargo de Gobernador. Nuestro reportero preguntó a algunos ciudadanos qué opinaban de este hecho. «Me parece que el Sr. Molina muestra otra vez su oportunismo: sólo se acuerda de nosotros cuando nos necesita. Pero, ¿dónde estaba cuando el huracán destrozó el hospital?», respondió Juan de la Escala, directivo de una de las mayores empresas constructoras de la ciudad.

El Partido Liberal había organizado una concentración en la Plaza Principal, esperando tener una audiencia masiva. En declaraciones a *Radio Ayala*, Pedro de Pablo, jefe de la campaña liberal, se comprometió el domingo pasado a llenar la Plaza. Sin embargo, fuentes de la policía estiman que no había más de quinientas personas. La característica más notoria de ese acto fue la evidente apatía de los pocos que asistieron. Obviamente, Molina no consigue hacer progresos en esta ciudad, tradicionalmente fiel al partido conservador.

El candidato, como viene haciéndolo en otras localidades, prometió, en una Plaza de la Independencia casi vacía, que luchará contra la corrupción y a favor de los hombres y mujeres comunes, pero no dio ninguna clave concreta de los pasos que seguirá para hacerlo.

Tercera fase. Después de leer vuelve sobre el artículo cuanto sea necesario para contestar los siguientes puntos.

1. Resumen de ideas.
   a. Selecciona algún fragmento del texto donde se expresen aspectos del programa político de Luís Molina.
   b. Selecciona al menos dos expresiones de cantidad que indiquen cuántas personas acudieron a ver al candidato.
   c. Resume en unas cinco o seis palabras la crítica de Juan de la Escala.

  d. El periódico, o al menos, la persona que escribió la noticia, ¿manifiesta una inclinación a favor o en contra del candidato Molina? Selecciona al menos una oración donde se critique al candidato liberal.

  e. Escribe una oración en la que resumas la relación de Molina con la ciudad de Ayala, según la presenta *El Conservador*.

2. Resumen por eliminación de palabras.
  a. Haz un resumen por eliminación de palabras del primer párrafo.
  b. Haz un resumen por eliminación de palabras de la declaración de Juan de la Escala.

3. Citas y estilo indirecto.
  a. Vuelve a escribir la cita de Juan de la Escala usando una combinación de cita directa y estilo indirecto.
  b. Vuelve a escribir la cita indirecta del último párrafo como si fuera una cita directa.
  c. Identifica un lugar donde se menciona una fuente de información.

CUADERNO

Tarea

Leer la sección **Gramática aplicada** del *Cuaderno*. Actividades: 1-9, 1-10, 1-11, 1-12, 1-13 y 1-14.

1-22 **Contrasta y compara.** Vuelve a leer las dos noticias anteriores y contesta las siguientes preguntas.

1. ¿En qué sección del periódico crees que podrían aparecer estas dos noticias?

2. ¿Qué aspectos de la visita del candidato enfatiza cada uno de los titulares?

3. ¿En qué cosas se contradicen los dos periódicos? Haz una lista.

REVISIÓN

Una página bien escrita sólo se consigue después de una serie de borradores. Cada borrador incorpora correcciones, algunas de las cuales se le ocurren al propio autor, pero otras le son sugeridas por personas a quienes el escritor les da a leer su texto. Ni siquiera los escritores más expertos escriben un texto y lo publican sin corregirlo.

Por lo tanto, corregir un texto es tan importante como escribirlo. En realidad, la mayoría de las personas que se ganan la vida escribiendo trabajan con textos escritos por otras personas, ya sea adaptándolos, traduciéndolos o simplificándolos para que otros los puedan comprender.

Al complejo proceso de corrección de un texto se lo conoce como «edición». El editor debe asegurarse de que el texto cumple el propósito para el que está escrito; que usa un lenguaje adecuado para el público o para la ocasión. Es importante comprobar que tiene un registro adecuado, formal o informal, según corresponda; y que incluye toda la información necesaria. Además, la información tiene que ser correcta y tener un orden claro y lógico. En este libro te daremos ideas concretas sobre cómo mejorar tus destrezas de editor, y en este capítulo empezaremos estudiando el **propósito** de un texto y cómo afecta la manera en que podemos escribirlo.

El propósito

Todo buen texto se escribe con un propósito. Ese propósito tiene que ver, por una parte, con el lector al cual va dirigido. Así pues, si escribimos sobre un libro, nuestro enfoque será diferente si el público que va a leernos está interesado en la literatura o en las cuestiones relacionadas con la industria editorial. En el primer caso, nos centraremos en los valores literarios del libro, mientras que en el segundo será mejor que hablemos sobre el número de ejemplares vendidos, y la cantidad de dinero que ha generado su venta.

Pero, por otra parte, el propósito también se relaciona con el uso que se va a hacer de ese texto. No es lo mismo un texto que se escribe para divertir, que uno que se escribe para informar o para convencer al lector de alguna idea.

Dentro de un periódico, estos conceptos quedan claros porque el propósito del texto se relaciona con la sección en la que se incluye, y por esta razón, en actividades anteriores, te hemos pedido que estudies las secciones del periódico.

1-23 Un caso hipotético. El editor del periódico de tu universidad le ha pedido al periodista Medina que escriba sobre la visita de Victoria Salas, presidenta de la isla de San Fernando, para la sección de *Economía*. Tú y tu compañero/a deben ayudar a Medina a definir el propósito de su artículo. Intercambien para ello la siguiente información.

1. Describan brevemente al lector de la sección de *Economía* del periódico. ¿Cuáles serían los asuntos que más le pueden interesar sobre esta visita?

2. ¿Cuáles serían los aspectos de esta visita que más les podrían interesar a los lectores de la sección *Gente*? ¿A los lectores de la sección *Moda*?

3. Lean la sección de *Economía* de un periódico en español. Compartan con la clase tres o cuatro de los titulares y de los temas que se publican allí.

4. ¿Cuáles de los siguientes datos podrían servirle a Medina para escribir su noticia para la sección de economía? Pongan una X en la columna adecuada.

¿Puede usar este dato?	Sí	No
a. La presidenta vino acompañada de dos sobrinas, quienes han causado muy buena impresión entre la alta sociedad.		
b. El Ministro de Economía, que acompaña a la presidenta en su visita, invitó a una reunión a los más importantes industriales y banqueros de la ciudad.		
c. El Congreso, a instancias del presidente Smithson, aprobará un crédito de emergencia para que el ejército de San Fernando compre seis barcos de guerra en nuestro país.		
d. San Fernando es el único país de su región que tiene un superávit comercial con nuestro país (nos vende más de lo que nos compra).		
e. Victoria Salas llevaba un traje azul con finísimos encajes tejidos a mano por las famosas artesanas de su país.		
f. Maritza, sobrina de la Sra. Salas, ha grabado un disco con el conjunto roquero *Estilete Agudo*, y figura en la lista de *Los 40 más calientes*.		
g. Como resultado de esta visita, podrían crearse unos tres mil puestos de trabajo en nuestro país.		
h. San Fernando tiene un déficit de producción de carne y granos.		

1-24 **Usen lo que han aprendido.**

Primera fase. Ahora tienen que revisar el trabajo de Medina, un periodista un poco inexperto. Lean cuidadosamente la noticia, teniendo en cuenta el propósito definido en la actividad anterior.

Gran éxito han tenido Maritza y Leonor, sobrinas de la presidenta de San Fernando, en su segunda visita a nuestro país.

■ **El último disco de Maritza alcanza el primer puesto en la lista de los «40 Más Calientes» y la Presidenta Salas declara: «Estoy feliz con la noticia».**

Victoria Salas, presidenta de la isla paradisíaca de San Fernando, llegó el martes pasado a la capital, acompañada de sus dos sobrinas, Maritza y Leonor, para una visita de tres días. El objetivo principal del viaje de la Sra. Salas es mejorar las relaciones económicas entre los dos países y conseguir apoyo del presidente Smithson para la modernización de las fuerzas navales de su país.

La presidenta, que está alojada en la Casa Azul, habitual residencia de los jefes de estado que nos visitan, ofreció ayer una recepción para unas quinientas personas de la más destacada sociedad de la capital. Sus dos sobrinas, Maritza y Leonor, causaron una gran sensación entre los invitados. Maritza, quien recientemente grabó su tercer disco con acompañamiento del grupo de roqueros ***Estilete Agudo***, vestía un atrevido traje del modisto italiano Vernissini. Por su parte, Leonor, conocida en los medios científicos por sus investigaciones sobre el genoma humano, y a pesar de vestir un sencillo traje de prêt-à-porter de Silvia Tcherassi, causó una gran impresión por la belleza de sus ojos de un verde profundo, como los mares de su país. La Sra. Salas, por su parte, maravilló a todos con su precioso traje, que lucía los famosos bordados de las artesanas de su país.

Hoy, miércoles, el ministro de Economía de San Fernando mantuvo una reunión a la que asistieron los más importantes empresarios y banqueros de su país y un selecto grupo de inversores del nuestro. Nuestros industriales conocieron a empresarios de la isla, país que se distingue por sus investigaciones en tecnología de teléfonos y que tiene un gran déficit en producción de granos y carne, a pesar de tener un superávit en su balanza comercial. Uno de los principales resultados de esta reunión fue un contrato para la exportación a San Fernando de una parte de nuestro excedente de trigo y la promesa de bajar los impuestos a la importación de carne y trigo. «El Ministro ofreció muchas garantías para los inversores extranjeros y dijo que estaba interesado en reducir el superávit comercial de la isla comprando más de nuestros productos», comentó uno de los asistentes a la reunión.

Mañana, mientras la Sra. Salas visita algunas instituciones de caridad, su ministra de Defensa se entrevistará con los líderes militares y con el ministro de Economía del presidente Smithson, a fin de discutir un crédito para la adquisición de seis barcos de guerra para la marina de San Fernando. El solo anuncio de esta reunión hizo que las acciones de ***Barcos & Cañones*** subieran cincuenta puntos. «Si esta operación se cierra con éxito, podrían crearse unos tres mil puestos de trabajo», dijo un ejecutivo de ***B&C***.

Segunda fase. Para editar el texto del periodista Medina contesten las preguntas y hagan lo siguiente.

1. ¿Resume el titular los aspectos más importantes de la noticia? ¿Es apropiado el titular para el contenido de la sección de *Economía*? ¿En qué sección del periódico sería más apropiado este titular? Sugieran un titular más atractivo para los lectores de *Economía*.

2. ¿Resume la entrada un aspecto central de la noticia? ¿Es apropiada al propósito de la noticia? ¿En qué sección del periódico podría interesar más la entrada que escribió Medina? ¿□ Sociales □ Música? ¿Qué otras secciones podrían ser de interés? Sugieran una entrada que sea más atractiva para los lectores de *Economía*.

3. Hagan un resumen por eliminación, quitando todos los aspectos de la noticia que no son relevantes para la sección de *Economía*.

4. ¿Se podrían usar en otras secciones del periódico los fragmentos eliminados? ¿En cuáles? En cinco minutos, escriban un párrafo muy breve (cinco o seis líneas) de una noticia sobre la visita de Leonor que sea adecuado a la sección de *Ciencia*. Usen su imaginación para inventar algunos descubrimientos realizados por Leonor y el equipo científico de la Universidad Libre de San Fernando.

5. Escriban un párrafo para el periodista Medina, explicándole cómo puede mejorar su noticia.

Evaluación y rúbricas

Como habrás notado al hacer el ejercicio anterior, editar un texto implica hacer una constante evaluación de varios aspectos del mismo. Cuando tú estés editando tu propio texto, o cuando estés editando un texto escrito por uno/a de tus compañeros/as, tendrás que hacer una evaluación de esos textos. Para facilitar el trabajo de evaluación se usan unas tablas que se llaman **rúbricas**.

Una rúbrica es una tabla en la que se fijan ciertos criterios para evaluar un trabajo realizado. Las rúbricas son instrumentos útiles para la evaluación porque muestran claramente cuáles son los aspectos que se van a evaluar, y establecen los criterios de calidad. Una rúbrica nos permite ver en qué aspectos el texto no satisface los criterios de calidad establecidos y por lo tanto facilita la tarea de edición.

A lo largo de este libro encontrarás rúbricas que te van a ayudar a evaluar tus propios escritos y los escritos de tus compañeros/as. En este capítulo te presentamos una rúbrica adecuada para que tú evalúes tu propio trabajo sobre el resumen, y para que evalúes el trabajo de alguien en tu clase y le hagas sugerencias para mejorarlo.

Controla tu progreso

Aprender a escribir en una lengua extranjera no puede describirse como un proceso lineal, pero sí es posible establecer niveles de destreza.

Una persona que empieza sólo puede escribir palabras sueltas y expresiones memorizadas. Tendrá muchos errores y sus lectores no siempre lo comprenderán.

En el nivel intermedio se pueden formar oraciones simples sobre temas familiares; preguntar y expresar necesidades elementales en un estilo simple, principalmente en el presente. Pero los escritos parecen una sucesión de oraciones sin fluidez. No siempre son correctos, y algunos nativos pueden tener dificultades para entenderlos.

En el nivel avanzado se puede escribir detalladamente sobre asuntos rutinarios en un tono principalmente informal y en distintos marcos temporales. Se usan conectores y expresiones de transición con una organización coherente. Los lectores nativos no tienen dificultades de comprensión.

Usa estas ideas para describir tu propia escritura. Lee las descripciones de niveles de ACTFL. Encontrarás un enlace en la página http://www.prenhall.com/laescritura y reflexiona sobre lo siguiente en tu *Diario de escritura*.

- ¿Sobre qué temas puedes escribir? ¿Puedes describir con detalle? ¿Puedes narrar ordenadamente? ¿Tus escritos son tan claros, fluidos y correctos en el pasado como en el presente?

- ¿Escribes mejor cuando hablas sobre ti mismo/a y sobre tu mundo que cuando escribes sobre temas de interés general?

- ¿Tus escritos están compuestos de oraciones yuxtapuestas? ¿Usas conectores y transiciones?

- ¿Tu vocabulario es limitado? ¿Haces errores en estructuras básicas? ¿Controlas las estructuras más frecuentes?

- ¿Qué tal escribes en tu propia lengua? ¿Has escrito alguna vez narraciones o poemas? ¿Escribes ensayos académicos regularmente? ¿Cuáles son las dificultades con las que te encuentras al escribir en tu propia lengua?

En cada capítulo encontrarás ideas para pensar en tu trabajo y ayudarte a subir de nivel. Para que tomes el control de tu progreso. . .

1-25 **Tú tienes la palabra.** Utiliza la siguiente rúbrica para autoevaluar la primera versión de tu proyecto de este capítulo (ver la página 14) y evaluar el proyecto de uno/a de tus compañeros/as y hacerle sugerencias para mejorar. En el apéndice 2 del cuaderno encontrarás una copia desprendible de esta rúbrica.

Nombre del autor: _____

Título de la noticia: _____

Fecha de la lectura: _____

Nombre del lector: _____

Criterios de calidad para la tarea del capítulo 1	No lo satisface	Se acerca	Lo satisface
El titular Resume lo central de la noticia y llama la atención del lector para que se interese en continuar leyendo. Es apropiado para el lector al que va dirigida la noticia y para la sección en la que se publica.			
La entrada Presenta los aspectos más importantes del texto. Sirve de transición entre el texto y el cuerpo informativo. Es apropiada para el posible lector y para la sección en la que se publica.			
Imparcialidad La noticia no revela preferencias políticas, pero incluye aspectos positivos y negativos del candidato.			
Citas La noticia incluye citas textuales e indirectas. La información presentada en ellas es relevante para el propósito de la noticia y cumple las condiciones de imparcialidad política impuestas por el editor.			
Fuentes Las fuentes de información están claramente indicadas en el texto, usando para ello expresiones adecuadas.			
Resumen La noticia hace un resumen de las dos fuentes, usando las ideas centrales de cada una y descartando lo que no es relevante para el propósito de imparcialidad política. Utiliza correctamente las técnicas del resumen estudiadas en el capítulo.			

Nota: Comenta únicamente sobre los aspectos indicados en la rúbrica. No hagas comentarios sobre los aspectos lingüísticos (vocabulario o gramática) del texto.

A. Para autoevaluar tu trabajo.

Escribe un párrafo en tu *Diario de escritura*, reflexionando sobre los siguientes temas.

1. ¿Qué aspectos de la tarea encontraste más difíciles?

2. ¿Has usado las destrezas, técnicas, vocabulario, expresiones y estrategias discutidas en el capítulo al escribir tu noticia? ¿Cuál o cuáles crees que has dominado mejor? ¿En cuáles crees que necesitas trabajar un poco más?

3. Después de usar esta rúbrica, ¿de qué manera crees que puedes mejorar tu trabajo?

B. Para evaluar la tarea de otro/a estudiante.

Escribe un párrafo con tus sugerencias para el autor o autora. Incluye sugerencias específicas de cómo crees tú que puede mejorar su texto.

C. Para mejorar lo escrito.

Después de haber leído detenidamente las evaluaciones y rúbricas que tus compañeros han hecho de tu trabajo, prepara una segunda versión para entregarla a tu profesor/a.

La descripción

El **capítulo 2** se enfoca en la **descripción**, en el contexto del anuncio y la carta. Como proyecto de este capítulo, se te pedirá que escribas una carta en la que deberás incluir descripciones de lugares y personas.

PREPARACIÓN

Clasificados

1. Inmobiliaria Venta

Dueño VENDE CHALET EN PUNTA DEL ESTE
Chalet en Punta del Este, Rincón del indio, parada 23, dos dorm., dos baños, servicio, parrillero, lavadero, cocheras, dos cuadras de la playa, muy bien equipado.- US$ 105.000

2. Inmobiliaria Alquiler

Locales
Lima, Perú   900 3484322/
                lopezblanco@corca.com
Local comercial céntrico, 100 metros planta más 300 sótano. Ideal banco, tienda, oficinas.

Pisos/Apartamentos
México D.F. Céntrico. Confortables. Piscina. Climatizados. Garaje. Semanales, mensuales. 10.000 Pesos 5834219/ Madapart@curcuma.com

3. Servicios Hogar

Hipotecas/créditos
Consigue   592 4365219
Hasta 30.000 pesos con *Acrédito* en sólo 48 horas sin gastos. Llama y compara nuestros precios.
http://www. acrédito.com

4. Automóviles

652 347686
Coches de importación y nacionales, primeras marcas. Grandes oportunidades. El coche de tus sueños al alcance de tu mano. 2936 W 8th St, Los Angeles, CA 90005-1524 ¡A qué esperas para venir! Alquiler, venta y leasing.

5. Trabajo: Ofertas de Empleo

Comercial Interno-   Ref: 2798543
Barcelona
IMPORTANTE EMPRESA DEL SECTOR CERÁMICO
Requisitos:
- Personas a partir de 28 años. Excelentes dotes de comunicación, fluidez y don de gentes.
- Formación Universitaria Superior en Economía, Empresariales, Derecho o equivalente.
- Conocimientos informáticos a nivel usuario.

Se ofrece:
- Contrato laboral + alta en SS.
- Retribución: Euros 33.000 brutos anuales + vehículo de empresa.
Interesados enviar currículum vitae y carta de presentación a:
Cerámicas Benavent
Att. Laura Loynaz. Dpto de Recursos Humanos/Selección
c/ Horts del Bosc s/n 28003 Barcelona
email: recursos@Benavent.com

Editorial Alberdi   Ref: 579087
Empresa líder en el sector editorial
Precisa
Correctores de pruebas
Para su División de Idiomas
Requisitos:
- Imprescindible nivel bilingüe inglés/español.
- Experiencia en trabajo editorial.
Se ofrece:
- Contrato estable con incorporación inmediata a la empresa.
- Salario aprox. 2.000 Bolívares neto mes.
Interesados enviar CV a:
Editorial Alberdi
Att.: Señorita Romano, Dpto. de Recursos Humanos
Edificio Hache, Piso 3, Oficina 306-310,
Avenida Libertador, El Rosal
Teléfonos: (0212) 953.7438 336.1175
Email: Romano@Alberdi.com

Vocabulario relacionado

al alcance de tu mano	*"is waiting for you"*
alta en SS	*social security benefits*
corrector de pruebas	*proofreader*
crédito	*loan*
don de gentes	*sociability*
hipoteca	*mortgage*
inmobiliaria	*real estate*
salario bruto/a	*gross salary*
salario neto/a	*net, after tax*

Abreviaturas

aprox.	aproximadamente
Att.	Atención
Ctra.	Carretera
Dpto.	Departamento

2-1 Anúnciese por palabras.

Primera fase. Observa la sección de clasificados del periódico en la página 34 y contesta las preguntas. Puedes utilizar las palabras del **Vocabulario relacionado** u otras que conozcas.

1. ¿Qué tipo de anuncios hay en esta sección? ¿Qué otras cosas se pueden anunciar en la sección de clasificados de un periódico? Imaginen que van a vender su automóvil. ¿Cuáles son las características que ustedes creen que les interesa conocer a los posibles compradores? Hagan una lista y compártanla con la clase.

2. ¿Han buscado alguna vez una casa para alquilar o comprar? ¿Cómo? ¿Dónde? ¿Buscaron en los periódicos? En su experiencia, ¿se puede confiar plenamente en los anuncios clasificados? Cuenten alguna experiencia negativa que hayan tenido.

3. ¿Qué diferencias hay entre las dos ofertas de alquiler? Hagan una lista con toda la información que les gustaría encontrar en un anuncio cuando buscan un apartamento. Comparen su lista con los anuncios modelo. ¿Qué diferencias hay?

4. ¿Qué diferencias hay entre las dos ofertas de empleo? ¿Han buscado alguna vez trabajo a través de un periódico? ¿Han preparado alguna vez un currículum vitae? ¿Les han entrevistado para algún trabajo?

5. Hagan una lista con toda la información que les gustaría encontrar en un anuncio cuando buscan trabajo. Comparen su lista con los anuncios modelo y comenten las diferencias.

Segunda fase. Piensen en algo que se podría anunciar en esta sección y escriban en la pizarra con ayuda del/de la profesor/a un anuncio breve.

 2-2 Llame, por favor.

Primera fase. Tú estás buscando un apartamento en México D.F. como el que se anuncia en el periódico. Llama por teléfono a la agencia inmobiliaria para averiguar la siguiente información y anótala. Tu compañero/a hará el papel de agente inmobiliario.

1. Lugar en que se encuentra el apartamento
2. Características: tamaño, número de cuartos, ventanas al exterior, servicios, etc.
3. Precio y forma de pago
4. Posibilidad de visitar el apartamento: haz una cita (fecha, hora y lugar) para visitar el apartamento con el/la agente

Segunda fase. En la visita al apartamento descubres que la información que te dieron no era correcta. Aclara este problema con el/la agente inmobiliario/a y quéjate por su falta de profesionalidad y tu pérdida de tiempo.

 2-3 La carta de reclamación.

Primera fase. Después de tu visita al apartamento tus amigos te han convencido de escribir una carta a la agencia inmobiliaria para quejarte (*to complain*) porque el anuncio no coincide con la realidad. Completen entre todos la carta a continuación teniendo en cuenta los siguientes puntos:

1. El párrafo debe ser breve (máximo de diez líneas).
2. Basándose en las notas que tomaron sobre las características del apartamento, expliquen lo que decía el anuncio o lo que les dijo el/la agente en contraste con lo que vieron.

CUADERNO

¿Necesitas revisar las fórmulas impersonales para los anuncios? Busca esta información en la sección **Gramática aplicada** del capítulo 2 del *Cuaderno*.

México D. F., 6 de mayo de 2007

Señora Luisa Del Campo
Gerente, Inmobiliaria Su Casa
Apartado de Correos 345
Estimada Señora Del Campo,

Respetuosamente le escribo para quejarme por la publicidad engañosa que su empresa hace en el anuncio Ref. 3456 publicado en el *Diario El Sol* del viernes, día 2 de mayo. Cuando visité el apartamento anunciado encontré una serie de discrepancias entre la publicidad y la realidad. Estos son algunos de los casos más notorios:

El anuncio decía que . . . [completen este párrafo con ejemplos de las discrepancias]

Espero que en el futuro su empresa se abstenga de estas prácticas que perjudican al cliente, pues le hacen perder tiempo innecesariamente.

Atentamente,

> **CUADERNO**
>
> **?** ¿Necesitas revisar el formato de una carta formal? Busca esta información en la sección **El arte de escribir una carta** del capítulo 2 del *Cuaderno.*

Segunda fase. Lean la carta y evalúenla haciendo los reajustes necesarios. Para mejorarla tengan en cuenta los siguientes puntos. Márquelos con una X.

1. _____ La carta tiene fecha y un encabezamiento y cierre apropiados.

2. _____ El tono del lenguaje es apropiado para expresar una queja de forma civilizada.

3. _____ El propósito de la carta está claro.

4. _____ Las oraciones son completas y están bien conectadas.

5. _____ La descripción del apartamento contrasta con la descripción que te dio el/la agente.

6. _____ El relato de los hechos es informativo, detallado y secuencial.

7. _____ La gramática (uso de los tiempos verbales, conectores, concordancia, etc.) es correcta.

CONTEXTO

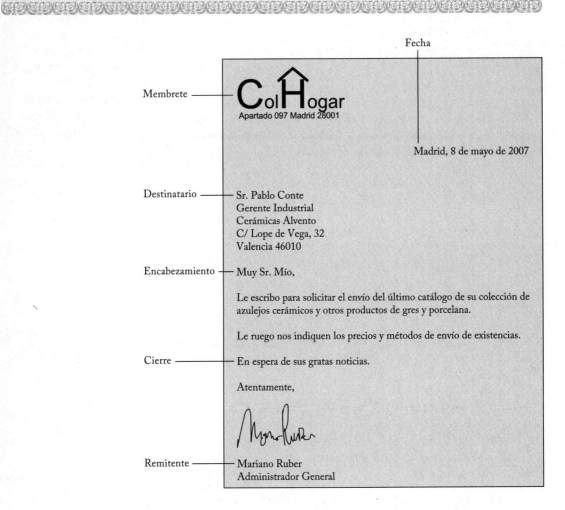

Fecha

Membrete ——

Col**H**ogar
Apartado 097 Madrid 28001

Madrid, 8 de mayo de 2007

Destinatario ——

Sr. Pablo Conte
Gerente Industrial
Cerámicas Alvento
C/ Lope de Vega, 32
Valencia 46010

Encabezamiento ——

Muy Sr. Mío,

Le escribo para solicitar el envío del último catálogo de su colección de azulejos cerámicos y otros productos de gres y porcelana.

Le ruego nos indiquen los precios y métodos de envío de existencias.

Cierre ——

En espera de sus gratas noticias.

Atentamente,

Remitente ——

Mariano Ruber
Administrador General

El anuncio y la carta

Anteriormente hablamos de la importancia de la **información** en nuestros días. Las noticias están por todas partes, y no sólo en el periódico. Los diferentes **medios de comunicación** nos informan sobre lo que ocurre a nuestro alrededor. Pero además de esta **función** informativa o **expresiva**, a menudo los medios cumplen otra misión a través de la **publicidad** que contienen: nos llaman la atención sobre productos o servicios que podemos —o creemos— necesitar. Esta función se llama **apelativa**. La diferencia entre la información y la publicidad es que la segunda espera una **reacción activa** por parte del lector u oyente. Es decir, que compre el producto o que se interese por el servicio y lo requiera. El anuncio escrito es un texto generalmente breve y condensado que persigue comunicar de manera inmediata y directa. De la misma manera que al escribir una noticia se hace una selección de la información y se **resume** lo más importante, al escribir un anuncio también se hace una selección de las características del producto o la oferta que pueden interesar más. Entre los distintos tipos de anuncios, **el anuncio clasificado** es uno de los vehículos comerciales más comunes. No se requiere ser un especialista para escribir anuncios clasificados y, por lo general, los escriben personas comunes y corrientes. Al principio de éste capítulo nos enfocaremos en el anuncio clasificado para reciclar la técnica de expresar la mayor cantidad de información en un número limitado de palabras. Seguidamente vamos a introducir el lenguaje de la carta, sea en respuesta a un anuncio clasificado o con otros propósitos.

Durante mucho tiempo la carta ha sido uno de los medios principales de la **comunicación** escrita. Para que se produzca esta comunicación necesitamos como mínimo de alguien que escriba la carta, alguien que la lea y algo que decir; en otras palabras, necesitamos un **emisor**, un **destinatario** y un **mensaje**. Por supuesto, también necesitamos un **código** o **lengua** que servirá de vehículo para la comunicación. La comunicación por medio de cartas se llama **correspondencia** y la hay de muchos tipos: personal, comercial, jurídica, etc. La carta suele estar **fechada** y se puede dividir en tres partes: el **encabezamiento** (que incluye el saludo), el **contenido** y el **cierre** (que incluye la despedida). El encabezamiento y el cierre a menudo contienen **fórmulas establecidas** que varían según sea el **propósito** de la carta.

En éste capítulo vamos a practicar la escritura de cartas de **presentación**, de **recomendación**, **comerciales** y, por último, las cartas **personales**. En las dos primeras, la **descripción** tendrá un peso importante, y pueden ir acompañadas de un **currículum vitae** o de un **informe**. Las cartas comerciales suelen ser breves, directas y menos descriptivas porque el énfasis está en el mensaje. Por otro lado, las cartas personales muestran características muy diversas que dependen principalmente de la relación entre los interlocutores.

Las cartas pueden ser **formales** o **informales**. En las formales se usa la forma «usted». En las informales se usa la forma «tú». Cuando se usa el «usted», los encabezamientos y cierres suelen ser formas fijas. En cambio, con el «tú» estos suelen ser más flexibles y espontáneos.

CUADERNO

Tarea

Leer la sección **Historia y cultura**. Actividades: 2-1, 2-2, 2-3 y 2-4.

Paso a paso

 2-4 ¿Cómo son los candidatos?

Primera fase. Miren la lista de trabajos a continuación y asócienlos con la descripción del candidato más apropiado.

1. _____ Maestro/a de escuela primaria

2. _____ Camarero/a en un restaurante

3. _____ Técnico/a informático/a para una empresa internacional

4. _____ Vendedor/a de productos farmacéuticos

5. _____ Auxiliar de vuelo

6. _____ Entrenador/a deportivo/a en un gimnasio

a. Me gusta el trato con la gente y tengo dotes para convencer. Dispongo de coche propio y horarios flexibles.

b. Me esfuerzo para que el cliente quede contento porque mi servicio es rápido y eficaz.

c. Me fascina viajar y no me importa pasar varias noches seguidas fuera de casa.

d. Tengo una especial habilidad para organizar actividades en grupo y conozco una gran cantidad de juegos y canciones.

e. Tengo conocimientos de nutrición, primeros auxilios (*first aid*) y masajes.

f. He aprendido a manejar los últimos sistemas. Hablo y escribo varios idiomas.

Segunda fase. Añadan dos detalles más a cada una de las descripciones anteriores. Estos detalles pueden hacer referencia a lo siguiente.

1. Experiencia previa

2. Estudios

3. Gustos o intereses

4. Idiomas

MODELO: *Maestro/a de escuela primaria*
Estudié pedagogía en la universidad y me gustan mucho los niños.

2-5 Solicítalo.

Primera fase. Estás buscando un nuevo trabajo. Tu compañero/a y tú encontraron el anuncio siguiente en un periódico. Léanlo y comprueben si el currículum de uno de ustedes, que aparece a continuación, se ajusta a los requisitos del puesto. Comenten entre ustedes las razones y anótenlas.

Ref.: 5329076

Ayudante de dirección

EMPRESA INTERNACIONAL CON SEDE EN SANTIAGO DE CHILE

Requisitos:

- Buen nivel de inglés y/o de francés.
- Conocimiento de procesadores de texto.
- Capacidad de organización.
- Buenas dotes de comunicación.

Se ofrece:

- Incorporación inmediata.
- Remuneración competitiva según valía del/de la candidato/a.
- Posibilidad de viajar.

Interesados/as escribir a:

D & L Internacional

Vicuña Mackenna 2132

Comuna Macul

Código Postal 6904411

Santiago, Chile

CURRÍCULUM VITAE

Experiencia como ayudante de dirección

• Ayudante del/de la director/a. Banco del Oeste, Concepción, desde 1995 hasta hoy. Soy responsable de la Agenda del/de la directora/a. Organizo los encuentros internacionales de nuestros representantes. Labores de secretariado.

• Secretario/a de gabinete jurídico. Sánchez e Hijos, Concepción, 1990–1995. Mecanografía, procesamiento de textos y mantenimiento de bases de datos.

Otras experiencias laborales

• Monitor/a de campamento de verano. Valparaíso, 1989. Organización de actividades extracurriculares.

Estudios

• Escuela de Secretariado de Concepción. 1987–1990

Cursos de procesamiento de textos. 1990, 1992 y 1994.

• Escuela de Idiomas: Inglés y francés (1988–1993)

Datos personales

Edad: 32 años
Dirección: Avenida Pedro de Valdivia, 403
Concepción, Chile
Teléfono: 56-41-20 4217

CUADERNO

? Revisa los usos de tú y usted, además de los modelos de saludo y despedida en *A tener en cuenta*, página 44, o en **El arte de escribir una carta** en el *Cuaderno*.

Segunda fase. Ahora escribe una breve carta de presentación solicitando el trabajo. Cubre los siguientes puntos y no te olvides de usar *usted*. Tu compañero debe ayudarte.

1. Saludo formal al jefe de personal de la empresa
2. Explicación de dónde viste el anuncio
3. Explicación de por qué te interesa el puesto
4. Características personales que te hacen ser un buen candidato
5. Referencia al currículum vitae que se adjunta
6. Despedida formal

Tercera fase. Después de leer tu carta y tu currículum, el jefe de personal de la empresa te invita para una entrevista. Hagan ahora el papel de entrevistador/a y entrevistado/a y luego intercambien roles. Además de describir el puesto (condiciones de trabajo, responsabilidades, salario aproximado, etc.), el/la entrevistador/a debe averiguar lo siguiente sobre el/la candidato/a. No se olviden de saludarse y despedirse formalmente.

1. Detalles sobre su experiencia en puestos similares
2. Detalles sobre su experiencia con los ordenadores y con el mantenimiento de datos
3. Su flexibilidad para viajar
4. Su disponibilidad para incorporarse inmediatamente

2-6 **¿A quién me recomiendas?** Trabajas en una empresa de diseño de moda que está en expansión y tiene buenos salarios. Tu jefe te pide que recomiendes a uno/a de tus amigos/as o compañeros/as de clase para cada uno de los siguientes puestos. Piensa en la persona apropiada para cada puesto y escribe una breve descripción de cada una incluyendo al menos tres características.

MODELO: *Telefonista*
Recomiendo a mi amigo Juan porque es muy educado y tiene una voz agradable. Además, nunca se pone nervioso, tiene don de gentes (*good interpersonal skills*) y sabe resolver problemas con delicadeza y discreción.

1. Relaciones públicas
2. Diseñador/a de ropa
3. Modelo
4. Vendedor

A tener en cuenta

Fórmulas de tratamiento

Estas son algunas de las fórmulas que se emplean en las cartas formales como encabezamiento y cierre.

ENCABEZAMIENTOS

Estimado/a señor/a:

Muy señor/a mío/a:

Distinguido Sr./Sra.:

En relación con...

Por la presente me dirijo a...

Me complace ponerme en contacto con...

Les escribo para comunicarles...

CIERRES

Atentamente,

En espera de sus noticias reciba un cordial saludo,

Expresándole mi agradecimiento de antemano, le saluda atentamente,

Atentamente le saluda, sin otro particular, se despide atentamente,

Y estas son algunas de las que se utilizan en las cartas informales:

ENCABEZAMIENTOS

Querido Juan,

Hola, Pepa,

Estimado/a amigo/a,

Hace tiempo que quería escribirte pero...

Te escribo porque...

Me he acordado de ti y...

¿Cómo estás?

Espero que estés bien.

CIERRES

Un abrazo,

Besos,

Recuerdos a tus padres.

Un fuerte abrazo, saludos a todos,

Con cariño,

2-7 **De qué se trata.** Antes de leer la carta a continuación, ten en cuenta los siguientes puntos y contesta las preguntas.

CUADERNO

En **El arte de escribir una carta** del capítulo 2 del *Cuaderno*, puedes revisar la estructura de una carta formal y repasar los usos de tú y usted. Además, encontrarás otras fórmulas para utilizar en tus cartas.

1. **Tipo de carta.** Hazte una idea global de lo que vas a leer (*skim*). ¿Qué tipo de carta es? ¿De presentación, de recomendación, comercial, personal? ¿Alguna vez escribiste una carta de presentación? ¿Cuál era tu propósito? ¿Lo conseguiste? ¿Escribes muchas cartas personales? ¿Tienes correspondencia por *email*? ¿Con qué frecuencia? ¿Participas en *chats*? ¿Sobre qué temas? ¿Escribes un blog? ¿Tienes otro tipo de correspondencia? ¿Qué diferencias encuentras entre estos medios y la carta?

2. **El registro.** Fíjate en el saludo y la despedida. ¿Son formales o informales? ¿Recuerdas otras fórmulas apropiadas para empezar y terminar una carta formal? ¿Qué otros elementos del lenguaje te indican que el registro es formal? Identifícalos en la carta que vas a leer.

3. **La organización.** Lee la primera línea de cada párrafo y di cuál es el esquema probable de esta carta.

Esquema A	Esquema B
1. Indica dónde vio el anuncio del puesto	1. Indica dónde vio el anuncio
2. Se refiere al CV que acompaña la carta	2. Explica por qué le interesa el puesto
3. Habla de su experiencia	3. Habla de su experiencia
4. Hace otra referencia al CV	4. Hace referencia al CV
5. Dice por qué le interesa el puesto	5. Hace otra referencia al CV
6. Insiste en que es un buen candidato	6. Insiste en que es un buen candidato

Barcelona, 27 de mayo de 2006

Sra. María López
Directora de Recursos Humanos
Textilera del Caribe
Calle de las Factorías, 18
Cartagena de Indias, Colombia

Estimada Sra. López,

Por la presente[1] le hago saber mi interés en el puesto que se anuncia en *El Diario de Cartagena*, ref. 2465.

Como podrá ver en el CV que le adjunto[2], tengo tres años de experiencia como diseñador en una empresa del sector textil. Durante ese tiempo estuve a cargo del diseño de camisas y pantalones de la marca *Ferbás*. Esta marca, creada en Barcelona hace 40 años, tiene una importante proyección en el mercado europeo, especialmente en el Reino Unido y en Dinamarca.

Durante estos tres años trabajé con diferentes tipos de tejidos, especialmente los derivados del algodón. Por otro lado, tuve la oportunidad de conocer los métodos más eficaces en el tratamiento del color. Asimismo, mi trabajo directo en la fábrica me permitió conocer a fondo los problemas pero también la potencialidad comercial del sector textil en la actualidad.

Acompaña a mi CV una muestra de los diseños que creé para *Ferbás*. Como verá se trata de diseños clásicos, principalmente en estampados o cuadros, inspirados en los diseños tradicionales de la marca, los cuales han representado durante años su sello de identidad.

El puesto que ustedes ofrecen tiene muchos atractivos. El principal, tal vez, es la posibilidad de conocer a fondo las técnicas tradicionales de la confección textil en Colombia, ya que estoy muy interesado en trabajar con productos autóctonos descubriendo telas, pigmentos y patrones que puedan incorporarse a nuevas creaciones. Por otro lado, me interesa también la oportunidad de proyectar una modernización de la empresa que garantice sin embargo la calidad del producto.

Creo sinceramente que mi experiencia como diseñador en el sector textil europeo y mi visión comercial pueden contribuir a una apertura mayor de sus productos en el mercado europeo y por lo tanto a ampliar sus posibilidades de exportación.

Atentamente,

Sergio García Rovira

Sergio García Rovira

---

[1] *Hereby*   [2] Adjuntar: *To attach*

2-8 **Busco trabajo.**

Primera fase. Después de leer la carta contesta las siguientes preguntas.

1. ¿Cuántos años de experiencia tiene Sergio García en el sector textil? ¿Qué tipo de trabajo ha tenido en estos años?
2. ¿Dónde vive Sergio? ¿A dónde quiere ir a trabajar? ¿Por qué le interesa el puesto?
3. ¿Por qué piensa Sergio que es un buen candidato? ¿Qué tipo de persona busca la empresa que anunció el puesto probablemente?

Segunda fase. Revisa los modelos que viste al principio del capítulo, escribe un anuncio posible para el puesto que solicita Sergio y compártelo con la clase. ¿Hay muchas diferencias entre los anuncios escritos en la clase? Según los anuncios, ¿es Sergio un buen candidato?

2-9 **¿Me recomiendas?**

Primera fase. A Sergio le han pedido una carta de recomendación y le gustaría que la escribieras tú que has sido su compañero/a de trabajo durante tres años. Para ayudarte a escribirla te ha enviado su currículum vitae. Lee con atención su CV, elimina lo que no te parece importante y haz una lista de lo que vas a utilizar para la carta de recomendación. Utiliza las técnicas que aprendiste sobre el resumen en el capítulo anterior.

SERGIO GARCÍA ROVIRA

Estudios:

Diplomatura de la Escuela de Artes y Oficios de Barcelona,
julio de 2003.
Licenciado en Historia. Universidad de Barcelona, julio 2000.

Experiencia en el ámbito textil:

Diseñador de textiles en *Ferbás*, Barcelona, sección camisas, desde
septiembre 2003.
Asistente de sastre en *Almacenes Vega*, veranos 2001–2002.
Diseño de vestuario para obra teatral (Colegio Insula),
temporada 2000.
Diseño de vestuario para obra teatral (Colegio Insula),
temporada 1999.

Otras experiencias laborales:

Vendedor en El Corte Inglés, sección fotografía, verano 2000.
Camarero en Cafetería Sicilia, verano 1999.

Idiomas:

Español y catalán: nivel excelente.
Inglés: nivel bueno.
Frances: nivel bajo.

Datos personales:

Edad: 28 años
Estado Civil: soltero
Dirección:
Calle Muntaner 22, 3
Barcelona 08011
Teléfonos: Fijo: 34 - 93 - 7965431; Móvil: 34 - 690 725188
Email: garcias@spare.es

Segunda fase. Ahora escribe una carta de recomendación para Sergio, teniendo en cuenta los siguientes puntos. ¡Las expresiones en la caja te pueden servir! Y no te olvides de usar *usted*, así como un saludo y una despedida formales.

Me permito indicarle que...   Quisiera recomendar a...

Permítame llamarle la atención sobre...

---

1. Explica tu relación laboral con Sergio, justificando por qué escribes una carta de recomendación.
2. Explica lo que sabes sobre la experiencia laboral de Sergio (utiliza la carta de presentación, el CV y tu imaginación).
3. Elabora una descripción sobre las características personales de Sergio.
4. Defiende por qué opinas que se merece el trabajo.
5. Concluye sugiriendo que se pongan en contacto contigo si necesitan más información.

2-10 Evaluemos la carta.

Primera fase. Ahora comprueba si tu carta cumple los siguientes requisitos y pon una X junto a la letra correspondiente. Después intercámbiala con un/a compañero/a y evalúa la suya.

1. _____ La carta tiene un encabezamiento, un saludo y una despedida formales.
2. _____ El registro y el tono de la carta son apropiados para una carta formal y objetiva.
3. _____ El propósito de la carta es claro: que Sergio obtenga el trabajo.
4. _____ La información que incluye sobre la experiencia laboral de Sergio es esencial.
5. _____ Describe características personales de Sergio que son pertinentes.

Segunda fase. Escríbele una nota a tu compañero/a indicando si la carta te parece eficaz o no y por qué. Indícale tanto los aspectos positivos como los posibles defectos de la carta (por ejemplo, si hay exageraciones, si no es objetiva, si no está bien enfocada etc.).

MODELO: Tu carta me parece muy bien escrita porque pone énfasis en el interés de Sergio por aprender cosas nuevas. Sin embargo, creo que al hablar del carácter de Sergio no es necesario decir que le gusta ir a las discotecas.

2-11 **A vista de pájaro.** Antes de leer anota las respuestas a los siguientes puntos.

1. Observa los encabezamientos y cierres de estas dos cartas e indica si el registro es formal o informal.
2. Lee por encima (*skim*) la primera carta y deduce qué tipo de carta comercial es.
   a. Una solicitud de información
   b. Una carta de reclamación
   c. Una transacción de compraventa
   d. Una solicitud de crédito
3. Lee por encima la segunda carta y deduce qué tipo de carta comercial es.
   a. Una solicitud de información
   b. Una carta de reclamación
   c. Una transacción de compraventa
   d. Una solicitud de crédito

Primera carta

Textilera del Caribe
C/ Factorías 18
Cartagena de Indias

10 de diciembre, 2006

Pigmentos Rosado
Avda. Caracas, n° 48-52 Sur
Bogotá, D.C. Colombia

Estimados Señores:

Rogamos nos envíen un catálogo de los pigmentos y tintes que
fabrican para su aplicación textil. En nuestra fábrica, *Textilera del Caribe*,
estamos interesados en renovar la gama de colores de nuestros
diseños y hemos sido informados sobre la calidad de sus productos.
Les ruego nos adjunten un listado de precios detallado que incluya los
descuentos por compra al por mayor[1].

Esperamos una colaboración fructífera en el futuro.

Atentamente,

Sergio García Rovira

Sergio García Rovira

Diseñador

SGR: ml

---

[1] Al por mayor: *Wholesale*

Segunda carta

> **Textilera del Caribe**
> **C/ Factorías 18**
> **Cartagena de Indias**
>
> 15 de marzo de 2007
>
> Sr. D. Filomeno Sánchez
> Servicio de Compraventa
> Pigmentos Rosado
> Avda. Caracas, n° 48-52 Sur
> Bogotá, DC Colombia
>
> Muy Señor mío:
>
> Habiendo consultado su catálogo, nos gustaría encargar los siguientes productos:
> 24 botes pigmento Korka de 5 litros, ref. 5469 (color azul turquesa), a $6.000[1] el litro... $144.000.
>
> 100 botes tintura Loesa de 5 litros, ref. 8904 (25 color magenta, 25 color ocre, 25 color verde pino, 25 color gris cobalto), a $8.200 el litro... $820.000.
>
> Total: $964.000.
> Forma de pago: cheque bancario.
> Esperamos recibir la mercancía antes del 15 de noviembre.
>
> Reciba un saludo cordial,
>
> *Sergio García Rovira*
>
> Sergio García Rovira
>
> Diseñador
>
> SGR: ml

[1]En Colombia se usa el signo $ para indicar pesos colombianos. Se usa US$ cuando se quiere indicar un precio en dólares americanos. La equivalencia entre ambos, en el momento de escribir este capítulo, es aproximadamente de 2.000 a 2.500 pesos por un dólar. Nota que en español se usa el punto para indicar miles y la coma para indicar decimales: $2.450,22 (dos mil cuatrocientos cincuenta pesos con veintidós centavos).

2-12 **Analiza y comprende.** Después de leer las cartas anota las respuestas para los siguientes puntos.

1. ¿Cuál de los siguientes *no* es un propósito de la primera carta?
   a. Establecer relaciones comerciales
   b. Informarse sobre la calidad del producto
   c. Pedir información sobre variedad y precios

2. ¿Cuál *no* es un propósito de la segunda carta?
   a. Comprar pigmentos
   b. Establecer una forma de pago
   c. Negociar la fecha de envío

3. ¿Aparte del propósito, qué otras diferencias observas entre las dos cartas? ¿A qué crees que se deben estas diferencias?

4. Subraya todas las expresiones formales y fórmulas fijas que encuentras en las cartas. Haz una lista.

2-13 **Escribe tus propias cartas comerciales.**

Primera fase. Sergio tiene mucho trabajo en la fábrica *Textilera del Caribe* y te ha contratado como secretario/a temporal. Lee las notas que ha dejado en tu despacho y ponte a trabajar usando como modelo algunas de las cartas ya estudiadas.

1. Por favor escribe a *Pigmentos Rosado* para que manden 25 litros más de Loesa magenta.

2. Averigua si en la fábrica de algodón *La flor del algodón S.A.* venden también lana y pide precios. Encontrarás la dirección en la base de datos.

3. Contesta a la reclamación de la tienda *Favores*, de Cali, excusándote por el defecto de fabricación de una camisa. Ofrece tres más gratis.

Segunda fase. Después de escribir las cartas comprueba lo siguiente.

1. _____ Las cartas tienen encabezamientos y cierres formales.

2. _____ El propósito de cada carta es claro y se expone en la primera frase.

3. _____ El contenido de la carta es breve.

4. _____ El registro es formal y el tono es apropiado para el registro.

5. _____ El lenguaje es directo y eficaz.

CUADERNO

Tarea

Leer la sección **El arte de escribir una carta**.
Actividades: 2-5 y 2-6.

PRODUCCIÓN

El proyecto

2-14 **El premio mayor.** Una importante empresa de barcos hizo un concurso para estudiantes de español y tú ganaste el primer premio: ¡un crucero de quince días en primera clase por el Caribe! En uno de los pocos ratos libres que tienes en el barco, escribe una carta personal dirigida a tus abuelos, tus padres, o a otro miembro de tu familia a quien debes tratar con cierto respeto, pero con familiaridad suficiente para usar el tuteo. La carta debe incluir lo siguiente.

1. Encabezamiento y despedida apropiados
2. Un breve párrafo de introducción que explique las circunstancias y el por qué de la carta
3. La descripción de un sitio que has visitado
4. El retrato de una persona a quien has conocido
5. Un cierre de carta expresando el deseo de verse pronto

 Visita la página electrónica de *La escritura paso a paso* (http://www.prenhall.com/ laescritura) y sigue los enlaces para esta actividad si necesitas ideas sobre sitios o personas. También puedes reciclar material de las actividades de **Manos a la obra**.

2-15 **¡Atrévete!** Escribe una carta semejante, pero dirigida a tu profesor/a de español, una persona respetable, a quien llamas de usted. Haz los cambios que sean necesarios.

Taller de escritura

Con frecuencia escribimos cartas para hacer el retrato de personas y describir lugares, o para narrar algo que ha ocurrido. En esta sección nos enfocaremos en algunas **técnicas para describir** con eficacia y con orden. A este efecto, vamos a discutir, en primer lugar, la **presentación de las características** de la persona, animal, lugar u objeto descrito. Después trataremos sobre la utilidad de las **comparaciones** en la descripción, y finalmente, mostraremos diferentes maneras de **ordenar el texto y los detalles** que incluimos en nuestra descripción.

Presentación de las características

Podemos dividir las características de un lugar, o de una persona, animal u objeto en dos grupos. Primeramente, tenemos aquellas características que podemos percibir mediante nuestros sentidos: el color de los ojos y el tono de voz de una persona los podemos percibir, el uno, mediante la vista y, el otro, por el oído. La suavidad de un tejido y el sabor de una bebida los percibimos mediante el tacto y el gusto respectivamente. El aroma del pan fresco lo podemos sentir gracias al olfato. Una buena descripción nos presenta una variedad de sensaciones que ayudan al lector a formarse una idea de lo descrito.

Existen, además, características que no son perceptibles por un sentido específico, sino que se trata de cualidades abstractas o más complejas. Decimos, por ejemplo, que una persona es generosa o inteligente, que un zapato o un coche son elegantes, o que un animal es manso (*tame*).

> **CUADERNO**
>
> **?** ¿Necesitas revisar el uso de adjetivos o la concordancia de género y número? Busca esta información en la sección **Gramática aplicada** del capítulo 2 del *Cuaderno*.

2-16 **Reconoce los sentidos.**

Primera fase. Lee la siguiente descripción de una ciudad tropical buscando las diferentes impresiones sensoriales y subráyalas.

Cartagena, 2 de julio

Querido hermano,

Aunque había leído un montón de guías de viajeros y no sé cuántas páginas de Internet, nada me preparó suficientemente para la belleza de lo que encontré al llegar a Cartagena de Indias.

Antes de aterrizar, el avión voló muy bajo sobre el Mar Caribe, de un azul profundo con amplias franjas de un verde muy suave. Cuando apareció la ciudad en la ventanilla del avión, el espectáculo fue magnífico. Tuve una vista fantástica de las murallas y del imponente castillo, más grande y mejor conservado que el que visitamos juntos el año pasado en San Juan.

Al salir del avión, mi primera impresión fue el calor húmedo. Ayer hacía una temperatura de 30°C, y una humedad del 92%. Me pregunto si todos los días van a ser iguales, aunque he leído que en otras épocas del año, el clima es menos extremo. El sol es brillante y su luz casi perpendicular, típica del trópico, lo llena todo de luces y de sombras muy fuertes. Pero es que todos los colores se intensifican en esta ciudad. Las casas están pintadas de unos rosas, violetas, o azules que no había visto en ninguna otra parte, con la excepción, tal vez, de aquellas casas del Viejo San Juan que tanto nos gustaron, ¿recuerdas?

La presencia del mar es algo que no puedes olvidar. La brisa marina hace que la ciudad toda huela a sal y a yodo, pero el aire está lleno también de exóticos perfumes de flores y de frutas tropicales que anuncian en la calle los vendedores, por encima de los ruidos de coches, comercios y conversaciones sostenidas de un balcón a otro. En el almuerzo de hoy, en casa de mi nuevo jefe, me dieron un plato de frutas variadas y todavía siento el gusto dulce y sedoso de los mangos, las papayas y otras frutas rarísimas de nombre impronunciable, pero de suavísimas texturas.

En fin, he encontrado una ciudad llena de excitación y energía, y todo parece indicar que voy a ser feliz. En verdad, esta ciudad me recuerda de nuestra loca semana en Puerto Rico el año pasado y por eso te escribo tan pronto. ¡Cuánto me gustaría que pudieras ver esta mezcla de modernidad y tradición! Te avisaré cuando tenga un apartamento y cuando haya hecho algunos contactos para disfrutar mejor de la ciudad. Y si te portas bien, hermanito, ¡te enseñaré algunos de los secretos que vaya descubriendo!

Un abrazo de tu hermano mayor,

Sergio

Segunda fase. Revisa cuidadosamente la carta en busca de características de la ciudad y completa el siguiente cuadro.

Sentido	Encuentra al menos una característica por cada uno de los sentidos
Vista	
Olfato	
Oído	
Gusto	
Tacto	
Encuentra dos características abstractas	

2-17 **La ciudad de tu infancia.** Un amigo extranjero te pide que le describas la ciudad donde creciste. Haz una lista de al menos dos características de cada uno de los tipos que se indican en el siguiente cuadro.

Tipo de característica	1	2
Imagen visual		
Olor		
Sonido		
Sabor		
Textura		
Abstracta		

Las comparaciones en la descripción

Algunas veces, cuando no encontramos las palabras necesarias para dar una imagen clara de lo que queremos describir, podemos recurrir a la técnica de hacer comparaciones con algo que suponemos que nuestros lectores conocen: «Vimos unos monstruos que eran *como* canguros gigantes». Pero también es posible hacer una comparación sin expresiones comparativas: «Los monstruos que vimos me recordaron a *Godzilla*». Al usar

CUADERNO

? ¿Necesitas revisar las construcciones comparativas? Busca esta información en la sección **Gramática aplicada** del capítulo 2 del *Cuaderno.*

comparaciones, sin embargo, debemos asegurarnos de que nuestro lector sabe lo que es un canguro y que ha visto un dibujo de *Godzilla*. Si no fuera así, el lector no entendería la comparación.

2-18 Reconozcan las comparaciones.

Primera fase. Lean con atención la siguiente carta, haciendo una lista de las comparaciones que encuentren.

Cartagena, 3 de septiembre

Queridos padres,

¡Qué suerte! Después de sólo dos días, encontré un apartamento precioso. Esta mañana firmé el contrato y el próximo viernes me podré mudar.

El apartamento está muy cerca del centro antiguo, tan bien situado como vuestra casa en Barcelona. Puedo ir caminando al mercado, al cine, a la farmacia y, más importante que nada, ¡a las murallas y a la playa! Mamá, ¿recuerdas aquella película que tanto te gusta donde Cary Grant (¿es Cary Grant?) hace de vago en una isla? Pues seguro que a ti te encantaría el restaurante de la esquina: ¡sirven un desayuno como el que él se comía mirando el mar!

El apartamento está en una casona del Siglo XVIII, en mal estado por fuera, pero pintada de un color azul como el que se ve en algunas casas del Mediterráneo. Por dentro tiene unas escaleras de piedra, muy parecidas a las de la casa de la abuela, y un patio señorial lleno de flores exóticas.

Mi apartamento está en el segundo piso, y no da a la calle, así que no tiene muchas vistas. Creo que antiguamente las habitaciones de los criados estaban aquí, porque todos los espacios son muy pequeños. Sin embargo, cuando lo remodelaron en los años 30, hicieron unas ventanas pequeñas por donde entra la luz y si llueve fuerte (me advirtió la agente), el agua también...

El dormitorio es pequeñísimo y apenas hay espacio para un colchón, como en el coche-dormitorio de un tren. La cocinita está integrada con el saloncito, y tiene un horno pequeñísimo, ¡pero en la nevera caben más cosas que en la nueva que compró papá! En el salón podré instalar un sillón pequeño (no cabe un sofá) y una mesita para trabajar y comer. Ah, olvidaba deciros que esta tarde voy a comprar un aparato de aire acondicionado, porque hace un calor infernal.

¿Qué os parece? Yo me siento más feliz que si me hubiera ganado la lotería. Y a propósito de dinero... como cuesta algo más de lo que había pensado, ¿podríais prestarme un poco de dinero hasta que me acabe de instalar? Os lo devolveré pronto.

Os echo muchísimo de menos. Muchos besos a todos,

Sergio

Segunda fase. De cada una de las comparaciones encontradas, expliquen

1. si tiene términos comparativos o no.
2. lo que tiene que conocer el lector para poder entender cada comparación.

 2-19 **Usen los sentidos.**

Primera fase. Revisen la carta anterior, en la página 58, y hagan una lista de los sentidos que se utilizan para describir el apartamento.

Segunda fase. Enriquezcan esta carta con tres oraciones donde se usen tres sensaciones propias de otros sentidos que ahora no se utilizan.

Organización de la descripción

Como todo escrito, una buena descripción requiere una organización clara de los elementos que la componen. Algunos esquemas de organización, entre muchos otros posibles, pueden

- empezar por lo más grande y progresar hacia lo más pequeño, o al contrario.
- empezar por lo exterior y progresar hacia el interior, o al contrario.
- empezar por las características que percibimos por los sentidos y progresar hacia las más abstractas o complejas.
- si la descripción implica un desplazamiento en el tiempo o el espacio, empezar por lo primero que encontramos y progresar secuencial o cronológicamente hasta lo último.
- al retratar a una persona, empezar por la apariencia física y progresar hacia la personalidad o el carácter.

Ten en cuenta que, en muchos casos, estos esquemas se pueden encontrar combinados.

2-20 **Encuentra el orden.** Describe el esquema de la organización de los siguientes textos.

1. La carta sobre la ciudad de Cartagena de Indias en la actividad 2-14
2. La carta sobre el apartamento en Cartagena en la actividad 2-16

2-21 **Organiza, organizador.**

Primera fase. Estudia los siguientes componentes de una posible descripción de «Mi apartamento», y organízalos, poniendo al lado de cada uno el número que le corresponde.

Elemento de la descripción	Número de orden
Tiene tres habitaciones.	4 3 4
La cocina es pequeña.	4 5
Está cerca de la universidad de Río Piedras.	1
Mis compañeros de piso duermen en dos habitaciones pequeñas.	6
La puerta de entrada al edificio es muy linda.	3
Mi habitación es grande.	5 8
Los cuartos de mis compañeros tienen mucha luz.	7
Río Piedras es una de las mejores universidades de Puerto Rico.	2

 Segunda fase. Intercambien con un/a compañero/a y justifiquen el esquema de organización que usaron para ordenar esta descripción.

2-22 **Valora el orden.**

Primera fase. Estudia las dos versiones del mismo retrato que se dan a continuación. Selecciona la que te parece mejor organizada, y explícale a la clase cuáles son las razones para tu selección.

Mi mejor amigo (versión #1)

Conocí a mi amigo Javi cuando teníamos quince años y desde entonces hemos hecho muchas cosas juntos. Claro que hoy él no es igual a cuando lo conocí, pero todavía tiene unos ojos negros de una mirada muy firme, a pesar de que se empiezan a notar unas primeras arrugas alrededor de ellos. Su cabello se ha ido poniendo un poco gris por los lados de la cabeza, pero él se ríe cuando alguien le sugiere que se lo tiña. La boca de Javi es grande y sus labios muy gruesos están escondidos tras la barba que le cubre la cara. Aunque él es más alto que yo, yo soy más fuerte y él tiene los brazos un poco cortos con relación a su estatura. Pero lo más notable de Javi es su magnífico sentido del humor, su generosidad y su gran simpatía.

Mi mejor amigo (versión #2)

El cabello de Javi se ha ido poniendo un poco gris por los lados de la cabeza, pero él se ríe cuando alguien le sugiere que se lo tiña. Aunque él es más alto que yo, yo soy más fuerte y él tiene los brazos un poco cortos con relación a su estatura. Claro que hoy él no es igual a cuando lo conocí, pero todavía tiene unos ojos negros de una mirada muy firme, a pesar de que se empiezan a notar unas primeras arrugas alrededor de ellos. Lo conocí cuando teníamos quince años y desde entonces hemos hecho muchas cosas juntos. Lo más notable de mi buen amigo Javi es su magnífico sentido del humor, su generosidad y su gran simpatía. La boca de Javi es grande y de labios muy gruesos aunque están escondidos tras la barba que le cubre la cara.

Segunda fase. En un párrafo, haz un retrato de tu mejor amigo/a.

Manos a la obra

Para el proyecto de este capítulo, tienes que escribir una carta personal, así que vamos a practicar con algunos de sus componentes.

El registro

Algunas marcas del registro informal en una carta son:

1. **Formalismo limitado.** Esta característica se nota en un encabezamiento y despedida simplificados y en el rechazo de fórmulas fijas. Sin embargo, la carta personal todavía conserva algunas fórmulas, especialmente en el saludo y la despedida.

2. **Lenguaje coloquial.** La informalidad se nota especialmente en el lenguaje utilizado. En la práctica, el nivel de informalidad está dado por el respeto, la confianza o la intimidad que tenemos con la persona a quien le escribimos.

3. **El tratamiento de «tú».** Aunque en la conversación, el uso de «tú» se está haciendo más común, en la expresión escrita sigue siendo usado exclusivamente en un registro informal, con personas de nuestra confianza o con nuestros iguales.

2-23 **Reconoce los registros.** Ordena los siguientes fragmentos de cartas desde el más formal (1) hasta el más informal (4).

Fragmentos de cartas	Orden
Viernes 5 Querido tío, No te había escrito porque tenía un catarro espantoso, pero no te preocupes, porque ya me encuentro un poco mejor.	2
Hermanito, Espero que no cojas la peste esta que anda por ahí. A mi me tumbó en la cama toda la semana y por nada me mata. En fin, ahora ya te puedo escribir: ¿contento?	4
Miami, 25 de julio de 2006 Sr. Juan Luis Cano Director de Concursos Naviera del Caribe Apartado de correos 1876 Cancún, México Apreciado Señor Cano, Disculpe mi tardanza en contestar a su amable carta en la que me anuncia el premio, pero me ha sido imposible hacerlo antes por motivos de salud.	1
Queridos padres, Por fin tengo ánimo para escribiros, porque he pasado toda la semana en cama con un catarro terrible; afortunadamente, ya me encuentro mejor.	3

Organización de la carta informal

Que la carta personal sea informal no significa que carezca de organización, pero hay muchísimas maneras posibles de ordenar los párrafos de una carta personal. En este proyecto vamos a practicar un esquema de organización del cuerpo de la carta, empezando con un primer párrafo que expresa **la razón, las circunstancias o el propósito de la carta**. También vamos a incluir un párrafo de cierre, que puede ser una despedida extensa, una invitación o la expresión de un deseo de verse o recibir respuesta pronta.

2-24 **El primer párrafo.** Lee los siguientes fragmentos de cartas y escoge el que te parezca que mejor expresa las circunstancias y el propósito de la carta. Explícale a la clase las razones de tu selección.

Fragmentos de cartas	Escoge el mejor
Querida Julieta, Anoche nos invitó el capitán del barco a cenar en su mesa, así que decidimos escribirte hoy esta carta. ¡Qué lástima que a última hora tuvieras que cancelar el viaje!	3
Querida Julieta, ¡Qué lástima que a última hora tuvieras que cancelar el viaje! Nos estamos divirtiendo muchísimo, especialmente anoche, porque el capitán nos invitó a cenar en su mesa.	2
Querida Julieta, ¡Qué lástima que a última hora tuvieras que cancelar el viaje! Anoche nos invitó el capitán del barco a cenar en su mesa y todos te echamos muchísimo de menos, así que decidimos escribirte hoy esta carta para decirte cuánto te queremos.	1

2-25 **El párrafo de cierre.** Estudia los siguientes ejemplos y contesta las preguntas sobre cada uno.

- ¿Cuál es el contenido de cada párrafo?
- ¿Dan la impresión de cerrar la carta? ¿Cómo?

1. «¡Cuánto me gustaría que pudieras venir a pasar unos días en mi nuevo apartamento! Te avisaré cuando esté bien instalado para que vengas a visitarme, así que ya puedes empezar a ahorrar.

   Un abrazo,

   Marco»

2. «Escríbeme pronto porque no he conocido a muchas personas y estoy un poco solo. Además, ya sabes que me gusta mucho recibir tus cartas.

   Tu amigo,

   Felipe»

3. «No creas que porque estoy de vacaciones en el Caribe he dejado de quererte. Al contrario, me haces mucha falta y estoy deseando verte muy pronto.

   Te quiero muchísimo,

   Martina»

La descripción y el retrato dentro de la carta

En muchas cartas personales describimos lugares y personas y por lo tanto la descripción es una parte importante en este tipo de cartas. Revisa los esquemas de **Organización de la descripción** en la página 59 antes de hacer las actividades 2-26 y 2-27.

CUADERNO

? ¿Necesitas revisar el uso de los verbos ser y estar en las descripciones? Busca esta información en la sección **Gramática aplicada** del capítulo 2 del *Cuaderno*.

2-26 **Un restaurante cartagenero.**

Primera fase. La última vez que estuviste en la ciudad de Cartagena de Indias, comiste en un restaurante cerca de la Plaza de San Diego. Desde tu mesa, tomaste la foto en la página 64. Escribe un párrafo de una carta a una persona de confianza, describiendo la vista desde el restaurante. Incluye al menos una característica para cada uno de los sentidos.

Segunda fase. Intercambia tu descripción con tu compañero/a y rellena el siguiente cuadro sobre su descripción.

Sentido	
Vista	
Olfato	
Oído	
Gusto	
Tacto	
Describe el esquema de organización de la composición	

2-27 **Una imagen en pocas palabras.** En un crucero por el Caribe has tenido la oportunidad de conocer a muchas personas interesantes. Usa las fotos y los datos siguientes para hacer el retrato de una de ellas en un párrafo. Ordena bien la información antes de escribir: Tu profesor/a puede pedirte que expliques tu esquema organizativo.

CUADERNO
Tarea

Leer la sección **Gramática aplicada**.
Actividades: 2-7, 2-8, 2-9 y 2-10.

1. María del Carmen Gómez	Peso	52 Kg	Ocio	Cine, lectura.
	Estatura	175 cm.	Vida social	Muy activa. Discotecas, bares (¡sin humo!).
	Actividad principal	Estudiante.	Carácter	Alegre, creativa, muy divertida.
	Estudios	Maestría en Diseño, Universidad Autónoma de Veracruz.	Cualidades	Generosa, buena amiga.
	Aficiones	Pintura, fotografía. La guitarra, pero no muy bien.	Defectos	Un poco desorganizada; llega tarde a las citas.
2. Silvestre Patiño	Nacido en	Cartagena, Colombia.	Tiempo libre	Tiene poco.
	Edad	Un secreto: calcúlala tú.	Vida social	Muchas amigas.
	Gustos	Lujo, coches deportivos, ropa fina. Perfumes masculinos.	Carácter	Extrovertido, muy buenos modales.
	Profesión	Economía. Es consultor.	Cualidades	Excelente hermano. Sostiene a sus tres hermanos menores.
	Familia	Dos hermanos y una hermana menores. Sus padres están muertos.	Defectos	Donjuán.

3. Miriam Salazar	Edad	19, nacida en Santo Domingo.	Trabajo ocasional	Intérprete para turistas.
	Familia	Cuatro hermanos mayores.	Opiniones de otras personas	Mario (su hermano): «Es la típica hermanita menor: ¡pesada!» Celia (su mejor amiga): «¡Seguro que va a triunfar! Es inteligente y decidida».
	Ocupación	Ultimo año de secundaria bilingüe.	Carácter	Alegre, decidido.
	Gustos	Bailar merengue.	Cualidades	Seria, trabajadora, buena estudiante.
	Pasión	Las lenguas: español, inglés, francés.	Defectos	Entrometida; algo chismosa.

REVISIÓN

Una parte fundamental del proceso de escribir consiste en revisar y corregir. Por lo tanto, tú tendrás que escribir una **primera versión** para compartir en clase con un/a compañero/a. Tu lector/a evaluará tu carta, utilizando la rúbrica que se adjunta más abajo, y te hará sugerencias para mejorar la carta. Entonces debes escribir una **segunda versión** para entregar a tu profesor/a. Esta nueva versión debe incorporar las sugerencias de tu lector/a y hacer los cambios que tú mismo/a creas que son necesarios.

Para autoevaluar tu proyecto o el de algún/a compañero/a se te pedirá que pongas atención especial a los siguientes criterios.

- Tu carta debe afirmar claramente tu propósito.
- Sus párrafos deben tener la organización que se te pide en el proyecto y las descripciones deben incluir y organizar claramente detalles relevantes.
- La carta debe tener un cierre que le dé un sentido de unidad, incluyendo la expresión de un deseo de ver pronto al destinatario.

Por lo tanto, vamos a trabajar sobre estos criterios.

El propósito

En el capítulo 1 hablamos de la importancia del propósito al hacer un resumen. En este capítulo veremos que el propósito también es fundamental al escribir una carta. Está claro que hay una diferencia entre una carta que escribimos para recomendar a una persona para un trabajo y una carta que escribimos para contarle a nuestro/a mejor amigo/a sobre la persona tan maravillosa que conocimos el viernes por la noche en una discoteca.

El propósito no sólo nos ayuda a determinar el contenido y los detalles que vamos a incluir (qué se puede o debe incluir), sino también el registro adecuado.

2-28 **Selecciona los detalles.** A continuación tienes una lista de algunos detalles relacionados con Salvador Sala, a quien tú vas a recomendar para un puesto de profesor de baile.

Primera fase. Selecciona la información útil para este propósito.

¿Puedes usar este dato?	Sí	No
1. Tiene los ojos azules, lleva el pelo pintado de muchos colores y se viste con ropas muy vistosas.		
2. Es una persona muy divertida que ha tenido muchas experiencias interesantes.		
3. Su trato personal es muy agradable y tiene un gran sentido de la autoridad y la responsabilidad.		
4. Sobresale en lenguas, pero su materia preferida en la universidad es la danza. En efecto, nos divertimos mucho bailando juntos.		
5. Los dos veranos anteriores trabajó en el Club El Palacio enseñando a bailar salsa, merengue y otros ritmos del Caribe.		
6. Hemos trabajado juntos en la preparación de dos espectáculos de danza.		
7. Está en plena forma, ya que trabaja en el gimnasio unas cuatro horas cada día y además está en el último año de sus estudios de danza.		
8. Sus pasiones son el baile y la vida social intensa. Por eso siempre acude a las discotecas locales, donde tiene muchos amigos.		
9. Ha participado en dos tours del grupo de danza de la universidad, y ha realizado algunos espectáculos en solitario.		
10. El periódico universitario dice que «es uno de los mayores talentos que han pasado por el departamento de Danza».		
11. Nos conocimos por casualidad en un teatro gracias a unos amigos comunes.		
12. Creo que me estoy enamorando...		

Segunda fase. Ahora selecciona los detalles útiles para describirle a tu mejor amigo/a a Salvador Sala, con quien fuiste a una discoteca el viernes pasado.

La organización del texto y de las descripciones

Un buen orden facilita la transmisión del mensaje escrito. Piensa en el orden en dos niveles diferentes.

- La organización de todo el escrito
- La organización de cada párrafo

Cada párrafo tiene una función dentro del texto, y por eso debes escoger qué vas a escribir primero y qué vas a escribir después. El proyecto te pide empezar por un primer párrafo que exprese la razón, las circunstancias o el propósito de la carta, por ejemplo.

Le escribo para recomendar a Salvador Sala, a quien conozco desde hace dos años, para el puesto de profesor de baile. El haber trabajado juntos en la preparación de dos espectáculos me ha dado una excelente oportunidad para observar a Salvador y apreciar sus muchas cualidades.

El viernes pasado fui con un grupo de amigos y amigas a bailar al Club El Palacio. Allí nos encontramos con Salvador Sala, a quien no veía desde hace algún tiempo. El sábado fuimos juntos al cine y el domingo estuvimos cenando en un restaurante cubano. Ahora te tengo que escribir porque (¡no te rías!) creo que me estoy enamorando...

En ambos casos, el lector no tendrá ninguna duda sobre el propósito y las circunstancias de la carta, y podemos pasar a describir a Salvador. ¿Puedes explicárselo tú a la clase?

El cierre de la carta

Un cierre apropiado produce una sensación de unidad. Es una de las partes de la carta en que se utilizan fórmulas más o menos fijas, inclusive en la carta personal. En una carta personal el cierre sirve, entre otras cosas, para expresar el deseo de ver pronto al receptor, hacerle una invitación, enviar saludos a otras personas que están en contacto con la persona a quien escribimos o pedir una pronta respuesta. En una carta comercial el cierre suele seguir fórmulas aún más rígidas, y en una carta de recomendación se suele utilizar para reforzar nuestro apoyo al candidato. Estudia estos dos ejemplos.

Por las razones que he expuesto, me permito recomendarle a Salvador Sala como un excelente candidato para el puesto de profesor de baile, pues tiene la experiencia y las cualidades necesarias en ese trabajo. Si usted quisiera ampliar la información sobre Salvador, no dude en llamarme, y con gusto contestaré a sus preguntas.

Atentamente,

Laura López

Profesora Laura López
Departamento de Danza

Esto es todo lo que tengo para contarte por el momento sobre Salvador, pero creo que muy pronto te podré contar cosas más interesantes. Entre tanto, escríbeme y dame noticias de tu vida. Y, a propósito, si ves a Julia, dale un abrazo de mi parte.

¡Chao!
Josefina

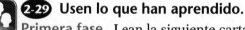

2-29 Usen lo que han aprendido.

Primera fase. Lean la siguiente carta de recomendación que alguien sin mucha experiencia escribió para Salvador. Mientras leen, seleccionen los detalles que no son relevantes y las partes que no son apropiadas.

Cali, 28 de noviembre de 2006

Señora Silvia Salinas
Escuela de Danza Fred y Ginger
Calle de las Damas, 17
Cartagena de Indias, Colombia

Querida Silvia,

Salvador Salas y yo nos conocimos por casualidad en un teatro, gracias a unos amigos communes, hace ya algún tiempo. Desde que lo conozco, ha participado en dos tours nacionales con el grupo de danza de su universidad y además ha preparado algunos espectáculos en solitario que ha presentado con éxito.

Salvador tiene los ojos azules y generalmente viste ropas de colores muy vistosos, pero de muy buen gusto. Es una persona divertida que ha tenido muchas experiencias diferentes en la vida, lo cual lo hace muy interesante. Su pasión es el baile y por eso acude a las discotecas locales, donde es un personaje muy popular. Personalmente, he tenido la oportunidad de trabajar con él en dos espectáculos de baile.

Está en el último año de estudios de danza y como se pasa al menos cuatro horas diarias en el gimnasio, está en plena forma. Como estudiante, sobresale en las lenguas, y habla tres idiomas extranjeros, pero la materia que prefiere es la danza y yo me lo paso cheverísimo bailando con él. Su trato personal es muy agradable.

El periódico de su universidad escribió que Salvador «es uno de los mayores talentos que han pasado por el departamento de Danza», y los dos últimos veranos trabajó en el Club El Palacio como profesor de salsa, merengue y otros ritmos caribeños.

Un abrazo con la amistad de

Margarita Rodríguez

Margarita Rodríguez

Segunda fase. Para editar el texto de esta carta respondan a las preguntas y hagan lo siguiente.

1. El propósito: ¿Está claro cuál es el propósito de esta carta? ¿Todos los detalles que se usan en la carta son apropiados para una carta de recomendación? Sugieran maneras de mejorar la carta en este sentido.

Controla tu progreso

Algunas de las diferencias más claras entre un texto del nivel intermedio y uno del nivel avanzado se pueden ver en las descripciones. El texto de nivel intermedio incluirá descripciones sencillas, sin un orden claro y sin muchos detalles, mientras que en el texto de nivel avanzado las descripciones serán bien organizadas, extensas y ricas en detalle. Por lo tanto, cualquier esfuerzo que hagas para ordenar y enriquecer tus descripciones te ayudará a progresar más rápidamente.

Al prepararte para hacer una descripción piensa en detalles relevantes que incluyan no solamente impresiones visuales. Recurre a diferentes sentidos para dar una imagen más completa.

Define un esquema de organización de los detalles que vas a usar y ordénalos según ese esquema. Asegúrate de que todos son relevantes.

Define si vas a usar un registro formal o informal y asegúrate de que lo mantienes a lo largo de la descripción, tanto en las formas como en el vocabulario.

Finalmente, ocúpate de los aspectos gramaticales más relevantes en la descripción: el uso de ser y estar; la adjetivación y la concordancia; y el uso de los tiempos verbales apropiados.

Usa estas ideas para describir tu propia escritura y reflexiona sobre lo siguiente en tu *Diario de escritura*.

- ¿Cómo son tus descripciones? ¿Puedes describir con detalle? ¿Usas impresiones sensoriales diversas en tus descripciones? ¿Te propones un esquema organizativo antes de empezar a describir?

- ¿Usas detalles relevantes en tus descripciones y eliminas aquellas características que no son importantes para tu propósito?

- ¿Tu vocabulario es limitado? ¿Haces errores en estructuras básicas (ser/estar, concordancia, por ejemplo)? ¿Controlas las estructuras más frecuentes?

- ¿Qué puedes hacer para mejorar tus descripciones?

---

2. **El registro:** ¿La carta usa el registro formal apropiado? ¿El encabezamiento, incluyendo el saludo, es apropiado en una carta formal? ¿Hay expresiones o palabras de uso coloquial que no son apropiadas en esta carta? ¿La despedida tiene una fórmula apropiada para un registro formal? Sugieran formas de mejorar el registro.

3. **La descripción:** ¿Hay un esquema organizativo claro? Traten de explicarlo. Propongan un esquema y pongan los datos relevantes en orden.

4. **El cierre:** ¿Tiene la carta un último párrafo que cierra el texto y refuerza la idea principal? Sugieran formas de mejorar el final de la carta. ¿Usa una despedida formal?

Evaluación y rúbricas

2-30 **Tú tienes la palabra.** Utiliza la siguiente rúbrica para autoevaluar la primera versión de tu proyecto de este capítulo (ver la página 54) y evaluar el proyecto de uno de tus compañeros/as y hacerle sugerencias para mejorar. Comenta únicamente sobre los aspectos indicados en la rúbrica. No hagas comentarios sobre aspectos lingüísticos (vocabulario o gramática) del texto. En el apéndice 2 del cuaderno encontrarás una copia desprendible de esta rúbrica.

Nombre del autor de la carta: _____

Fecha: _____

Nombre del lector: _____

Criterios de calidad para la tarea del capítulo 2	No lo satisface	Se acerca	Lo satisface
El registro El encabezamiento, incluyendo el saludo, y la despedida son apropiados al registro de la carta. El lenguaje de la carta es respetuoso, pero familiar.			
El propósito El primer párrafo presenta la razón, las circunstancias y el propósito de la carta de forma clara y adecuada al registro.			
Las descripciones Están ordenadas según un esquema claro y fácil de reconocer. Son ricas en detalles relevantes para formar una imagen de lo descrito en la mente del lector. Utilizan, cuando ello es posible, una variedad de impresiones. La descripción del sitio y el retrato están claramente separados.			
El cierre Expresa el deseo de ver pronto al/a la destinatario/a de forma adecuada al registro de la carta. Termina la carta dando una impresión de unidad.			

A. Para autoevaluar tu trabajo.

Escribe un párrafo en tu *Diario de escritura,* reflexionando sobre los siguientes temas.

1. ¿Qué aspectos de la tarea encontraste más difíciles?

2. ¿Has usado las destrezas, técnicas, vocabulario, expresiones y estrategias discutidas en este capítulo al escribir tu carta? ¿Cuál o cuáles crees que has dominado mejor? ¿En cuáles crees que necesitas trabajar un poco más?

3. ¿Qué puedes hacer para mejorar tus descripciones?

4. Después de usar esta rúbrica, ¿qué crees que deberías cambiar en una nueva versión de esta carta?

B. Para evaluar la tarea de otro/a estudiante.

Escribe un párrafo con tus sugerencias para el autor o la autora. Incluye sugerencias específicas de cómo crees tú que puede mejorar su texto.

C. Para mejorar lo escrito.

Después de haber leído detenidamente las evaluaciones y rúbricas que tus compañeros han hecho de tu trabajo, prepara una segunda versión para entregarla a tu profesor/a.

La narración

El **capítulo 3** se enfoca en la **narración**, en el contexto de la anécdota y el diario. Como proyecto de este capítulo, se te pedirá que durante unos días lleves un diario de tus actividades y que escojas una de las situaciones incluidas en él para escribir el relato de algo que te ha sucedido.

PREPARACIÓN

1

2

3

4

5

6

Vocabulario relacionado

amenazar	*to threaten*
avería	*a breakdown*
averiarse	*to break down*
desconcertado	*surprised*
enfadado/a; enojado/a	*angry*
enfadarse; enojarse	*to get angry*
estropearse	*to break down*
indignado/a	*outraged*
indignarse	*to lose one's temper*
insultar	*to insult*

3-1 **Cuéntenlo.**

Primera fase. Observen la secuencia cómica en la página 78 y contesten las preguntas. Pueden utilizar las palabras del **Vocabulario relacionado** u otras que ustedes conozcan.

1. ¿Qué ocurre en esta secuencia? ¿Qué ocurre al principio? ¿Qué ocurre después? ¿Qué es lo que pasa al final? Escriban una frase describiendo cada una de las viñetas y comparen sus frases u oraciones.

2. ¿Les ocurrió alguna vez algo parecido? ¿Alguna vez se estropeó su televisor cuando lo estaban mirando? ¿Tuvieron alguna vez un problema con una lavadora en marcha o con otro electrodoméstico? ¿Se fue la luz en alguna ocasión mientras ustedes estaban haciendo algo importante? ¿Perdieron algún documento porque se estropeó su ordenador? ¿Han tenido alguna avería con el carro? Cuenten cómo fue y lo que hicieron en esas circunstancias.

3. ¿Por qué piensan ustedes que el señor se enfada? ¿Qué gestos le indican que está cada vez más enojado? ¿Alguna vez se enojaron por algo que alguien dijo en la televisión o por la radio? ¿O por algo que leyeron o que les contaron? ¿Cómo expresan su enfado normalmente: gritando, gesticulando, diciendo palabrotas (*curse words*)? ¿De alguna otra manera?

4. ¿Qué pasa al final? ¿Cómo está ahora el señor: triste, desesperado, contento…? ¿Por qué? ¿Les parece cómico este final? ¿Por qué? ¿Les parece que esta historia tiene alguna enseñanza? ¿Por qué o por qué no?

Segunda fase. Ahora retomen las oraciones que hicieron en la pregunta 1 y escriban entre todos en la pizarra con ayuda del/de la profesor/a lo que ocurre en la secuencia.

CUADERNO

¿Necesitas revisar los marcadores temporales y los tiempos del pasado para narrar esta historia? Busca esta información en la sección **Gramática aplicada** del capítulo 3 del *Cuaderno*.

3-2 **Necesito ayuda.**

Primera fase. Elijan un rol cada uno y hagan la siguiente situación.

Rol A. Vas manejando tu carro cuando de repente se detiene (*it stops*). Después de revisarlo sin localizar el problema, intentas llamar a la policía, pero tu teléfono móvil no tiene batería. Entonces para un motorista y se ofrece a llevarte a la gasolinera más próxima. El motorista resulta ser un personaje importante y muy famoso[1]. Al reconocerlo tienes que mostrar sorpresa. Salúdalo. Cuéntale lo que te pasa. Acepta su ayuda.

Rol B. Tú eres un personaje famoso. Cuando vas en tu moto ves a alguien que tiene problemas al lado de la carretera. Párate para ayudarle. Pregúntale qué le ocurre. Ofrécele llevarlo en tu moto a la gasolinera más próxima.

Segunda fase. Ahora escríbele un correo electrónico a tu mejor amigo/a y cuéntale lo que pasó, pero incluye los siguientes detalles.

1. Dónde estabas y a qué hora
2. Quién era el personaje importante
3. Cómo reaccionaste tú al darte cuenta de quién era
4. Cómo era esa persona y de qué hablaron ustedes
5. Cómo se resolvió el problema

3-3 **La anécdota.**

Primera fase. Cada uno de ustedes debe pensar en algo inolvidable que le ocurrió en su vida para compartir con la clase. Elijan entre todas ellas una de las anécdotas y escríbanla juntos en la pizarra. Tengan en cuenta los siguientes puntos.

1. La anécdota debe ser breve.
2. La acción debe inscribirse en un marco espacial y en un marco temporal.
3. Debe incluir algunos detalles.
4. Debe tener una resolución clara.

---

[1]Este episodio tiene una base muy *real*: le ocurrió a un ciudadano español, y el motorista era ¡el rey de España!

Segunda fase. Lean la anécdota y hagan los reajustes necesarios para mejorarla, teniendo en cuenta los siguientes puntos. Márquelos con una X.

1. _____ La anécdota suscita (*provokes*) interés general porque tiene una enseñanza o algún elemento curioso, humorístico, ingenioso o fuera de lo común.

2. _____ Hay un equilibrio entre la acción y las descripciones.

3. _____ Es breve y sólo contiene los detalles necesarios para crear expectación.

4. _____ Mantiene el interés del oyente hasta el final.

5. _____ La gramática (uso de los tiempos verbales, conectores, concordancia, etc.) es correcta.

CONTEXTO

La anécdota y el diario

La anécdota es una **narración breve**, y como tal narración, suele recrear una **situación** en la que tienen lugar varias **acciones** y un **final**. La anécdota queda así encerrada en un **marco espacio-temporal** concreto. Pero la anécdota a veces prescinde de este marco o lo minimiza, sobre todo si en lugar de acciones lo que se nos cuenta es un **diálogo**. Fíjense en la siguiente anécdota bastante conocida.

> Einstein se encontró con Charles Chaplin en una fiesta y le dijo:
>
> —Lo que admiro en usted es que su arte es universal, todo el mundo lo comprende.
>
> Chaplin le respondió:
>
> —Lo suyo es mucho más digno de elogio: todo el mundo lo admira y casi nadie lo comprende.

El marco espacial es una fiesta, y tenemos que deducir que el marco temporal es una época en la que ambos personajes famosos vivían. Sin embargo, estos detalles no son importantes. Lo verdaderamente importante es el diálogo, pero el diálogo no puede entenderse si no se conoce algo de ambos personajes. Si sabemos que Einstein es uno de los científicos más importantes de nuestra era, autor de la teoría de la relatividad, y que Chaplin es un cineasta genial, autor de uno de los mejores personajes cómicos de todos los tiempos, Charlot (*The Tramp*), la anécdota cobra sentido. Lo que hace interesante a esta anécdota es el giro humorístico que toma el diálogo en la respuesta de Chaplin.

Sin embargo, tampoco el **humor** sólo puede definir la anécdota. Fíjense en esta otra anécdota.

> El Príncipe Luis Felipe de Portugal fue fatalmente herido al mismo tiempo que su padre moría en Lisboa el 1 de febrero de 1908. Quiso la casualidad que ambos murieran, primero el padre y luego el hijo. En ese lapso, el príncipe pasó a ser rey de Portugal por 20 minutos, pasando a la historia como el reinado más breve de todos los tiempos.

Es una breve narración que contiene un **dato curioso**: la brevedad del reinado de Luis Felipe por las circunstancias que se explican. Por lo tanto, podemos afirmar que la anécdota puede contener humor o alguna curiosidad que hace interesante la narración.

La anécdota puede formar parte de una narración más larga, por ejemplo una **biografía** o una **autobiografía**. En la de Gabriel García Márquez, *Vivir para contarla*, hay numerosas anécdotas sobre su infancia y su juventud que nos hacen recordar algunos episodios de sus novelas más famosas. Por ejemplo, aquel suceso ocurrido en su pueblo natal que, como él dice, fue uno de los fantasmas (*ghosts*) de su infancia.

Empezó un sábado peor que los otros cuando un nativo de bien cuya identidad no pasó a la historia entró en una cantina a pedir un vaso de agua para un niño que llevaba de la mano. Un forastero que bebía solo en el mostrador quiso obligar al niño a beberse un trago de ron en vez del agua. El padre trató de impedirlo, pero el forastero persistió en lo suyo, hasta que el niño, asustado y sin proponérselo, le derramó el trago de un manotazo. El forastero, sin más vueltas, lo mató de un tiro.

La anécdota está contenida en un párrafo, tiene un marco espacio-temporal y alude a un suceso cruel y poco común que aún persiste en la memoria de un pueblo. La anécdota sirve de pretexto al escritor para recrear las tensiones entre forasteros y nativos que existían en el pueblo, y en un plano más personal, para rememorar a su propio abuelo, quien le contaba esta anécdota cuando él mismo lo acompañaba a las cantinas. Así pues, la anécdota se ensarta en una narración mucho más larga, la de su vida.

La anécdota puede abarcar tantos temas y puede ser tan variada en su estructura que es prácticamente imposible establecer una **tipología**. Por lo tanto, para encontrar una **definición** de la anécdota hemos consultado el *Diccionario de la Real Academia Española* (22ª ed.): **anécdota**. (Quizá del francés *anecdote*, y éste del griego ανεκδοτα, cosas inéditas). **1.** f. Relato breve de un hecho curioso que se hace como ilustración, ejemplo o entretenimiento. **2.** f. Suceso curioso y poco conocido, que se cuenta en dicho relato.

En esta definición nos llaman la atención varias cosas: primero, la condición de relato **inédito** que encontramos en la etimología de la palabra anécdota, es decir, se trata de una breve narración que sorprende por ser desconocida, no publicada, poco importante, incluso a menudo —suponemos— transmitida oralmente. Segundo, su carácter de curiosidad puede ser **ilustrativo**, es decir, puede tener un propósito que va más allá del mero hecho de contar, puesto que puede contener cierta enseñanza.

Por otro lado, cuando decimos que algo es anecdótico, nos estamos refiriendo a un hecho que no es fundamental, sino accesorio, a un **suceso circunstancial**, como si la anécdota fuera como una cápsula narrativa que a menudo contiene un detalle que no forma parte de la columna vertebral de una narración, sino que simplemente añade un elemento de curiosidad.

Lo que nos interesa enfatizar en este capítulo es principalmente el carácter de la anécdota como narración breve y cerrada, es decir, como práctica narrativa autónoma que, sin embargo, puede formar parte de una narración más larga, por ejemplo, los **diarios personales** o la **autobiografía**, ya que, cuando uno escribe sobre sí mismo, muchas veces lo que hace es escribir anécdotas, es decir, narrar brevemente algunos hechos curiosos de la vida cotidiana, transcribir conversaciones que tienen interés para uno, etc.

Al elegir la anécdota como modelo de narración breve, estamos resaltando un tipo de narración que no se limita a hacer una lista de hechos o acciones, sino que estos hechos o acciones se cuentan con el propósito de interesar, divertir o sorprender al lector. El contenido humorístico, curioso o ilustrativo de la anécdota tiene, sin embargo, un grado de dificultad que exige cierta práctica. Pero a través de la práctica de la anécdota como escritura personal esperamos preparar el camino hacia el arte de contar.

Paso a paso

3-4 Anecdotario.

Primera fase. Lee la siguiente anécdota y contesta las preguntas a continuación.

En 1823, un tal Alfred Dodse se llevó prestado un libro sobre enfermedades febriles de la biblioteca de la universidad de Cincinnati. El libro fue devuelto a la biblioteca por uno de sus biznietos el 7 de diciembre de 1968, ¡145 años después! Impresionados ante semejante muestra de honradez, las autoridades de la biblioteca no cobraron la multa por retraso, que hubiera ascendido a 22.264 dólares.

1. ¿Cuál es el marco temporal de esta anécdota?
   a. 1823
   b. 1968
   c. 145 años
2. ¿Cuál es el marco espacial?
   a. Cincinnati
   b. Los Estados Unidos
   c. La biblioteca de la universidad de Cincinnati
3. ¿Cuál es el propósito de esta anécdota?
   a. Contar un suceso curioso
   b. Ilustrar sobre la honradez de los ciudadanos de Cincinnati
   c. Hacer reír

Segunda fase. Ahora subraya un elemento superfluo, es decir, que no sea del todo necesario para la anécdota, en cada una de las siguientes oraciones. Después de eliminar esos elementos, comprueba que la anécdota todavía tenga interés.

1. En 1823, un tal Alfred Dodse se llevó prestado un libro sobre enfermedades febriles de la biblioteca de la universidad de Cincinnati.
2. El libro fue devuelto a la biblioteca por uno de sus biznietos el 7 de diciembre de 1968, ¡145 años después!

3-5 **Detective privado.**

Primera fase. Tú trabajas en una agencia de detectives privados y tu jefe te pide recomponer la historia de un crimen sobre el que tienes todos los datos, pero desordenados. Ordénalos cronológicamente.

1. El encargado se levantó en silencio y llamó a la puerta del director.
2. El director se resistió a ser atado.
3. En el banco se trabajó todo el día con normalidad.
4. Los ladrones aprovecharon el momento para entrar en la oficina y secuestrar a los clientes, al encargado y al director.
5. Era un apacible día de primavera.
6. Le dijeron que disimulara porque era un atraco.
7. Uno de los secuestradores lo mató con su pistola.
8. Unos individuos vestidos de negro y con pistolas entraron en la sucursal.
9. Le dijeron que hablara con el director para que abriera la caja fuerte.
10. A las tres de la tarde estaban a punto de cerrar.
11. El director estaba atendiendo a unos clientes.
12. Hablaron con el encargado de una ventanilla.

Segunda fase. Ahora escribe un párrafo contando la secuencia. Es posible que tengas que eliminar algunas palabras redundantes y añadir ciertos conectores.

3-6 ¿Qué te pasó ayer?

Primera fase. Piensa en todo lo que hiciste ayer y comparte con un/a compañero/a algunas de las cosas que hiciste. Las siguientes preguntas les pueden ayudar. Altérnense para hacérselas y añadan otras para obtener más detalles.

1. ¿Fuiste a la universidad o a otro lugar público? ¿Qué hiciste allí? ¿Ocurrió algo diferente de los otros días? ¿Con quién hablaste?

2. ¿Hablaste por teléfono con algún familiar o amigo? ¿Te contaron algo sorprendente? ¿Puedes compartir algo de la conversación?

3. ¿Compraste algo que querías o necesitabas? ¿Dónde lo compraste? ¿Ocurrió algo curioso en relación con esa compra?

4. ¿Conociste a alguna persona nueva? ¿En qué circunstancias?

5. ¿Viste alguna película, leíste algún artículo o libro que te interesó? ¿Por qué?

Segunda fase. Seleccionen cada uno algún suceso de ayer y escriban en un párrafo una entrada de diario contando lo que pasó.

CUADERNO

? Para recordar los conectores, lee *A tener en cuenta*, en esta página, o **Gramática aplicada** del capítulo 3 del *Cuaderno*.

A tener en cuenta

Los Conectores

Los conectores, también llamados nexos, relacionantes o marcadores textuales, son palabras o locuciones que se usan para organizar un texto, pero también para introducir o conectar ideas. Los conectores pueden tener varias funciones. Estos son algunos de los más usados:

Para introducir un tema:
Este texto trata de...
Nos dirigimos a ustedes para...

Para iniciar un tema diferente:
Con respecto a...
Por lo que se refiere a...

Para marcar un orden o secuencia:
En primer lugar...
Finalmente...

Para distinguir un tema de otro:
Por un lado...
Por otro...

Para explicar:
Por decirlo así...
Por ejemplo...

Para resumir:
En resumen...
En resumidas cuentas...

Para intensificar:
Es más...
Más aún...

Para expresar causa o consecuencia:
Ya que...
Así que...

3-7 **Una comida familiar.** Jaime Salinas, hijo de un poeta español muy importante, Pedro Salinas, relata en sus memorias varias anécdotas en las que recuerda a su padre. Antes de leer el párrafo siguiente contesta las siguientes preguntas.

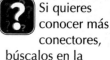

CUADERNO

Si quieres conocer más conectores, búscalos en la sección **Gramática aplicada** del *Cuaderno.*

1. **El vocabulario.** ¿Sabes lo que son las croquetas? Si no lo sabes busca una explicación en un diccionario de español. ¿Hay algún plato (*dish*) que te guste especialmente? ¿Cuáles son los platos que más te gustaban cuando eras niño/a? ¿Alguna vez te molestó compartir esos platos con otros? Además de la comida, ¿qué otras cosas tenías que compartir con tus familiares? Las palabras **bofetada** y **tortazo** significan lo mismo. Si no sabes lo que significan búscalas en el diccionario. Fíjate si hay otros sinónimos en el texto. ¿Cuáles son? ¿Te han castigado (*punished*) alguna vez? ¿Cuál es el castigo más injusto que recuerdas?

2. **Los verbos.** Lee por encima el episodio siguiente y subraya los verbos. ¿Cuál es el tiempo de la mayoría de estos verbos? ¿Hay alguna diferencia entre la primera mitad del párrafo y la segunda mitad del párrafo en lo que se refiere a los tiempos verbales? ¿Por qué crees que es así?

3. **El punto de vista.** Ahora subraya las palabras que indican que el punto de vista de esta narración es el del **yo**. ¿Cuáles son esas palabras? Clasifícalas según la tabla a continuación.

Verbos	Pronombres personales	Pronombres y adjetivos posesivos

Compartía con mi padre la pasión por las croquetas. Tanto es así que la única bofetada de verdad que me dio en toda su vida fue, precisamente, por causa de una fuente de croquetas. Sucedió en casa. De forma excepcional, papá había venido a comer ese día, acababan de retirar los platos de sopa y a continuación entró, triunfante, la muchacha[1] llevando muy por lo alto una rebosante fuente de croquetas. Como conocía mi debilidad, al pasar por mi lado me susurró: «Son de jamón, de las que a ti te gustan» y para provocarme, me las pasó fugazmente por debajo de mis narices. No pude resistir y de un manotazo quise coger por lo menos una, con tan mala pata que las croquetas acabaron todas desperdigadas por el suelo. Se produjo uno de esos escalofriantes silencios de pánico que siguen a las catástrofes, y esperé a que alguien lo rompiera. Fue mi padre el que estalló[2]. Enrojeció, tembloroso, sin conseguir articular palabra, se levantó, dio dos zancadas[3] y furioso me soltó un tortazo. Fue el primero y el último que recibí de su mano. Me aguanté[4] las lágrimas. Sabía que había cometido un imperdonable crimen, pero comprendí que papá me había dado la bofetada no tanto para castigarme, sino por la rabia que le produjo el verse privado de sus croquetas. Nada de lo que pude hacer después de ese día, por grave que fuera, le provocó tanta ira.

Travesías. Memorias (1925–1955), de Jaime Salinas, páginas 36–37.
Tusquets Editores. Barcelona, 2003.

[1]*Maid*   [2]*Exploded*   [3]*Strides*   [4]*I repressed*

3-8 En resumidas cuentas…

Primera fase. Después de leer el episodio, contesten las siguientes preguntas.

1. ¿Cuáles son los marcos espaciales y temporales de la historia? ¿Son evidentes? ¿Cuál es probablemente el contexto de esta historia?

2. ¿Cuáles son los personajes principales? ¿Qué relación tienen entre ellos?

3. ¿Cuál es el crimen que cometió el narrador? ¿Es un verdadero crimen? ¿Por qué utiliza esta palabra?

Segunda fase. Utilizando la técnica de eliminación de palabras, hagan un resumen de esta narración. A continuación, reduzcan esta anécdota a unas dos o tres líneas, utilizando la técnica de resumen por condensación de ideas. Si necesitas revisar las técnicas del resumen, lee las páginas 15–19 en el capítulo 1.

 3-9 **Con sus propias palabras.** Altérnense para sustituir las siguientes expresiones del texto, en negrita, con sinónimos o expresiones parecidas.

1. La única bofetada de verdad que me dio en toda su vida fue **por causa de** una fuente de croquetas.

2. **De forma excepcional**, papá había venido a comer ese día.

3. **No pude resistir** y de un manotazo quise coger por lo menos una.

4. **Con tan mala pata** que las croquetas acabaron todas desperdigadas. *uns muls suerte / bsd feeling*

5. **Me aguanté las lágrimas.** *Evite lloss*

6. Papá me había dado la bofetada no tanto para castigarme, sino por la rabia que le produjo **el verse privado de** sus croquetas. *No puede couer sus croquetas.*

 3-10 **De tu imaginación.**

Primera fase. Traten de visualizar la escena anterior y añadan algunos detalles descriptivos para enriquecer la narración, contestando cada una de las siguientes preguntas en dos o tres líneas.

1. ¿Cómo eran las comidas en casa cuando venía papá?

2. ¿Cómo era la muchacha?

3. ¿Cómo era el narrador (Jaime Salinas) cuando ocurrió lo que se cuenta?

Segunda fase. Intercambien sus descripciones con otros estudiantes de la clase.

3-11 **Ahora tú.**

Primera fase. Piensa en un episodio o anécdota que ocurrió en tu ámbito familiar cuando eras niño/a y escríbelo en dos o tres párrafos. No te olvides de describir el contexto en el que se sitúan las acciones.

Segunda fase. Ahora comprueba si tu narración cumple los siguientes requisitos y pon una X junto a la letra correspondiente. Después intercámbiala con un/a compañero/a y evalúa la suya.

1. _____ La narración contiene la descripción de un contexto y/o de los personajes.

2. _____ La diferencia entre la descripción y la acción está clara.

3. _____ La secuencia de acciones es lógica y dinámica.

4. _____ Se utilizan sinónimos o expresiones parecidas para evitar las repeticiones.

5. _____ Se utilizan conectores para agilizar la narración.

3-12 Una mala experiencia. El siguiente texto es una entrada de diario en la que se relata brevemente un episodio desafortunado. Antes de leer contesta las siguientes preguntas.

1. **El tema.** Trata de adivinar cómo se va a desarrollar la narración leyendo las dos primeras oraciones del texto e indicando con números del 1 al 6 en la siguiente lista los desarrollos más probables.
    a. _____ El/la narrador/a cuenta su relación con Carolina.
    b. _____ Se describe la decoración del restaurante.
    c. _____ El relato se enfoca en Juan.
    d. _____ Se cuenta la conversación que mantuvieron los personajes mientras cenaban.
    e. _____ Se describen las razones por las que el restaurante no era bueno.
    f. _____ Se cuentan los planes del/ de la narrador/a para evitar una mala experiencia la próxima vez.

2. **Los marcos espaciales y temporales.** Lee el texto por encima, subrayando las palabras que sitúan el episodio en un tiempo y un espacio concretos. ¿Cuándo suceden las acciones que se cuentan? ¿Cuánto dura probablemente el episodio? ¿Cuál es el tiempo verbal que se utiliza más frecuentemente? ¿Dónde transcurre lo que se cuenta?

3. **La organización.** Ahora subraya los conectores —palabras o expresiones— que indican cierta organización del texto. ¿Cuáles son? ¿Indican estas palabras o expresiones una secuencia de los hechos? ¿Cuál sería el esquema de esta secuencia?

2 de febrero

Anoche estuve cenando con Carolina y Juan. El sitio lo eligió
Carolina y, por una vez, no acertó. El restaurante estaba vacío
cuando llegamos hacia las nueve, lo cual ya es una mala señal,
sobre todo tratándose de un sábado por la noche. Carolina había
leído en no sé qué guía de restaurantes que la cocina de allí era
excelente. Bueno, pues, todo —no sólo la cocina—, resultó ser
un desastre. Primero, tardaron en servir los platos más de veinte
minutos, y cuando por fin llegaron, se habían confundido de
pedido y a Juan le trajeron una sopa de pollo en vez de la sopa
de verduras que quería comer. Como es vegetariano, la devolvió
a la cocina pero, naturalmente, la sopa de verduras sólo existía
en la carta. Así que el pobre Juan tuvo que conformarse con una
ensalada aguada, de un aliño (*dressing*) insulso (*tasteless*). En los
segundos platos la cosa no fue mejor. El pollo que pidió Carolina
traía una salsa que difícilmente podía ocultar su olor a quemado,
y además estaba duro. Yo tuve la mala pata de pedir pescado.
¡Quién iba a imaginar que en un restaurante de esa categoría el
pescado sería congelado! Pues sí. De fresco no tenía nada, y,
lo que es peor, no parecía cocinado a la plancha sino en micro-
ondas. En fin, un desastre.

A estas alturas, a Carolina y a mí ya no nos quedaron ganas
de probar los postres, y creo que hicimos bien porque Juan se
antojó (*fancied*) de un flan, pensando que en eso era difícil
fallar, y resultó que el flan ni siquiera era casero (*homemade*),
aunque, vista la destreza culinaria de los responsables de la

cocina, probablemente fue lo más decente que esa noche se comió en nuestra mesa.

A la hora de pagar, Carolina pidió conocer al cocinero, aunque no precisamente para felicitarle, y ahí fue cuando comprendimos el problema: el cocinero había tenido que viajar a otra ciudad por una emergencia familiar y se había hecho cargo de la cocina un inexperto sustituto que en poco tiempo había conseguido acabar con la clientela habitual. Nos fuimos, no sin antes aconsejar a los dueños por medio del camarero que cerrasen por unos días hasta que volviese el cocinero o encontrasen a otro de su mismo nivel. El camarero, evidentemente avergonzado, insistió en ofrecernos una copa, tal vez para que olvidáramos, pero no consiguió convencernos. En resumidas cuentas, salimos de allí frustrados y hambrientos.

3-13 **Narración o descripción.** Indica si las siguientes oraciones del texto son narrativas (N), descriptivas (D) o las dos cosas (ND).

1. Tardaron en servir los platos más de veinte minutos.

2. El pollo que pidió Carolina traía una salsa que difícilmente podía ocultar su olor a quemado.

3. A Carolina y a mí ya no nos quedaron ganas de probar los postres.

4. A la hora de pagar, Carolina pidió conocer al cocinero.

5. El flan ni siquiera era casero.

6. Nos fuimos, no sin antes aconsejar a los dueños por medio del camarero que cerrasen por unos días.

7. El camarero, evidentemente avergonzado, insistió en ofrecernos una copa.

8. Salimos de allí frustrados y hambrientos.

3-14 **Los conectores.** Subraya en el texto las palabras que actúan como conectores o marcadores textuales y rellena la siguiente tabla con algunos de estos ejemplos.

Resumen una idea	Ordenan el texto	Insisten en algo	Expresan consecuencia
	A estas alturas…	Bueno, pues…	
En fin…			Y ahí fue cuando…

3-15 **Querido diario.**

Primera fase. Escribe una entrada de diario en la que recuerdes con detalle algún suceso reciente. Los siguientes puntos te servirán de guía.

1. Usa la primera persona para expresar tu punto de vista.
2. Emplea marcos espaciales y temporales para explicar dónde y cuando transcurren los hechos.
3. Utiliza el imperfecto y el pretérito para combinar la descripción y la narración.
4. Usa conectores para estructurar el texto.

Segunda fase. Después de escribir tu entrada de diario comprueba lo siguiente.

1. _____ El fondo (*background*) o situación donde se insertan las acciones está suficientemente descrito.
2. _____ Hay fluidez en la combinación de descripción y narración a lo largo del texto.
3. _____ Hay una secuencia clara de las acciones.
4. _____ El uso de los conectores es apropiado.

> **CUADERNO**
> **Tarea**
>
> Leer la sección **El arte de escribir**.
> Actividades: 3-5, 3-6, 3-7, 3-8, 3-9, 3-10, 3-11, 3-12.

PRODUCCIÓN

El proyecto

3-16 **Del diario a la anécdota: Explora tu propia vida.**

Primera fase. Durante dos o tres días, lleva un diario cuidadoso de todas tus actividades. Para ello, divide tus días en cuatro, seis u ocho bloques (por ej.: 7–10 AM; 10 AM–2 PM; 2–6 PM; 6–10 PM; 10 PM–12 AM; 12 AM–7 AM, u otra forma que te permita cubrir todo lo que haces durante el día y se ajuste a tu horario habitual). Para cada uno de los bloques que has establecido, debes escribir al menos dos anotaciones con situaciones narrativas básicas.

Por ejemplo:

Jueves:

7–10: Sonó el despertador a las 8, como siempre. No lo oí. Mi compañera de cuarto me despertó.

En clase de español saqué un 92 en la última prueba. Tomé un café con María y Luisa. María contó muchas cosas divertidas.

10–12: En clase de matemáticas estaba tan perdida como siempre. El profesor intenta ayudarme, pero no lo consigue. No sé qué puedo hacer.

Odio mi horario de los jueves. Tuve una hora libre entre dos clases. Como siempre, perdí el tiempo hablando con algunos amigos en la cafetería.

> **CUADERNO**
>
> **?** Para aprender sobre el punto de vista y repasar el estilo directo y el estilo indirecto, lee **El arte de escribir una narración** en el *Cuaderno*.

Segunda fase. Selecciona una de las entradas en tu diario y desarróllala en forma de una anécdota que tenga al menos tres párrafos, pero puede tener más. Desarrolla las descripciones, tanto del marco temporal como espacial y de los personajes que intervienen en ella. Fracciona las acciones. Finalmente, asegúrate de que hay un propósito claramente expresado en la introducción y en la conclusión.

3-17 **¡Atrévete!** Cambia el punto de vista de tu anécdota de la primera a la tercera persona. Enriquece la narración con algunos detalles inventados por ti. Incluye conversaciones narradas, tanto en estilo directo, como indirecto.

Taller de escritura

Al escribir un diario, frecuentemente nos encontramos en la necesidad de narrar, es decir, de contar de forma ordenada, algo que ha ocurrido. En el capítulo 1 vimos algunos de los principios fundamentales de la narración, pero no estaría de más revisarlos brevemente. Al narrar, contamos algo —una acción, un evento— que le ha ocurrido a alguien en algún lugar y en un momento determinado. Por lo tanto, debemos concentrarnos en contestar una serie de preguntas básicas.

¿Qué ha pasado?	→	El evento que vas a contar
¿Dónde?	→	El marco espacial
¿Cuándo?	→	El marco temporal
¿A/Con quién?	→	Los personajes

Sin embargo, si nos limitamos a contestar estas cuatro preguntas, nos habremos quedado con un esquema que, por lo general, aunque contenga toda la información relevante, carece de interés. De esta manera, el problema principal de la narración consiste en hacerla más interesante, y para ello hay otra pregunta que debemos tomar en cuenta a fin de dotar a nuestro relato de cierto interés: ¿Por qué cuento esta historia? Es decir, ¿cuál es mi propósito al hacer esta narración?

Pero aunque hayamos contestado las preguntas anteriores, nuestro relato seguirá siendo un esquema sin vida mientras no lo enriquezcamos con detalles relevantes que permitan al lector visualizar, imaginarse y recrear en su mente lo que está leyendo.

Por lo tanto, en este capítulo vamos a explorar formas que nos ayuden a escribir narraciones de manera más viva.

Estrategias para incorporar detalles en la narración

La manera más sencilla y directa de enriquecer una narración es mediante la incorporación de detalles. Por esta razón, nos proponemos estudiar dos formas de hacerlo: incorporar detalles descriptivos y fraccionar las acciones.

A. Incorporar detalles descriptivos.

Imagínate la siguiente entrada en el diario de un estudiante de español:

18 de diciembre. Esta mañana llegué tarde a mi examen. Afortunadamente, una profesora me permitió entrar.

En ella podemos ver claramente un marco temporal (la mañana del 18 de diciembre). También encontramos un evento (llegué tarde al examen, pero pude entrar), un personaje a quién le ocurrió dicho evento (yo) y otro que participó en esa acción (la profesora). Sin embargo, no sabemos nada sobre el marco espacial (donde ocurre esta acción); no sabemos nada sobre ese pobre «yo» a quien le ocurrió esta desgracia; no sabemos nada sobre la profesora que le echó una mano. Pero es que tampoco sabemos nada sobre el horrible examen que nuestro estudiante estuvo a punto de perder.

Nuestro hipotético estudiante podría enriquecer su narración con algunos detalles descriptivos. En la siguiente versión, agregamos unos detalles sobre «esta mañana»:

> 18 de diciembre. Cuando el reloj despertador sonó esta mañana me encontré con una imagen típica de esta ciudad en esta época del año: una capa de nubes grises, temperaturas de 20 grados centígrados bajo cero y más de un metro de nieve en el suelo (¡veinte centímetros cayeron mientras yo dormía!).

Enseguida podemos agregar algunos detalles sobre el examen:

> Pensé quedarme en cama toda la mañana, pero repentinamente recordé que hoy, precisamente, tenía un examen final de español. Había estudiado con Luisa y Jaime, dos amigos colombianos, y me sentía muy bien preparado, aunque este curso de español tiene fama de ser uno de los más difíciles.

A continuación, podemos incorporar algunos detalles sobre la universidad donde estudia este estudiante sin nombre:

> Me imaginé, con razón, que XYU no iba a cancelar clases por veinte miserables centímetros de nieve. No: esta universidad, famosa por sus excelentes profesores, tiene la reputación de ser la última a la hora de cancelar clases por causa del mal tiempo, así que me levanté corriendo pero eso no evitó lo que iba a pasar: en esas condiciones, tenía que llegar tarde a mi examen.

Ahora será apropiado dar algunos detalles descriptivos (tal vez mediante una comparación: ¿recuerdas las técnicas de describir?) sobre el momento en que este estudiante se encuentra frente a la puerta cerrada del salón de exámenes:

> Me encontré frente a la puerta cerrada del salón y un reloj que marcaba la hora oficial: 8:25 de la mañana. El examen había comenzado a las 8 en punto. Miré la puerta azul de madera y me sentí como un niño que se ha perdido en una feria. Hubiera podido llorar o patear, pero en vez de eso, no sé cómo, levanté la mano y di tres golpes, claros, sonoros, sin vacilación. Entonces esperé en silencio.

Finalmente, podemos enriquecer con detalles el momento culminante, cuando la amable profesora le permite entrar al salón:

> Alguien abrió la puerta desde dentro. Era la Srta. Osasuna. ¿Cómo era posible tener tan mala suerte? Aunque ella nunca había sido mi profesora, estaba ayudando a vigilar el examen. Sin embargo, su fama siempre iba por delante de ella, donde quiera que fuera. Yo había oído decir que era una de las profesoras más duras y exigentes de todo el departamento, hasta el punto de que algunos estudiantes la llaman «Srta. Hueso Duro». Lo primero que vi fueron sus ojos firmes y penetrantes; su cara que, según los informes, nunca sonreía. Yo la miré sin saber qué decir hasta que oí su voz fuerte y clara: —Pase —me dijo — ya empezamos, pero puede entrar si no molesta a los otros estudiantes.—

Como ves, la versión original contiene la esencia narrativa de esta anécdota, pero la segunda versión, enriquecida con detalles descriptivos, es más divertida o interesante de leer.

3-18 **¡Enriquécelo tú!**

Primera fase. Amplía la siguiente situación narrativa añadiendo detalles descriptivos según se te pide. *El verano pasado un hombre se cayó al mar. Un marinero le lanzó un salvavidas.*

1. Describe en tres o cuatro líneas al hombre.
2. Describe al marinero en dos o tres líneas.
3. Incorpora algunos detalles para explicar cómo cayó (tres o cuatro líneas).
4. Incorpora algunos detalles para explicar qué pasa con el salvavidas.

Segunda fase. Une todos los fragmentos anteriores en una sola narración, haciendo los cambios que sean necesarios.

 3-19 ¿Qué hiciste la última Noche Vieja?

Primera fase. Escribe una narración breve de una o dos líneas contestando a esa pregunta.

Segunda fase. Amplía esta narración, incorporando detalles sobre el marco temporal, el marco espacial, la acción básica y los personajes.

Tercera fase. Intercámbiala con tu compañero/a y evalúa la suya teniendo en cuenta los siguientes criterios.

1. La narración contesta las preguntas básicas: ¿qué?, ¿dónde?, ¿cuándo?, ¿a/con quién?
2. ¿La narración incorpora detalles sobre el marco temporal?
3. ¿La narración incorpora detalles sobre el marco espacial?
4. ¿La narración incorpora detalles sobre los personajes?
5. ¿La narración incorpora detalles sobre la acción básica?

B. Fraccionar las acciones.

Una segunda manera de enriquecer la narración es mediante
el fraccionamiento de las acciones. Imagínate esta situación
narrativa básica:

> El verano pasado, caminando en las ruinas de Teotihuacán,
> conocí a una pareja de alemanes.

Si lo pensamos con cierto cuidado, nos daremos cuenta de que el
verbo «caminando» oculta una cantidad de acciones que tuve que
ejecutar, antes de poder caminar en las famosas ruinas. Nosotros
podemos enriquecer la narración haciendo aparecer esas acciones,
de manera que mientras en la narración básica sólo aparece una,
en la narración enriquecida esa acción se desdobla en varias otras
que ocurrieron antes de ella. Por ejemplo:

> El verano pasado, gracias a que obtuve excelentes notas en la clase
> de español, recibí una beca para participar en un viaje educativo a
> México. Era una ocasión excelente para conocer este país en
> profundidad, ya que el profesor que organizaba el viaje era un
> verdadero experto. Los dos primeros días en México visitamos el
> museo de antropología y las ruinas del Templo Mayor. El tercer día
> de nuestra visita estaba reservado para una excursión a las famosas
> ruinas de Teotihuacan. Cuando estábamos caminando por la
> inmensa calzada, en un momento en que me quedé atrás para
> tomar una foto de la Pirámide de la Luna, perdí a mis compañeros
> de grupo, así que tuve que seguir mi visita solo, hasta que conocí a
> una pareja de alemanes.

Si lo pensamos con cierto cuidado, comprendemos que el otro
verbo de la narración básica («conocí») también esconde un
número de acciones que una narración más rica puede usar para
enriquecer el relato. Veamos cómo.

> Cuando estábamos caminando por la inmensa calzada, en un
> momento en que me quedé atrás para tomar una foto de la
> Pirámide de la Luna, perdí a mis compañeros de grupo, así que
> tuve que seguir mi visita solo. Al poco rato, vi una pareja que,
> según me pareció en ese momento, estaba tratando de comprar
> uno de los típicos souvenirs que se venden en todos estos lugares.
> De los dos, quien más me llamó la atención fue el hombre y, con
> cierta curiosidad, fui acercándome a ellos, aparentando estar
> también interesado en los objetos que trataban de comprar. Una
> vez que estuve cerca, la mujer, con obvia desesperación en la cara
> se dirigió a mí: «Sprechen Sie Deutsch, bitte?» Le contesté que no
> con la cabeza. Entonces el hombre me preguntó si hablaba inglés y
> yo le respondí que sí. «Excellent! —dijo la mujer—, but… do you
> speak Spanish too?»

Como ves, al desdoblar o fraccionar la acción de la situación
básica, podemos enriquecer el relato y hacerlo más vivo.

3-20 ¿Qué ha pasado antes?

Primera fase. Examina la siguiente situación narrativa básica y fracciona la acción principal según se te pide.

El 6 de mayo pasado, a las 11 de la mañana, se casaron mis mejores amigos, Linda y Héctor. Ahora viven en Buenos Aires.

1. Explica cómo conociste a Linda y Héctor.
2. Explica si ya eran novios cuando los conociste.
3. Explica qué hicieron de luna de miel.
4. Explica cómo llegaron a vivir en Buenos Aires.

Segunda fase. Reúne los fragmentos anteriores en una sola narración, haciendo los cambios necesarios al unirlos y agregando detalles descriptivos de: el marco temporal, el marco espacial, los personajes.

3-21 ¿Cuándo fue el accidente?

Primera fase. Escribe una situación narrativa básica de una o dos líneas contestando la siguiente pregunta: ¿cuándo fue la última vez que una persona conocida por ti (o tú mismo/a) tuvo un accidente mientras practicaba un deporte?

Segunda fase. Enriquece la historia desdoblando las acciones y narrando las cosas que pasaron antes y que desembocaron en el accidente.

Estrategias para resaltar el propósito de la narración

En la sección anterior hemos enriquecido la narración mediante la incorporación de una mayor cantidad de detalles, ya sean relativos a los personajes, a los marcos temporal y espacial, o a la acción misma, fraccionándola en una serie de otras acciones que nos llevan progresivamente a ella. Sin embargo, a pesar de que los textos así enriquecidos son más divertidos e interesantes de leer, carecen de un propósito verdadero: no le dicen nada de interés al lector; el lector no obtiene ningún beneficio (aparte de que se pueda divertir un poco).

Como vimos al hablar sobre la anécdota, una buena narración debe justificarse para el lector, permitiéndole obtener alguna conclusión, dándole una nueva perspectiva sobre algo que tiene que ver con la historia contada, o explicándole por qué ha ocurrido lo que se cuenta. Para encontrar ese propósito y por lo tanto poder resaltar el impacto de la narración, debemos contestar la pregunta: ¿Por qué cuento esta historia?

Volvamos sobre algunas de las historias que hemos contado en esta sección. Empecemos por la narración del estudiante que llega tarde al examen de español. Tal como está, no hay nada que me indique por qué me cuentan esta historia; no hay nada que me indique que el estudiante que cuenta la historia ha aprendido algo de ella. Y sin embargo, hay varias razones posibles para contarla.

- Después de esta experiencia, el estudiante comprende que no se pueden aceptar los juicios que otras personas hacen sobre alguien, sin haber tenido una experiencia directa con ellas.

  «Pase —me dijo—, ya empezamos, pero puede entrar si no molesta a los otros estudiantes.» Pero, ¿cómo? ¿Era esta la misma «hueso duro» de que tanto me habían hablado? Comprendí que, tal vez, todas las personas tenemos un lado bueno y otro que no lo es tanto, y que unos nos ven de una manera, mientras que otros tienen la suerte de ver nuestra mejor faceta. Gracias, Señorita Osasuna.

- El estudiante comprende que en situaciones desesperadas, es mejor mantener la cabeza fría, no llorar ni patear, sino actuar con decisión para encontrar una solución.

  «Pase —me dijo—, ya empezamos, pero puede entrar si no molesta a los otros estudiantes.» ¿Qué habría pasado si me hubiera dejado llevar por la desesperación? ¿Si hubiera gritado y rabiado? Me alegro ahora de haber podido mantener la cabeza fría y de haber actuado con serenidad y decisión.

O veamos la situación del estudiante que conoce a una pareja de alemanes en Teotihuacan. Aunque tampoco en esa historia, tal como está contada, podemos ver una razón para que nosotros tengamos que leerla, también es posible incorporar buenas razones para contarla.

- El estudiante comprende la importancia del conocimiento de las lenguas en el mundo actual.

  «Excellent! —dijo la mujer—, but... do you speak Spanish too?».
  No lo podía creer, pero aquí estaba yo, usando mis conocimientos de español para ayudar a dos personas que no los tenían. Vivimos en un mundo interconectado que nos exige prepararnos adecuadamente para enfrentarlo y los idiomas son una herramienta esencial en ese esfuerzo. Esta experiencia me animó a continuar estudiando español.

- El estudiante comprende que es un gran error viajar por el mundo sin tener conocimientos sobre el país y la cultura que se visita.

  «Excellent! —dijo la mujer—, but... do you speak Spanish too?»
  No podía creer que esta pareja estuviera viajando sin ningún conocimiento —no ya solamente de la lengua— sino de la cultura del país que visitaban.

- El estudiante comprende que la vida de una persona puede cambiar cuando menos se lo espera.

  «Excellent! —dijo la mujer—, but... do you speak Spanish too?»
  Herr Sigmund Gottlieb y su esposa, dos generosos millonarios sin hijos, y yo tuvimos una larga charla caminando por la calzada de los muertos. ¿Cómo hubiera podido imaginarme que esa foto que tomé de la pirámide de la luna y por la cual me perdí de mi grupo iba a cambiar mi vida? Esa noche me invitaron a cenar en su hotel y al día siguiente, antes de irse, me informaron de que habían dado orden a su banco de crear un fondo para pagar mi educación.

3-22 ¿Por qué lo cuentas?

Primera fase. Revisen las siguientes situaciones narrativas básicas y entre los/las dos hagan una lista de al menos tres razones para contar cada una de estas historias.

1. Héctor y Linda se conocieron en La Guaira, se casaron en San Juan y ahora viven en Buenos Aires.

2. Anoche, mientras trabajaba en el restaurante, un cliente trató muy mal a mi compañera de trabajo.

3. Al salir de una estación de servicio, un auto chocó contra la parte trasera de mi Ford Mustang.

Segunda fase. Escojan una de las tres situaciones y entre los/las dos escriban una narración rica en detalles sobre el marco temporal, el marco espacial y los personajes. La narración debe también incorporar claramente el propósito de la narración.

Manos a la obra

El propósito

Uno de los aspectos más difíciles de una historia es encontrar una buena justificación para contarla. Es decir, encontrar lo «insólito», lo «especial» o la «enseñanza» que hay en ella. Y sin embargo, como ya lo hemos repetido varias veces, este algo especial, insólito o este aspecto de descubrimiento son una parte muy importante de la anécdota. La claridad con que el lector perciba este propósito contribuye al éxito de muchos tipos de narraciones. Por esa razón vamos a estudiar algunas maneras para conseguir que el propósito de una narración sea claro para el lector.

La introducción y la conclusión son especialmente útiles en una narración para resaltar el propósito. Además, si conseguimos hacer que ambas «trabajen en equipo», conseguimos darle a la narración una cierta sensación de unidad, de que hemos contado algo que está «completo».

Determinación del propósito y su expresión en la introducción

Determinar el propósito de tu narración es, tal vez, la decisión más difícil que tienes que tomar para construir tu anécdota, y siempre exige de una reflexión muy personal sobre la historia que vas a contar.

Puedes empezar esa reflexión preguntándote si hay algún aspecto humorístico en ella y si te interesa resaltar ese elemento de humor. Si éste es el caso, analiza en qué se basa el humor de esa historia, ya que hay diferentes tipos de humor, según se trate de una situación (por ejemplo, confundir a una persona con otra), o de un uso especial del lenguaje (un juego de palabras, por ejemplo, o un error de comprensión de lo que alguien dice). Enseguida, decide cuál es el mejor momento para revelar el humor, ya que en algunos casos funciona muy bien si se adelanta desde el principio, mientras que en otros es mejor mantener «el chiste» en secreto hasta el final. Por ejemplo:

> Esta mañana me levanté cansada, sin ganas de hacer nada más que quedarme tirada en la cama oyendo música. Pero tenía que ir a trabajar a las nueve y la verdad es que estaba de muy mal humor.

> Sin embargo, después de lo que pasó cuando estaba aparcando el coche, estuve toda la mañana riéndome sola al recordarlo.

Aunque la narradora no nos dice en la introducción qué fue lo que le pasó, sí nos anticipa que algo cómico sucedió que explica su cambio de humor. El/la lector/a de esta historia sabe de antemano cuál es el propósito de la historia que va a leer (explicar el cambio de humor) y al mismo tiempo la introducción despierta su curiosidad para saber qué ha pasado, y por lo tanto para seguir leyendo.

Si no es el humor lo que te interesa en esa anécdota, puedes preguntarte si se trata de una situación que nos permite ver algo «normal» desde un punto de vista un poco diferente. En este caso, la introducción nos ofrece una buena oportunidad para insinuar el contraste entre estas dos maneras de ver. Por ejemplo:

> Uno de los mayores miedos que siempre he tenido como turista es el de perderme en una ciudad desconocida, porque pienso que algo malo me puede pasar. Sin embargo, no siempre es así. La última vez que me perdí fue en México, mientras visitaba las ruinas de Teotihuacan y todavía no he dejado de alegrarme de haber perdido a mis compañeros.

En este ejemplo el/la narrador/a hace un contraste entre la situación «normal» de sentir miedo a perderse en una ciudad desconocida y lo «especial» de esta situación específica, cuando se perdió en Teotihuacan. Las personas que van a leer esta historia reciben una idea clara del propósito de esta lectura (explicar por qué se alegra de haberse perdido) y esta introducción también pica su curiosidad para incitarlos a seguir leyendo.

Si no puedes encontrar la forma en que una anécdota te permita ver algo de una manera diferente, entonces reflexiona para ver si te es posible extraer de ella una lección. Pregúntate: «¿Qué aprendí de esta situación?» o «¿Cómo he cambiado a partir de esta situación?» o «¿Qué conclusión pueden haber sacado de esta historia los personajes que la vivieron?» Puedes usar la respuesta para construir una introducción que le aclare al/a la lector/a cuál es tu propósito al contarla:

> El verano pasado, mientras me paseaba por la playa de mi pueblo, vi a un hombre caerse al agua desde el final de un muelle. Ese día aprendí algo sorprendente sobre mí mismo.

Con esta introducción deja claro el narrador cuál es su propósito para contar la historia (contar lo qué aprendió) y la curiosidad de los/las lectores/as también se despierta para continuar leyendo, porque no les dice exactamente qué es ese «algo» que aprendió sobre sí mismo.

3-23 ¿Qué te ha ocurrido recientemente?

Primera fase. Piensa en las cosas que te han pasado en los últimos días y escoge una. Escribe una narración básica de unas dos líneas. Cuando la hayas escrito, reflexiona sobre ella, haciéndote las preguntas indicadas en la explicación anterior, y escribe una introducción en la que se vea con claridad el propósito de la narración.

Segunda fase. Intercambia la narración básica y la introducción que has escrito con tu compañero/a. Léela y contesta las siguientes preguntas acerca de la introducción.

1. ¿La introducción presenta con claridad el propósito de la narración?
2. Cuál es el propósito de esta narración? Descríbelo.

☐ Entretener　　　　☐ Narrar algo insólito

☐ Extraer una enseñanza　☐ Otro

Uso de la conclusión para resaltar el propósito y cerrar la narración

El otro lugar de la narración donde podemos resaltar el propósito de la narración es, como ya lo hemos adelantado, la conclusión. Una vez que hemos terminado de contar las cosas que «pasan» en nuestro relato, entonces podemos con toda naturalidad volver sobre nuestro propósito e insistir en él. De esta manera, si volvemos a tomar la idea que hemos usado en nuestra introducción, daremos un «cierre» muy natural al relato puesto que el final nos devuelve al principio y de esta manera habremos, por así decirlo, cerrado un círculo. Veamos algunos ejemplos.

Tomemos, en primer lugar, el relato de la persona que está caminando por la playa cuando ve a alguien caerse al agua. Habíamos escrito la siguiente introducción:

> El verano pasado, mientras me paseaba por la playa de mi pueblo, vi a un hombre caerse al agua desde el final de un muelle. Ese día aprendí algo sorprendente sobre mí mismo.

Ahora escribimos el relato de la «acción», enriqueciéndola con detalles descriptivos y fraccionando las acciones:

> Era muy temprano una mañana soleada de verano y yo había salido a caminar por la playa. Había llevado a mi perro, un labrador

negro, al que le encanta recoger palos que yo le tiro. En el momento en que yo me agachaba para recoger un palo y lanzárselo a Fosca, vi en la distancia, cerca al final de un muelle, a un hombre delgado y de cabello blanco que estaba caminando hacia atrás y se concentraba en tomar una foto. Mientras miraba por el visor de la cámara, daba pasos hacia atrás y se acercaba peligrosamente al final del muelle. En ese momento quise gritarle para llamar su atención, pero ya era tarde. El hombre se cayó al agua. Sin pensarlo dos veces, solté el palo que había cogido y corrí con todas mis fuerzas hasta llegar al final del muelle. El hombre estaba en el agua y tenía dificultades para mantenerse a flote. Yo sabía que ahí el mar era muy hondo, así que salté al agua y utilizando mis conocimientos de salvamento le ayudé a salir.

De este modo ya hemos escrito la introducción que nos explica el propósito de contar la historia (lo que aprendí sobre mí mismo) y la historia misma. Es, pues, el momento de escribir una conclusión que retome el propósito que hemos anunciado en la introducción y cierre el relato, diciendo claramente qué fue ese «algo» que aprendí:

Muchas veces, mientras hacía mis prácticas de salvamento, dudaba de que alguna vez yo fuera a usar esos conocimientos porque no creía tener el valor para hacerlo. Pero aquel día, mientras corría hacia el muelle, estaba seguro de lo que tenía que hacer y, para mi sorpresa, lo hice sin dudarlo. Descubrí que no era un asunto de «valor» sino de saber lo que tenía que hacer.

Para tener otro ejemplo, veamos la narración de la persona que se levantó de mal humor, cuya introducción hemos visto un poco antes:

Esta mañana me levanté cansada, sin ganas de hacer nada más que quedarme tirada en la cama oyendo música. Pero tenía que ir a trabajar a las nueve y la verdad es que estaba de muy mal humor. Sin embargo, después de lo que pasó cuando estaba aparcando el coche, estuve toda la mañana riéndome sola al recordarlo.

Vamos ahora a contar qué fue lo que «pasó». Como siempre, añadiremos algunos detalles y fraccionaremos las acciones a fin de enriquecer el relato:

Cuando conseguí salir de la cama, prendí la radio, como todas las mañanas. «Si vas a salir, lleva un paraguas, porque se esperan fuertes lluvias durante todo el día» dijo una vocecita inocente. Tengo que decir que odio la lluvia; no me gusta nada mojarme el pelo después de que me lo he peinado, así que inmediatamente pensé en mi paraguas: estaba roto. Las puntas se doblaban hacia arriba y algunas de las varillas estaban más torcidas que un camino de montaña. «¡Qué mala suerte! —pensé para mis adentros—, tengo que hacer algo.» No sé cómo, se me ocurrió coger una bolsa de basura y un poco de cinta adhesiva y en un momento conseguí remendar el paraguas para que funcionara, pero de verdad no parecía muy elegante ni bonito. Así, pues, cuando llegué al aparcamiento, la mala suerte que tuve fue llegar al mismo tiempo que una compañera de la sección de ropa interior, que siempre está pendiente de la ropa que todo el mundo lleva puesta. «Ahora se va a poner a criticarme» pensé. Tenía razón: cuando abrí mi «paraguas», no pude dejar de ver su mirada y su gesto de disgusto mientras abría un bellísimo paraguas de marca que hacía juego con sus botas. Pero justamente en ese momento, una ráfaga de viento golpeó su paraguas, lo dobló al revés y se lo llevó volando por los aires. Cuando llegó a la tienda, se la veía a ella en peores condiciones que mi feo paraguas.

Para terminar, vamos a escribir una conclusión retomando el propósito anunciado para cerrar el relato insistiendo en la razón por la cual contamos la historia:

> Yo sé que no es muy amable reírse de los males ajenos, pero la verdad es que esa mañana no pude dejar de reírme a solas cada vez que lo recordaba. ¡Y poco a poco, me fue cambiando el humor!

3-24 Terminen esta historia.

Primera fase. Lean la historia que sigue. Y hagan una lluvia de ideas sobre diferentes propósitos para narrarla. Háganse las preguntas apropiadas y tomen nota de sus respuestas.

Segunda fase. Por separado, cada uno/a debe escribir una introducción y una conclusión apropiadas para resaltar uno de los propósitos que han encontrado.

Tercera fase. Intercambien sus escritos y evalúenlos teniendo en cuenta los siguientes criterios.

1. La introducción anuncia el propósito. [0–2 puntos]
2. La introducción despierta la curiosidad del lector. [0–2 puntos]
3. La conclusión vuelve a tomar el propósito expuesto en la introducción. [0–2 puntos]
4. La conclusión cierra el relato. [0–2 puntos]

Ahora lean el relato.

> Fran cerca de la diez de la noche del jueves pasado, cuando se disparó la alarma de incendios en la biblioteca de la universidad. Precisamente el día antes de mi examen de Análisis Literario, cuando yo estaba tratando de entender la diferencia entre un narrador omnisciente objetivo y un narrador no-omnisciente subjetivo. De todas partes salieron voces desesperadas: «¡No puede ser!» decían unos; «¡Qué mala suerte!» decían otros. Otros decían cosas que no se pueden repetir, y menos por escrito. Yo ya me imaginaba lo que iba a pasar, así que tomé mi cartera y mis libros, dejé los libros de la biblioteca abiertos sobre la mesa y empecé a caminar hacia fuera. La verdad es que todos, a pesar de su disgusto, hacían lo que tenían que hacer. Pero claro, a las diez de la noche de un jueves de febrero, el frío que hacía afuera nos puso a todos a dar saltitos y a frotarnos las manos. Algunos, más afortunados que yo, tenían a alguien que los abrazara y los mantuviera calientitos. Después de un rato llegaron todos los que tenían que llegar: Un coche de bomberos con su sirena, sus luces, y un montón de bomberos

CUADERNO

Tarea

Leer la sección **Gramática Aplicada.**
Actividades: 3-13 a 3-26.

uniformados que entraban y salían; tres coches de la policía que venían de tres direcciones diferentes y dos coches de mantenimiento, de los que se bajaron unos que parecían no saber qué hacer y se quedaron al lado de la puerta conversando. Nadie nos explicó nada, porque nosotros sólo estábamos allí para dar saltos y echar vapor por la nariz y la boca. Al poco rato, salieron los bomberos, se montaron en su coche y se fueron sin decir ni «adiós». Enseguida salieron los policías y se fueron también por donde cada uno había venido. Los de mantenimiento se quedaron allí conversando al lado de la puerta y haciéndonos señales de que ya podíamos entrar. No hay ni qué decir que eso era lo que todos los estudiantes queríamos hacer.

REVISIÓN

La introducción

La introducción es el lugar más apropiado para comunicar el propósito de tu narración. Por eso es fundamental aprender a reconocer una introducción efectiva y familiarizarte con mecanismos que te permitan mejorar tus propios escritos.

3-25 Comparen.

Primera fase. Lean las dos versiones que les presentamos de la introducción a un relato cuya situación narrativa básica es: «El fin de semana pasado viajé a una granja. Monté a caballo por primera vez en mi vida.»

1. El fin de semana pasado viajé con un grupo de amigos a una granja en el estado de Nueva York. Me divertí mucho, especialmente montando a caballo, porque era la primera vez que lo hacía.

2. Nunca he sido una persona aficionada a los animales. Por esa razón, dudé mucho cuando Álvaro y Marta me invitaron a ir con ellos a una granja en el estado de Nueva York. Al final acepté, pensando en que me vendría bien un tiempo al aire libre, disfrutando del paisaje de las montañas. Lo que no sabía es que iba a descubrir que un caballo puede ser un animal maravilloso.

Segunda fase. Comparen las dos versiones y seleccionen la que consideren mejor. Prepárense para explicar a la clase las razones de su selección.

3-26 **Escríbela tú.** Estudia la situación básica siguiente y escribe una introducción apropiada. Tu profesor/a te puede pedir que la compartas con la clase: «Ayer vinieron a visitarme un grupo de amigos y amigas. Mi hermanito menor no hizo otra cosa que molestarnos.»

La conclusión

Como hemos dicho en varias ocasiones, dos de las más importantes funciones de la conclusión en una anécdota o un relato son, primeramente, ayudar a enfocar el propósito de la narración y, en segundo lugar, darle a la narración un cierto sentido de unidad, que se logra, en muchos casos, volviendo a hacer una referencia a la introducción.

3-27 **¡A corregir!**

Primera fase. Lean la siguiente narración, tomando nota de sus aciertos y sus fallos. Pongan especial atención a la conclusión.

> Las historias de monstruos no me interesan, pero a mi amiga Laura sí le fascinan. Nunca había hablado con Laura sobre este tema hasta que la vi leyendo un libro sobre el Hombre lobo y le dije que me parecía una tontería leer sobre ese tema.
>
> Laura me explicó que era un mito muy antiguo, y que era una creencia que se remontaba a los tiempos anteriores a los griegos; que durante la Edad Media estas historias se habían relacionado con la brujería y que, inclusive, después del descubrimiento de América, habían venido al Nuevo Mundo, donde se habían mezclado con algunas creencias indígenas. Finalmente, ella insistió en que el estudio de este tema le permitía comprender algunas de las características de las culturas donde el mito aparecía.
>
> Me alegré de haber hablado con Laura, pues había aprendido que el estudio de los monstruos puede ser algo muy interesante.

Segunda fase. Evalúen y sugieran maneras de mejorar esta narración. Para hacerlo, contesten las siguientes preguntas.

1. ¿Hay una introducción que realmente «introduce» la historia creando un contexto en el cual la historia que se va a contar adquiere un significado? ¿Presenta el propósito de la narración?

2. Comparen la introducción actual con la siguiente versión y digan cuál de las dos les parece mejor y por qué.

   > Por lo general, no me interesan ni tampoco me impresionan las historias de monstruos, pero hace algunos días, conversando con una amiga que estudia literatura, aprendí que éste es un tema de mucho interés.

3. ¿Qué detalles descriptivos nos da la narración sobre Laura? ¿Qué nos dice el segundo párrafo sobre el marco temporal? ¿Qué nos dice sobre el marco espacial? Sugieran algunas posibles respuestas a estas preguntas y úsenlas para mejorar el segundo párrafo.

4. ¿Sabemos por qué estaban juntos Laura y el narrador? ¿Qué hacían cuando el narrador vio que ella estaba leyendo acerca del Hombre lobo? Sugieran algunas posibles respuestas a estas preguntas y utilícenlas para mejorar el segundo párrafo.

5. ¿Sería posible introducir una conversación, usando estilo directo o indirecto, antes de empezar a narrar lo que Laura le explicó sobre el mito del Hombre lobo? Sugieran algunos posibles intercambios de diálogo que introduzcan la larga explicación de Laura sobre el Hombre lobo.

6. ¿Cómo reaccionó Laura cuando el narrador le dijo que era una tontería leer sobre monstruos? Sugieran algunas oraciones para describir su reacción.

7. ¿La conclusión cierra el relato? ¿Reitera el propósito expresado en la introducción? Sugieran una conclusión mejor.

8. Comparen la conclusión con la siguiente y digan cuál es mejor y por qué.

   > La verdad es que yo nunca lo había visto de esta manera y me alegré de haber hablado con Laura, pues en lugar de perder mi tiempo viendo una comedia tonta en la tele, había aprendido que el estudio de los monstruos puede ser algo muy interesante.

Evaluación y rúbricas

Controla tu progreso

Un texto de nivel avanzado se caracteriza, entre otras cosas, por tener párrafos con una estructura clara. En cambio, en un texto de nivel intermedio encontramos que los párrafos no están organizados claramente y que, por lo tanto, parecen más una colección de oraciones yuxtapuestas que un verdadero párrafo. Por lo tanto, a fin de mejorar tus escritos, debes asegurarte de elaborar párrafos bien estructurados.

Para empezar, un párrafo bien estructurado desarrolla una sola idea principal. El mismo párrafo puede tratar diferentes aspectos de la misma idea, pero lo que no debes hacer es tratar varias ideas diferentes en el mismo párrafo. Si escribes una narración, cada párrafo puede ocuparse de un momento o de una parte específica del relato.

En segundo lugar, las oraciones que forman el párrafo deben estar bien conectadas unas con otras, y no simplemente puestas unas junto a las otras. Para ello son muy útiles los conectores, ya que no solamente dan fluidez a la expresión, sino que, además, establecen una relación clara entre las diferentes oraciones.

Usa estas ideas para describir tu propia escritura y reflexiona sobre lo siguiente en tu *Diario de escritura*.

- ¿Cómo son tus párrafos? ¿Están bien diferenciados unos de otros y cada uno tiene una función y trata de un tema?
- ¿Conectas tus oraciones o simplemente las yuxtapones?
- ¿Qué puedes hacer para mejorar tus párrafos?

3-28 Tú tienes la palabra. Utiliza la siguiente rúbrica para auto-evaluar la primera versión de tu proyecto de este capítulo (ver página 94), evaluar el proyecto de uno de tus compañeros/as y hacerle sugerencias para mejorar. En el apéndice 2 del cuaderno encontrarás una copia desprendible de esta rúbrica.

Nombre del autor de la anécdota: _____

Fecha: _____

Nombre del lector: _____

Criterios de calidad para la tarea del capítulo 3	No lo satisface	Se acerca	Lo satisface
La organización El texto tiene al menos tres párrafos. Uno de ellos contiene la introducción y otro contiene la conclusión. Si tiene más de tres párrafos, cada uno trata sobre un aspecto diferenciado de la narración.			
El propósito La razón por la cual el narrador cuenta esta historia está claramente expresada en la introducción, y la conclusión vuelve a hacer referencia a ella.			
Las acciones Las acciones están fraccionadas en otras más pequeñas y por lo tanto el lector ve el proceso que se desarrolla antes de llegar a la acción principal.			
Las descripciones El relato contiene descripciones detalladas de los personajes, del marco temporal y espacial, de tal manera que el lector puede formarse una idea clara de ellos.			

uso lo apropriados conectores

Nota: Comenta únicamente sobre los aspectos indicados. No hagas comentarios sobre aspectos lingüísticos o gramaticales del texto.

A. Resume esta historia.

Utilizando lo que has aprendido sobre el resumen y lo que sabes sobre detalles descriptivos y fraccionamiento de acciones, expresa en dos o tres oraciones la situación narrativa básica de esta historia. Recuerda que no es necesario incluir el propósito en la situación básica.

B. Para autoevaluar tu trabajo.

Escribe un párrafo en tu *Diario de escritura* reflexionando sobre los siguientes temas.

1. ¿Qué aspectos de la tarea encontraste más difíciles?
2. ¿Has usado las destrezas, técnicas, vocabulario y estrategias discutidas en esta unidad al escribir tu anécdota? ¿Cuál o cuáles has dominado mejor? ¿En cuáles crees que necesitas trabajar un poco más?
3. ¿Qué puedes hacer para mejorar tus descripciones?
4. ¿Qué puedes hacer para mejorar tus narraciones?
5. Después de usar esta rúbrica, ¿qué debes cambiar al escribir una nueva versión de tu anécdota?

C. Para evaluar la tarea de otro/a estudiante.

Escribe un párrafo con tus sugerencias para el autor o la autora. Incluye sugerencias específicas de cómo tú crees que puede mejorar su texto.

D. Para mejorar lo escrito.

Después de haber leído detenidamente las evaluaciones y rúbricas que tus compañeros han hecho de tu trabajo, prepara una segunda versión para entregarla a tu profesor. Cuando te la devuelva con sus rúbricas y comentarios, debes escribir una última versión para tu portafolio final.

La narración en el futuro

El capítulo 4 se enfoca en la **narración de eventos que no han sucedido aún en el momento de escribir sobre ellos**. Utiliza como contexto las invitaciones, los planes y las propuestas. Como proyecto de este capítulo se te pedirá que escribas una solicitud de beca para realizar un viaje de estudio a una región de interés ecológico.

PREPARACIÓN

1. Invitación

El Rector de la Universidad de Piedras Calientes
Ruega su asistencia a la inauguración de la exposición
Todo y nada, de Tonya Aguado
Que tendrá lugar el próximo día 25 de marzo a las 20 horas
En la Sala de Exposiciones del Edificio López Yuste
Del 25 de marzo al 30 de abril de 2006

— Formal

2. Invitación

Os espero la tarde del 11 de mayo a partir de las
nueve
en mi casa, calle del Olivo, 3
para celebrar mis **50** años.
¡Venid con buen humor para ayudarme
a enfrentar la cuesta de los sesenta!

Cumpleaño - Informal

3. Invitación

Sres. Martínez-Araujo y Sres. Aramburu
Se complacen en invitarle al enlace de sus hijos
Rosa y Carlos
La ceremonia se oficiará en la iglesia de San
Pascual el día 6 de junio a las 5 de la tarde.
A continuación se ofrecerá un banquete en el
Restaurante Los Pozos, de Casa Real.
Rogamos confirmen su asistencia.

una boda - Formal

4. Invitación — *Most formal*

El Ilmo. Sr. D. Tomás Abrantes,
Alcalde de Bahía Blanca
Tiene el honor de invitarle a la inauguración de la
6ª edición de los Campeonatos Mediterráneos de Tenis,
Que tendrá lugar en el Polideportivo La Rocha
Peña de Mar, a las 12 horas.
A continuación se ofrecerá un almuerzo.

Inagursción - Formal

5. Invitación

Elena Rúber Larache
Presidenta de la Fundación Laia
Tiene el placer de invitarle a la presentación del libro Ropa Vieja, de Carmen Espinosa
Editado por Ediciones Alfatauro de Madrid
Que tendrá lugar el próximo sábado, 28 de
noviembre de 2006 a las 7 de la tarde
En la librería de la Fundación.
Fundación Laia, calle Segóbriga 101, Madrid.

Formal

Vocabulario relacionado

asistencia	*attendance*
complacerse	*to take pleasure in*
oficiarse	*to do/to celebrate*
rogar	*to beg*
tener el placer/el honor de...	*to have the pleasure/honor of...*
tener lugar	*to take place*

Abreviaturas

Excma.	Excelentísima
Ilmo.	Ilustrísimo

4-1 Las invitaciones.

Primera fase. Lean las invitaciones en la página 116 y contesten las preguntas. Pueden utilizar las palabras del **Vocabulario relacionado** u otras que ustedes conozcan.

1. ¿En qué ocasiones suele enviarse una invitación? ¿Han enviado invitaciones alguna vez? ¿Escribieron ustedes el texto o compraron invitaciones escritas? ¿Han probado a enviar invitaciones por Internet? ¿Cómo fue su experiencia?

2. Clasifiquen las invitaciones anteriores según sean más formales o menos formales. ¿Cuáles son las expresiones que indican un grado mayor de formalidad? ¿Qué palabras o expresiones les parecen informales? Comparen la invitación 2 con la invitación 4. ¿Qué diferencias hay? Señalen las formas del futuro que aparecen en los textos de las invitaciones.

3. ¿En cuál de los eventos que se indican en las invitaciones les gustaría participar? ¿Han estado alguna vez en una boda? ¿Cómo fue? ¿Qué diferencias hay entre una boda en Estados Unidos y una boda en otros países? ¿Les han invitado alguna vez a una Primera Comunión? ¿Qué fiestas religiosas se celebran en sus familias? ¿Se envían invitaciones?

4. ¿Alguna vez les han enviado una invitación para un acto cultural? ¿Han estado alguna vez en la inauguración de una exposición o en la presentación de una película? ¿Cómo fue? ¿Les han invitado alguna vez a un acto deportivo? ¿Les enviaron Invitación?

CUADERNO

¿Necesitas revisar el futuro para escribir invitaciones? Busca esta información en la sección **Gramática aplicada** del capítulo 4 del *Cuaderno*.

5. Imagínate que vas a invitar a un grupo de cuatro personas a un asado en tu casa. ¿Qué pasos debes seguir para planear esta ocasión? ¿Cómo ordenas los siguientes pasos de tu proyecto: seleccionar a los invitados, definir el menú, hacer las compras necesarias, enviar las invitaciones? ¿Qué otros pasos son necesarios para planear tu fiesta? ¿Qué harás si dos o tres personas tienen compromisos para ese día? ¿Qué harás si ese día llueve?

Segunda fase. Imaginen que ustedes van a organizar algún evento y escriban en la pizarra con ayuda del/de la profesor/a una invitación formal para asistir al evento.

4-2 Responda por favor.

Primera fase. Tu mejor amigo/a te ha enviado una invitación para su boda, que tendrá lugar en verano, pero tú tienes planeado hacer un viaje largo y no podrás asistir. Llámale por teléfono para excusarte personalmente. Sigan los siguientes pasos.

1. Saluda a tu amigo/a y dale la enhorabuena por su boda.

2. Excúsate por no poder asistir a la boda porque has hecho previamente planes que no puedes cambiar. Explica detalladamente cuáles son esos planes.

3. Tu amigo/a debe expresar desilusión (*disappointment*) haciéndote preguntas sobre los detalles de tus planes y tus razones para no asistir. Además, intenta convencerte para que cambies de planes.

4. No te dejes convencer pero promete a tu amigo/a que en otra ocasión importante estarás a su lado.

Segunda fase. En el fondo no te parece bien que tu amigo/a se case. Las razones pueden ser las siguientes u otras: (a) crees que el matrimonio va a fracasar porque los novios son demasiado jóvenes; (b) tienes celos; (c) no te gusta el/la novio/a de tu amigo/a. Elige una de estas razones u otra que se te ocurra y llama otra vez a tu amigo/a para explicarle la verdad. Tu amigo/a debe mostrarse molesto/a (*upset, bothered*) primero y luego comprensivo.

4-3 **¿A qué nos invitas?**

Primera fase. Escribe una invitación para uno de los siguientes eventos en el que vas a participar: un concierto, una conferencia, una exposición de pintura, una obra de teatro, tu graduación, un desfile de modelos, tu fiesta de cumpleaños, otro evento. Ten en cuenta los siguientes puntos.

1. Piensa en el público al que te diriges y elige el tratamiento apropiado.
2. Indica claramente la fecha y el lugar en que tendrá lugar el evento.
3. Describe de manera concisa la forma de llegar al lugar.
4. Exige una respuesta antes de una determinada fecha.
5. Añade cualquier otra información que te parezca necesaria.

Segunda fase. Autoevalúa tu invitación haciendo los reajustes necesarios. Para mejorarla ten en cuenta los siguientes puntos. Márcalos con una X.

1. _____ La invitación tiene fecha, un encabezamiento y un cierre.
2. _____ El tratamiento es apropiado para el público al que se dirige.
3. _____ Los datos que se dan en la invitación están claros.
4. _____ Las direcciones para llegar al lugar son concisas y eficaces.
5. _____ La posibilidad o exigencia de responder a la invitación está explícita.
6. _____ La gramática (uso de los tiempos verbales, conectores, concordancia, etc.) es correcta.

CONTEXTO

Las invitaciones, los planes y las propuestas

En nuestras vidas hay numerosas oportunidades de recibir invitaciones. A veces las invitaciones se hacen **verbalmente**, **de viva voz** o por teléfono. Sin embargo, es también frecuente recibirlas por correo normal o electrónico. Las invitaciones pueden ser más o menos formales y son el medio para **convocarnos** o solicitar nuestra presencia en diversos acontecimientos, como una boda, un bautizo, una fiesta de cumpleaños, la presentación de un libro, una obra de teatro, la inauguración de una exposición, una conferencia, etc. Antiguamente, las invitaciones tenían unas fórmulas establecidas para cada ocasión, es decir, un lenguaje propio del que nos quedan algunas frases como «El Sr. X **se complace** en invitarles» o «**Rogamos** la amabilidad de su compañía». Sin embargo, cada vez más este tipo de lenguaje formulista va desapareciendo a favor de un lenguaje más directo y natural.

Hoy en día es frecuente utilizar invitaciones **de diseño** con textos ingeniosos que a menudo contienen **humor**. En muchas de las invitaciones que se envían en inglés aparecen en un último renglón las siguientes siglas: **R.S.V.P.** Todos sabemos que se trata de un ruego para confirmar la asistencia al evento al que se nos invita. No obstante, no todos saben que esas siglas se corresponden con la frase en francés: «**R**épondez, **s**'il **v**ous **p**laît». En español se prefiere la fórmula «Rogamos confirmen su asistencia». Si analizas esta frase, te darás cuenta de que el verbo principal expresa un deseo o un ruego de que otras personas hagan algo, es decir, que confirmen su asistencia. El verbo «confirmar» depende, por lo tanto, del verbo «rogar» y por eso va en **subjuntivo** aunque expresa una acción que se realizará en el futuro. Cuando escribimos sobre nuestros planes y nuestros proyectos a veces estamos haciendo **narraciones en futuro**. Pero hay que tener en cuenta que en español el futuro no sólo se expresa mediante el tiempo futuro. La locución «**ir + a + infinitivo**» es incluso más frecuente para expresar el futuro, e incluso el tiempo **presente** se usa en algunos casos para expresar acciones futuras. Además, también es importante aprender a manejar el modo **s**ubjuntivo con expresiones de tiempo, debido a su uso frecuente. Una de las características del **nivel avanzado** es la de poder narrar en todos los tiempos.

En este capítulo vamos a integrar la descripción de planes y proyectos que aún no han sucedido con la práctica de la narración en el futuro.

CUADERNO

Tarea

Leer la sección **Historia y cultura**. Actividades: 4-1, 4-2, 4-3 y 4-4.

Paso a paso

4-4 **El túnel del tiempo.**

Primera fase. Imaginen que se encontraron unas tarjetas antiguas que predecían el futuro de las siguientes personas. Asocie las predicciones con los nombres correspondientes.

1.

Roberto Clemente

2.

Diego Rivera

3.

Eva Perón

4.

Shakira

5.

Rigoberta Menchú

6.

Doña Letizia

a. __5__ Llegará a ser una importante activista social en defensa de su pueblo. Será la primera mujer indígena en recibir el Premio Nobel de la Paz.

b. __6__ Primero será periodista y luego se convertirá en Reina de España al casarse con el heredero de la corona en 2004.

c. __3__ Será una de las mujeres más famosas de todos los tiempos en América Latina. Su popularidad aumentará cuando su marido sea presidente de Argentina. Se escribirán libros y se harán películas y musicales sobre ella.

d. __2__ Se convertirá en el pintor más conocido de México. Pintará grandes murales de temas sociales. Se casará con otra pintora famosa y tendrán una relación muy difícil.

e. __1__ Será uno de los mejores jugadores de béisbol de todos los tiempos. En Pittsburgh darán su nombre a un puente. Morirá en un accidente de aviación en 1972.

f. __4__ Tendrá mucho éxito tanto en Estados Unidos como en América Latina. Cantará en inglés y en español. Llevará un mensaje de paz a los lugares conflictivos.

CUADERNO

? Para revisar las oraciones con *si* mira la sección **Gramática aplicada** del capítulo 4 del *Cuaderno*.

Segunda fase. Imagínense que ustedes están en el pasado y que pueden hacer predicciones. Escriban una frase haciendo una hipótesis sobre cada uno de los personajes anteriores o sobre otras personas a quienes ustedes conozcan.

MODELO: Si mi hermano Luisito sigue jugando béisbol, un día jugará con los Red Sox y si juega muy bien será contratado por los Yankees.

Tercera fase. Ahora hagan predicciones sobre sus compañeros de clase. Escriban un párrafo sobre tres de ellos contestando a las siguientes preguntas u otras que se les ocurran.

1. ¿Qué será?
2. ¿Dónde vivirá?
3. ¿Qué aficiones tendrá?

 4-5 **La universidad perfecta.**

Primera fase. Ustedes van a presentar una propuesta para diseñar la universidad perfecta. Utilizando el futuro, escriban una oración para explicar sus planes en relación con al menos ocho de los diez puntos siguientes.

MODELO: La universidad tendrá ascensores en todos los edificios para facilitar el acceso a las personas discapacitadas.

1. Los edificios
2. La administración
3. Los profesores
4. Los planes de estudios
5. Los lugares de ocio
6. La ayuda financiera
7. Las instalaciones deportivas
8. La tecnología
9. La oferta cultural
10. La biblioteca

 Segunda fase. A partir de las oraciones escritas elaboren en un párrafo un informe detallado para compartir sus planes con el resto de la clase. El párrafo debe incluir conectores y explicar las razones o las consecuencias (el por qué y el para qué) de sus opciones.

4-6 **¿Cuál es el plan?** Vas a escribir a un/a compañero/a de clase para invitarle a un plan perfecto: un viaje, ir a un concierto, salir el sábado por la noche, acompañar a tu equipo favorito que juega en otra ciudad, etc. Sigue las pautas a continuación.

1. Piensa bien cuál es el plan antes de escribir y resúmelo en una frase.
2. Añade al menos cinco detalles a este plan.
3. Ordena estos detalles y elabóralos utilizando subordinadas que empiezan por **porque/ya que** y **para/para que**.

CUADERNO

Revisa los modelos de organización de las ideas en *A tener en cuenta,* páginas 125–126, o en **El arte de escribir una propuesta,** en el capítulo 4 del *Cuaderno.*

4. Escribe, a modo de invitación, un mensaje electrónico a tu amigo/a contándole el plan y explicando sus diferentes aspectos.

MODELO:
1. **Resumen:** Vamos a ir a la playa el sábado

2. **Detalles:** a. Tomaremos la carretera número 2; b. Iremos a comer a un restaurante que conozco; c. Nos bañaremos en la playa de Las Rocas; d. Mi hermano/a y sus amigos/as vendrán con nosotros/as en otro coche; e. En la playa haremos *surf*.

3. **Ordenando y elaborando los detalles:**
   - Iremos a la playa el sábado **porque** hace mucho calor estos días.
   - Iremos a la playa el sábado **porque** queremos descansar.
   - Mi hermana Isabel y sus amigas Juana y Luisa vendrán con nosotros en otro coche **porque** no pueden salir tan pronto como nosotros **ya que** Luisa tiene un examen.
   - Tomaremos la carretera número 2 **porque** en ella hay menos tráfico a pesar de que es algo más larga.
   - Nos bañaremos en la playa de Las Rocas **porque** es muy bonita y en ella hay menos gente que en la playa de arena.
   - En la playa haremos *surf* **porque** es nuestro deporte favorito.
   - En la playa haremos *surf* **porque** acabo de comprarme una tabla nueva para practicarlo.
   - Iremos a comer a un restaurante que conozco, que se llama El Faro **para que** pruebes el mejor pescado de la zona.
   - Te escribo **para que** te animes a venir con nosotros.

4. **Mensaje electrónico (invitación):** Hola Juan, como hace tanto calor ¿qué te parece si vamos a la playa de Las Rocas el sábado? Mi hermana Isabel y sus amigas Juana y Luisa van a venir también con nosotros pero en otro coche porque no pueden salir tan pronto como nosotros ya que Luisa tiene un examen. Pensamos tomar la carretera número 2 porque en ella hay menos tráfico a pesar de que es algo más larga. Nos bañaremos en la playa de Las Rocas porque es muy bonita y en ella hay menos gente que en la playa de arena. En la playa podremos hacer *surf*, que es nuestro deporte favorito, y además acabo de comprarme una tabla nueva para practicarlo. Después vamos a comer a un restaurante que conozco, que se llama El Faro, para que pruebes el mejor pescado de la zona. ¡Anímate! Yo sé que lo vamos a pasar estupendamente.

Segunda fase. Lee el texto del mensaje en el modelo y subraya los cambios que aparecen en él respecto al texto anterior (ordenando y elaborando los detalles). Luego indica a continuación los cambios que observaste.

1. _____ Hay más conectores. ¿Cuáles?
2. _____ Hay interrogaciones y exclamaciones. ¿Dónde?
3. _____ El futuro se expresa de distintas maneras. ¿De qué maneras?
4. _____ Otros cambios. ¿Cuáles?

A tener en cuenta

La cohesión de los párrafos

Al escribir una carta, una narración o un ensayo es muy importante organizar nuestras ideas y la secuencia de las mismas. Es decir, tener muy claro cuál es la idea principal que queremos comunicar y cuáles son las ideas que se derivan de aquella o la refuerzan.

Para organizar mejor nuestras ideas dividimos un escrito en párrafos. Los párrafos son fragmentos que se distinguen gráficamente porque son independientes, empiezan la primera línea con una letra mayúscula y tienen un punto y aparte al final.

Los párrafos se componen de varias oraciones. La primera oración suele contener la idea principal y las siguientes se conectan con esta primera idea de una manera lógica. Todas las oraciones de un párrafo deben conectarse entre sí para formar un mensaje coherente.

Comparen los siguientes párrafos.

a. Los martes por la mañana hay mercado en el pueblo. Yo voy siempre que puedo, porque a mí me gustan mucho los mercados populares. Allí encuentro todo lo que necesito para cocinar, desde pescado fresco a verduras de la huerta. Además, hay un puesto de frutos secos donde siempre compro nueces, almendras, dátiles, uvas pasas o higos secos, según la temporada.

b. En el mercado hay un puesto de frutos secos donde siempre compro nueces, almendras, dátiles, uvas pasas o higos, según la temporada. Allí encuentro todo lo que necesito para cocinar, desde pescado fresco a verduras de la huerta. Yo voy siempre que puedo porque a mí me gustan mucho los mercados populares. A propósito, los martes por la mañana hay mercado en el pueblo.

Desde el punto de vista gramatical los dos párrafos son correctos, sin embargo, el párrafo **b** es confuso. A pesar de haber utilizado las mismas oraciones y casi la misma estructura gramatical, el párrafo **b** presenta las ideas de forma desordenada.

Además de la ordenación lógica de las ideas es necesario que las oraciones que forman un párrafo estén bien conectadas entre sí. A veces es preferible yuxtaponer las oraciones, sobre todo si éstas transmiten ideas que se relacionan de alguna manera entre sí pero que introducen elementos distintos y tienen igual importancia en el párrafo. Es el caso de las siguientes oraciones del párrafo **a**: *Los martes por la mañana hay mercado en el pueblo. A mí me gustan mucho los mercados y voy siempre que puedo.* Estas dos oraciones no están conectadas por ningún elemento gramatical, sin embargo, las dos nos dicen algo sobre el mercado. Es decir, están relacionadas desde un punto de vista lógico, aunque cada una introduce un elemento distinto. A partir de estas dos oraciones se desarrolla el resto del párrafo. La tercera oración tiene un elemento de enlace que es el adverbio «allí»: *Allí encuentro todo lo que necesito para cocinar toda la semana, desde pescado fresco a verduras de la huerta.* Este adverbio, que se refiere al mercado, conecta la oración con las anteriores. Por otro lado, el uso de la primera persona refuerza la conexión entre la tercera y la segunda oraciones. Por último, la cuarta oración se une a las anteriores mediante un conector: «además» que expresa adición, es decir, añade una razón más para ir al mercado popular: *Además, hay un puesto de frutos secos donde siempre compro nueces, almendras, dátiles, uvas pasas o higos secos, según la temporada.*

4-7 **Los planes.** Antes de leer la carta en la página 128 ten en cuenta los siguientes puntos y contesta las preguntas.

1. **Tipo de carta.** Hazte una idea global de lo que vas a leer (*skim*). ¿Qué tipo de carta es: de presentación, de recomendación, comercial, personal? ¿Qué detalles te lo indican? Lee el primer párrafo y di cuál es probablemente el objetivo de esta carta. ¿Cuál es el tiempo verbal que se utiliza más frecuentemente en esta carta para describir unos planes? ¿Qué planes tienes tú para los próximos días? ¿Tienes algún proyecto a corto o largo plazo?

2. **Los marcadores temporales.** Localiza en la carta las expresiones que sirven como marcadores temporales y subráyalas. ¿Hay una secuencia lógica? ¿Cuál es esa secuencia y cuánto dura?

3. **El contenido.** Subraya en la carta las palabras que se refieren a lugares. ¿Conoces estos lugares? ¿Qué sabes de ellos? ¿Podrías situarlos geográficamente? ¿Qué te sugiere la palabra Sevilla? ¿Y Granada? ¿Necesitas obtener información sobre estas ciudades y otras de Andalucía? Visita la página electrónica de La escritura paso a paso (http://www.prenhall.com/laescritura).

Sevilla, 3 de marzo, 2006

Queridos Joanne y Tom,

Estoy muy contenta de que os hayáis animado a venir a visitarnos. Hace tiempo que queremos corresponder a la calurosa acogida[1] que disteis a nuestra hija cuando fue a estudiar a los Estados Unidos. Además, estoy segura de que Andalucía os va a gustar mucho. Paco y yo os hemos preparado un itinerario que os explico a continuación.

El lunes 15 de marzo iremos a esperaros al aeropuerto de Sevilla. Ese día podréis descansar en nuestra casa y por la noche saldremos a hacer un recorrido en barco por el río Guadalquivir. Es muy espectacular porque los puentes y los monumentos están muy bien iluminados. Después iremos a un restaurante cercano para probar algunas de las especialidades de nuestra tierra, como el pescado en adobo[2] y el jamón ibérico.

Los dos días siguientes los dedicaremos a visitar la ciudad y a pasear por las calles. El tiempo ahora es muy bueno y podremos pasar buenos ratos en las terrazas de los cafés. Entre otras cosas, visitaremos los Reales Alcázares, la catedral y el barrio de Santa Cruz, pero sin cansaros mucho.

El jueves viajaremos a Córdoba, que está sólo a 80 kilómetros, para pasar el día. Allí visitaremos la famosa mezquita construida por los árabes en la época del Califato. En Córdoba probaréis algunos platos típicos como el salmorejo[3] o el rabo de buey[4].

Por último, el fin de semana iremos a Granada para ver la Alhambra. Es un monumento excepcional que os encantará.

El domingo regresaremos temprano para que podáis descansar un poco antes de tomar el avión el lunes.

Espero que este plan os parezca bien. Si deseáis algún cambio en el itinerario, por favor, decídnoslo pronto para poder acomodarlo.

Un saludo muy cariñoso y hasta pronto,

Adela López-Segura

---

[1]*Warm welcome* [2]Pescado frito que ha sido previamente marinado [3]Sopa fría de tomate, semejante al gazpacho, que se utiliza también como salsa [4]*Ox tail*

4-8 **Haciendo turismo.**

Primera fase. Después de leer la carta, elige la opción mejor para completar las oraciones siguientes.

1. Los López-Segura están contentos con la visita de los Aspen porque
   a. están agradecidos y quieren corresponder.
   b. podrán comer en las terrazas.
   c. hace mucho tiempo que no se ven.

2. Los Aspen viajarán a Sevilla
   a. en barco.
   b. en tren.
   c. en avión.

3. En total los Aspen pasarán
   a. una semana en Sevilla.
   b. una semana en Andalucía.
   c. dos días en Sevilla y dos en Córdoba.

4. En Sevilla visitarán
   a. los Alcázares Reales.
   b. la mezquita.
   c. la Alhambra.

5. Una especialidad de Sevilla es
   a. el salmorejo.
   b. el rabo de buey.
   c. el pescado en adobo.

Segunda fase. Visita la página electrónica de *La escritura paso a paso* (http://www.prenhall.com/laescritura) y elige uno de los lugares que van a visitar los Aspen. Escribe un informe sobre dicho lugar. El informe debe incluir al menos tres de los siguientes puntos.

1. Localización del lugar o monumento

2. Explicación de su nombre

3. Descripción de sus características

4. Historia

5. Anécdota relacionada con el lugar o monumento

4-9 **¿Qué planes tienes?** Un/a amigo/a de fuera va a venir a visitarte. Escríbele una carta proponiéndole un plan detallado para su visita. Las siguientes preguntas pueden ayudarte a elaborar el plan.

1. ¿Cuánto tiempo va a durar la visita? ¿Dónde va a hospedarse (*lodge*) tu amigo/a? ¿Qué medio de transporte va a utilizar para venir a verte? ¿Tienes intención de ir a esperarlo/a? ¿Qué has previsto para su llegada?

2. ¿Cómo vas a organizar su tiempo para que aproveche al máximo su visita? ¿Qué lugares de tu ciudad quieres que conozca tu amigo/a? ¿Qué información vas a darle sobre esos lugares?

3. ¿Qué personas vas a presentarle? ¿Por qué? ¿Qué información vas a darle en tu carta sobre esas personas?

4. ¿Tienes alguna recomendación que hacerle sobre el tiempo y la ropa que debe traer? ¿Sobre alguna otra cosa?

 Segunda fase. Ahora comprueba si tu carta está bien escrita y pon una X junto a la letra correspondiente. Después intercámbiala con un/a compañero/a y evalúa la suya.

1. _____ La carta tiene un encabezamiento informal y una despedida.

2. _____ Hay una secuencia clara en la descripción de los planes.

3. _____ Hay detalles que enriquecen la carta y captan el interés del lector.

4. _____ El vocabulario es variado.

5. _____ El uso de los tiempos verbales es correcto.

4-10 Si fuera posible... Después de leer la carta de tu compañero/a ponte en el lugar del/de la amigo/a que recibe su carta. Escríbele una carta de contestación saludándole, dándole las gracias y sugiriendo algunos cambios en los planes o actividades adicionales.

MODELO: Si fuera posible me gustaría visitar también las cataratas del Niágara.

4-11 La nueva campaña. Antes de leer la noticia a continuación anota tus respuestas a los puntos siguientes.

1. Lee el titular y la entrada y escribe en un párrafo tu hipótesis sobre el tema del artículo.

2. El lema (*slogan*) «no podemos conducir por ti» significa probablemente que
   a. tú conduces mejor que nadie.
   b. tú eres responsable de la manera como conduces.
   c. hay una crisis en el sector de transportes y no funcionan los trenes.

CUADERNO

¿Necesitas revisar las formas verbales del subjuntivo y del condicional? Busca esta información en el Apéndice de verbos del *Cuaderno*.

3. Señala con un círculo las medidas de seguridad que te parecen necesarias para que se reduzcan los accidentes de tráfico.
   a. Ponerse el cinturón
   b. No usar el teléfono móvil manual
   c. Apagar la radio
   d. No beber alcohol
   e. Prohibir las conversaciones en el coche
   f. Ir descansado para no dormirse
   g. Llevar un buen mapa
   h. Respetar los límites de velocidad

Jueves, 17 de marzo de 2005, actualizado a las 12:31 h.

REPORTAJE

■ **Del dramatismo a la complicidad**
La nueva campaña de Tráfico[1] apela a la responsabilidad de los conductores

ELSA GRANDA - Madrid Un agente de la Guardia Civil confiesa que a veces no puede reprimir las lágrimas ante un accidente mortal, un técnico del control de pantallas de la Dirección General de Tráfico pisa un freno[2] imaginario mientras observa, negando con la cabeza, un tremendo choque en el monitor, y una voz en *off* dice: «Estamos todos listos, sólo faltas tú. Sin tu colaboración todo nuestro esfuerzo es inútil».

La nueva campaña de seguridad vial[3], presentada ayer por el ministro del Interior, José Antonio Alonso, y el director general de Tráfico, Pere Navarro, deja atrás el dramatismo habitual de los mensajes lanzados a los conductores y apela a la responsabilidad y la complicidad de quienes se ponen al volante. El eslogan: «No podemos conducir por ti». La filosofía, dar más protagonismo al conductor y hacerle reflexionar sobre lo inútiles que resultan los esfuerzos de la sociedad y de los poderes públicos para evitar los accidentes ante las conductas individuales de riesgo. La tarea conjunta tiene como objetivo mejorar las cifras de muertos del pasado año, que bajaron casi un 13%. Junto a ese porcentaje positivo se escribió también una cifra negra: 3.516 personas fallecidas y 1.629 heridos graves.

El mensaje se hará llegar al 95% de la población a través de televisión, prensa, salas de cine e Internet, donde se ha habilitado un dominio específico: http://www.nopodemosconducirporti.com

Además de esta campaña, que arranca coincidiendo con el inicio de la operación especial de Semana Santa, en la que se prevén[4] unos 15,5 millones de desplazamientos, la DGT quiere incidir en las acciones específicas de información sobre el riesgo de la velocidad, el uso del teléfono móvil, el consumo de alcohol y las distracciones. Para todas estas iniciativas, Tráfico cuenta con 16,5 millones de euros, de los cuales cinco están reservados a dar a conocer el nuevo carné[5] por puntos, que estará implantado antes de Navidad. Estas campañas coincidirán especialmente con las fechas en las que se produce un mayor movimiento de vehículos como verano, Navidad y puentes[6]. Serán el complemento de las medidas que se tomarán sobre el asfalto, donde se

---

[1]En España, se conoce como Tráfico a la Dirección General de Tráfico, organismo que se ocupa de la seguridad en las carreteras. En otros países se prefiere la palabra tránsito, en vez de tráfico, para aludir al paso de vehículos por la vía pública.   [2]*Brake*   [3]De «vía», calle, carretera   [4]De pre (antes) y ver, anticipar   [5]Tarjeta de identificación de los conductores   [6]Fines de semana largos

incrementarán los controles de velocidad y alcoholemia, y se desplegarán hasta final de año 125 radares fijos. Pisar el acelerador más de lo debido y el consumo de alcohol o drogas están detrás de la mayoría de los accidentes. Y ahí se incidirá durante todo el año. El ministro del Interior indicó ayer que el 37% de las víctimas de accidentes presentaba tasas de alcohol o sustancias psicotrópicas en sangre, por lo que se intenta mejorar su detección.

Con estas medidas y la implantación del carné por puntos, Tráfico espera haber reducido en un 40% las muertes en carretera en 2008. Para ello, según indicó Alonso, no se descarta endurecer la legislación.

El próximo reto de la DGT arranca esta semana, con el inicio de la operación de Semana Santa, que tendrá dos fases. La primera se extenderá durante todo el fin de semana, especialmente el viernes y el sábado. La segunda, en la que se espera un mayor número de desplazamientos, comenzará a las 15.00 horas del Miércoles Santo y se prolongará hasta las primeras horas del jueves, salvo en Cataluña, donde comenzará un día más tarde. La noche del miércoles al Jueves Santo es el momento en el que se produce el mayor número de desplazamientos de todo el año. En la Semana Santa de 2004, 103 personas perdieron la vida en las carreteras.

Sin haber empezado la operación especial, cuatro personas murieron ayer calcinadas tras la colisión entre un camión y un turismo[7] en la A-5, en Santa Cruz de Retamar (Toledo).

Teléfono de información de Tráfico: 900 123 505.

[7]Automóvil particular

4-12 Analiza y comprende. Después de leer la noticia anota las respuestas para los siguientes puntos.

1. ¿Cuál es el objetivo principal de la campaña lanzada por la Dirección General de Tráfico?
   a. Reducir las muertes por accidentes de tráfico
   b. Educar a los conductores para que tengan cuidado
   c. Informar sobre los riesgos del exceso de velocidad
2. ¿Cuál es la filosofía de esta nueva campaña?
   a. Si los conductores se asustan tendrán más cuidado
   b. Si los conductores se responsabilizan cumplirán las normas y evitarán distraerse
   c. Si los conductores evitan los puentes de Semana Santa habrá menos accidentes
3. ¿Cuál de las siguientes medidas **no** forma parte de la campaña para prevenir los accidentes?
   a. Aumentar los controles de velocidad y alcoholemia
   b. Mejorar el estado de las carreteras
   c. Implantar radares fijos
4. ¿Por qué es especialmente importante adoptar estas medidas en Semana Santa?
   a. Porque se desplaza en coche mucha gente
   b. Porque la gente bebe mucho durante las vacaciones
   c. Porque la gente se arriesga más

Segunda fase. Subraya todos los verbos en futuro del texto. Vuelve a escribir las frases donde se encuentran, buscando otras formas de decir lo mismo mediante el uso de sinónimos y haciendo los cambios necesarios.

MODELO: El mensaje se hará llegar al 95% de la población a través de televisión, prensa, salas de cine e Internet, donde se ha habilitado un dominio específico http://www.nopodemosconducirporti.com

El mensaje se mostrará por televisión, cine e Internet donde se ha habilitado un dominio específico http://www.nopodemosconducirporti.com. Además, se publicará en prensa para que llegue al 95% de la población.

 4-13 **Lancemos una campaña.**

Primera fase. La agrupación de estudiantes de tu universidad ha abierto un concurso para diseñar una campaña a favor del bilingüismo. Para participar en este concurso es necesario presentar una propuesta. Sigan las bases del concurso y presenten su propuesta a la clase.

1. La propuesta tendrá un máximo de dos páginas.
2. El lema o eslogan de la campaña será breve y se presentará como título de la campaña.
3. Se especificará claramente a quién va dirigida la campaña.
4. Se indicarán los medios a través de los cuales se lanzará la campaña.
5. Se expondrán brevemente los objetivos de la campaña.
6. Se elaborará una lista de argumentos a favor del bilingüismo.
7. Se explicarán las medidas que la universidad deberá tomar para cumplir los objetivos.
8. Se indicará el presupuesto que la universidad necesita para lanzar esta campaña.

Segunda fase. Después de autoevaluar su propuesta, intercámbienla para evaluar la de otros/as compañeros/as. Escriban una nota a sus compañeros/as sugiriendo ideas para mejorar su campaña.

1. _____ La propuesta cumple todos los requisitos especificados en las bases.
2. _____ El lema es claro y eficaz.
3. _____ La campaña se dirige al público apropiado.
4. _____ Los argumentos a favor del bilingüismo son convincentes.
5. _____ Las medidas a tomar son realistas.
6. _____ El presupuesto está bien justificado.

CUADERNO

Tarea

Leer la sección **El arte de escribir una propuesta**. Actividades: 4-5, 4-6, 4-7, 4-8, 4-9 y 4-10.

PRODUCCIÓN

El proyecto

4-14 **Un viaje de estudio.** Tú eres el/la presidente/a del club de ecología de tu universidad. Tus compañeros te han encargado de que presentes una solicitud de beca en respuesta al siguiente anuncio de una fundación dedicada a la naturaleza y el medio ambiente. Elabora y presenta un proyecto para hacer un viaje de estudio a una de las regiones indicadas. Lee el anuncio de dichas becas y escribe una propuesta para concursar en esta convocatoria.

La Fundación Naturaleza Verde anuncia

IV concurso para becas de viaje de investigación o estudio sobre la naturaleza y el medio ambiente

Este año se dará prioridad a proyectos relacionados con:

- La Patagonia
- Las selvas húmedas de Centroamérica y el Caribe
- Las islas Galápago

Las personas interesadas deben presentar una propuesta de viaje indicando clara y detalladamente:

- El propósito del viaje (tiene que incluir un componente de estudio o investigación).
- Los lugares que visitarán.
- Período y duración aproximada del viaje. Esta duración debe estar dividida en cuatro etapas, indicando las actividades que se realizarán en cada una de ellas.
- Quiénes participarán en el viaje y qué contactos tienen en la región que van a visitar.
- Qué medios se necesitan para poder realizar el proyecto.
- Qué condiciones deben cumplirse para poder realizar el proyecto.
- Los resultados que se espera obtener.

Nota: No se requiere ser un especialista y, al contrario, se anima a participar a personas inexpertas pero que tengan interés por la naturaleza y el medio ambiente. Quienes necesiten ayuda para preparar su viaje, pueden visitar la página electrónica de *La escritura paso a paso* (http://www.prenhall.com/laescritura).

4-15 **¡Atrévete!** Revisa tu proyecto para introducir alternativas a dos de las actividades expuestas, en caso de que por alguna razón no se puedan realizar como están planeadas.

MODELO: Si no podemos visitar la Patagonia en invierno iremos en verano. La ventaja es que en el verano las rutas son más accesibles, pero la desventaja es que los viajes para llegar allá son más caros.

Taller de escritura

CUADERNO

¿Necesitas revisar el uso de los tiempos del futuro? Busca esta información en la sección **Gramática aplicada** del capítulo 4 del *Cuaderno*.

Cuando hacemos un proyecto, frecuentemente nos encontramos en la necesidad de narrar cosas que todavía no han ocurrido y que nosotros prevemos que van a ocurrir en el futuro. Sin embargo, es conveniente recordar que, aunque existe un tiempo verbal llamado futuro, no siempre es necesario usarlo para expresar la idea de que algo va a ocurrir después del momento actual. En realidad, el español tiene una variedad de recursos lingüísticos para expresar la idea de futuro.

Por lo tanto, la dificultad mayor de la narración en un plan, un proyecto o una propuesta no proviene del hecho de que sea en el futuro, sino de la organización de las acciones que se incluyen en la narración. En este sentido, la narración en el futuro no se diferencia mucho de la narración en el pasado y por lo tanto podemos utilizar algunas de las mismas técnicas para organizarlas y enriquecerlas.

Formulación del propósito de la propuesta

En el capítulo 3 estudiamos que una situación narrativa básica responde a las preguntas.

¿Qué ha pasado?	→	El evento que vas a contar
¿Dónde?	→	El marco espacial
¿Cuándo?	→	El marco temporal
¿A/Con quién?	→	Los personajes

El propósito de una propuesta responde a las preguntas **¿qué vamos a hacer?**, **¿cuándo?**, **¿dónde?** y **¿por qué?** Veamos un ejemplo.

En el ejercicio 4-6, al invitar a nuestro amigo Juan a ir a la playa, empezamos el mensaje electrónico de la siguiente manera:

Hola, Juan, como hace tanto calor ¿qué te parece si vamos a la playa de Las Rocas el sábado?

Como ves, en unas pocas palabras afirmamos claramente el propósito de nuestra propuesta:

¿Qué haremos? Ir a la playa

¿Cuándo? El sábado

¿Dónde? Las Rocas

¿Por qué? Hace mucho calor

Y, al igual que en otros tipos de textos, al escribir una propuesta conviene establecer su propósito cuanto antes. En este ejemplo, lo hemos hecho inmediatamente después del saludo (Hola, Juan). Y nota que en esta primera afirmación del propósito no es necesario entrar en detalles, sino que nos limitamos a lo más básico. Más adelante podemos entrar en otros aspectos y agregar detalles. Por ejemplo, unas líneas más adelante, decimos quiénes van a participar (*mi hermana y sus dos amigas*), cómo lo vamos a hacer (*tomaremos la carretera número 2, e iremos en dos coches*), o una explicación más detallada de qué vamos a hacer en la playa (*bañarnos, surfing*).

4-16 **Analiza el propósito.** Lee los siguientes fragmentos de diferentes propuestas o invitaciones y por cada uno completa la tabla siguiente.

a. Querido papá, conocí al hombre más maravilloso del mundo y quiero presentártelo. Como es un excelente cocinero, nos gustaría invitarte a cenar en mi apartamento el viernes próximo a las 7.

b. Estudios recientes sobre la obra de Juan Carlos Onetti (Méndez 2004, Latorre 2005) apuntan a la escasa investigación sobre la infancia del autor. Me propongo, por tanto, viajar a Montevideo, la capital uruguaya, donde Juan Carlos Onetti vivió su infancia, a fin de entrevistar a algunas personas que lo conocieron en su época escolar. El viaje se realizará durante las tres últimas semanas de agosto de 2007.

c. Apreciado Arquitecto Saldívar;
Desde 1995, cuando compramos nuestra casa en esta ciudad, mi familia ha aumentado con dos nuevos miembros, y esperamos una niña para el mes de noviembre, así que la casa se nos ha quedado pequeña. Mi esposa y yo hemos pensado que es necesario construir una o dos habitaciones adicionales y el mejor momento para hacerlo es entre mayo y septiembre próximos, antes del nacimiento de la pequeña.

Proyecto	¿Qué?	¿Cuándo?	¿Dónde?	¿Por qué?
a				
b				
c				

4-17 Define tu propósito.

Primera fase. Para cada una de las siguientes propuestas, escribe de una a cuatro oraciones para expresar su propósito.

1. Celebrar el cumpleaños de tu mejor amigo/a
2. Asistir a un partido en una ciudad diferente a la tuya
3. Organizar una reunión de familia
4. Hacer una investigación a una biblioteca
5. Comprar un carro usado

Segunda fase. Revisa cada una de tus respuestas y evalúalas usando la siguiente rúbrica.

1. ¿Expresa con claridad qué se va a hacer? (0–2 puntos)
2. ¿Expresa con claridad cuándo? (0–2 puntos)
3. ¿Expresa con claridad dónde? (0–2 puntos)
4. ¿Expresa con claridad por qué? (0–2 puntos)

4-18 A la playa en invierno. Siguiendo el modelo del ejercicio 4-6 de este capítulo en la página 125, escribe a tu amigo/a un correo electrónico para invitarlo/a a pasar un día de playa el próximo fin de semana, pero ten en cuenta que ¡estamos en invierno!

Fragmentación de las acciones futuras

Al identificar el propósito de una propuesta obtenemos la información esencial, pero todavía quedan muchas cosas por decir. Podemos enriquecer nuestra propuesta utilizando una técnica que ya nos fue útil en el capítulo 3 cuando hacíamos narraciones en el pasado. Es la técnica de la fragmentación de las acciones narradas.

Veamos un ejemplo:

Para continuar una tradición familiar, en septiembre próximo voy a estudiar Derecho en la Universidad de Río Piedras, en Puerto Rico.

Esta breve oración contiene el propósito básico de mis planes, puesto que responde a las preguntas básicas:

¿Qué?	=	Estudiar Derecho
¿Cuándo?	=	Septiembre próximo
¿Dónde?	=	U. de Río Piedras, Puerto Rico
¿Por qué?	=	Tradición familiar

Sin embargo, hay una gran cantidad de otras acciones que son necesarias antes de que sea posible «estudiar Derecho». Algunas de estas acciones **ya han ocurrido**, por ejemplo:

Mi abuelo terminó Derecho en esa universidad en 1950.

Mi padre terminó Derecho en la misma universidad en 1980.

Yo terminé Ciencias Políticas en 2004.

Trabajé de asistente (sin sueldo) del alcalde.

Trabajé en un bufete de abogados (*law firm*) en 2005 y 2006.

Descubrí que sí me interesaba el Derecho.

Mi padre y yo consideramos diferentes universidades para estudiar Derecho.

Al final, decidimos continuar la tradición familiar.

Hace dos semanas fui aceptado en la universidad.

Otras acciones, **previsiblemente, van a ocurrir** entre hoy y «septiembre». Veamos algunos ejemplos:

La semana próxima voy a comprar un coche.

El 1 de junio empezaré a trabajar pintando casas porque necesito ahorrar mucho dinero.

La primera semana de agosto mi novia y yo iremos a San Juan a buscar un apartamento.

Compraré los libros que sean más urgentes y empezaré a leerlos.

Finalmente, hay otro tipo de acciones que no estamos seguros de que vayan a ocurrir, pero que nos gustaría que ocurrieran, **deseamos o esperamos que sucedan** como parte o como consecuencia de nuestro proyecto. Por ejemplo:

Espero encontrar un apartamento con buenos compañeros.

Deseo poder tomar todas las clases que me interesan.

Me gustaría sacar buenas notas.

Deseo aprender a hacer *surf*.

Espero tener éxito.

Me gustaría ser un buen abogado.

Con estas ideas podemos entonces enriquecer la narración de nuestros planes. Veamos cómo:

Querido Julián,

Hace dos semanas recibí una carta de la Universidad de Río Piedras, en Puerto Rico, comunicándome que me han aceptado en la escuela de Derecho, así que en septiembre próximo me voy a San Juan a continuar una tradición familiar.

Como sabes bien, mi abuelo se graduó de esta universidad en 1950 y mi padre en 1981. Yo mismo me sorprendo cuando te lo digo, porque nunca había querido estudiar leyes y siempre había preferido dedicarme a la política. Llegué incluso a trabajar como voluntario con el alcalde cuando terminé mis estudios de Ciencias Políticas. Sin embargo, como mi padre insistió en que al menos tuviera algún contacto con el Derecho, empecé a trabajar en un bufete de abogados amigos suyos. A pesar de que el trabajo que hacía no era muy interesante, me di cuenta de que el Derecho era algo que sí me interesaba. Por esa razón mi padre y yo nos pusimos a considerar diferentes universidades y al final, pues decidimos que esta era la que más me convenía.

Ahora estoy dedicado a organizar mi viaje a Puerto Rico. Lo primero que tengo que hacer es alquilar un apartamento, puesto que las residencias de estudiantes en Río Piedras son escasas. Para compaginar el deporte con los estudios deseo aprender a hacer surf ya que muy cerca de la universidad hay playas para practicarlo. Pero también tengo que empezar a trabajar en algo que me dé dinero rápidamente, pues tengo que ahorrar muchísimo, así que ayer hablé con un antiguo compañero de la escuela que tiene una compañía de pintura y me dio trabajo a partir del primero de junio.

A principios de agosto viajaré con Lilián Uribe (mi novia, ¿la recuerdas?) a buscar un apartamento en Río Piedras. Espero encontrar uno con buenos compañeros, porque eso es importantísimo para estudiar. Voy a aprovechar también para comprar algunos de los libros que tengo que leer y así adelantar un poco de trabajo para que el primer semestre no sea tan difícil. Aunque no puedo registrarme en los cursos hasta mediados de julio, espero tomar todas las clases que me interesan.

En fin, mi querido Julián, aunque estoy casi seguro de que voy a tener éxito, deséame buena suerte. Ya sabes que lo que más deseo es sacar buenas notas y llegar a ser un buen abogado.

Un saludo de tu amigo,
Mauricio

En resumen, después de formular la idea básica de tu proyecto, contestando las preguntas de **¿qué?**, **¿cuándo?**, **¿dónde?** y **¿por qué?**, haz tres listas de los siguientes elementos.

1. Acciones que ya han ocurrido para hacer posible tu proyecto
2. Acciones que previsiblemente van a ocurrir en relación con tu proyecto
3. Cosas que deseas o esperas que ocurran

4-19 **Formulen una propuesta.**

Primera fase. Usen la siguiente información para formular una propuesta en un máximo de cuatro oraciones. Antes de intentarlo, lean y comenten entre sí el siguiente modelo.

MODELO:

> **INFORMACIÓN:** Luis y Ceci tienen 28 y 25 años respectivamente. Se conocieron en la universidad. Ambos terminaron sus estudios hace tres años y los dos trabajan. Se comprometieron hace dos años y se quieren casar pronto, pero Ceci sólo se casará si compran un apartamento. Tienen ahorros. Desean hacer un safari fotográfico en Costa Rica en su luna de miel. Ambos tendrán vacaciones en enero de 2007. Ceci quiere que la fiesta tenga lugar en el club de ex-alumnos de su universidad. Ellos quieren reunir a sus 100 mejores amigos/as.
>
> **PROPUESTA:** Luis y Ceci se casarán el 3 de enero de 2007, puesto que están comprometidos desde hace dos años. La fiesta tendrá lugar en el club de ex-alumnos de la universidad donde estudió Ceci.
>
> Alternativo: Luis y Ceci harán una fiesta en el club de ex-alumnos de la universidad donde ella estudió para celebrar su matrimonio el 3 de enero de 2007.

INFORMACIÓN: Fermín Fernández es un médico, soltero, de mucho éxito profesional. Es muy tímido. Tiene una cuenta de ahorros muy grande. Está cansado de trabajar. Quiere comprar un barco y darle la vuelta al mundo. Quiere establecer un record de navegación. No quiere ir solo. Espera visitar todos los continentes. No tiene novia y conoce a pocas personas. Ya le informó al hospital que trabajará hasta 2008.

PROPUESTA:

_____

_____

_____

_____

Segunda fase. Usando la información anterior, y otra que ustedes inventen, hagan una lista de acciones o eventos pasados, otra de acciones que previsiblemente ocurrirán en el futuro y una tercera de acciones que son deseables en relación con el proyecto cuya propuesta han formulado en la primera fase.

MODELO:

Acciones o eventos pasados	Acciones o eventos futuros	Acciones o resultados deseables
Ceci y Luis han ahorrado dinero. Se conocieron en la universidad. Ambos terminaron sus estudios. Consiguieron muy buenos trabajos.	Tendrán vacaciones en enero de 2007. Invitarán a 100 personas. La madre de Ceci reservará el club de ex-alumnos. Luis se comprará un traje nuevo.	Desean viajar a Costa Rica. Desean invitar a sus mejores amigos. Desean hacer la fiesta en el club de ex-alumnos. Desean tener un hijo muy pronto.

Acciones o eventos pasados	Acciones o eventos futuros	Acciones o resultados deseables
1.		
2.		
3.		
4.		

Justificación de las opciones: el por qué y el para qué

Después de expresar el propósito de nuestra propuesta, podemos enriquecerla si explicamos el por qué o el para qué (las causas o la finalidad) de ciertos aspectos de la misma. En el ejercicio 4-6 de este mismo capítulo tenemos un buen ejemplo. Allí se dice:

> Mi hermana Isabel y sus amigas Juana y Luisa vendrán con nosotros en otro coche **porque** no pueden salir tan pronto como nosotros **ya que** Luisa tiene un examen. Tomaremos la carretera número 2 **porque** en ella hay menos tráfico a pesar de que es algo más larga.

Cada vez que tú explicas las causas, las consecuencias o la finalidad de un aspecto determinado de tus planes, estás explicándolos con mayor claridad y a la vez los presentas de manera más interesante y convincente. Para esto te serán muy útiles los conectores que expresan causa, consecuencia y finalidad.

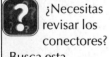

CUADERNO

¿Necesitas revisar los conectores? Busca esta información en *Gramática aplicada* del capítulo 3 del *Cuaderno*.

4-20 **Analícenlo.**

Primera fase. Lean el siguiente texto. Mientras leen, subrayen las oraciones que explican el propósito del proyecto **(qué, cuándo, dónde, por qué)** y la causas o finalidad **(por qué, para qué)** de sus aspectos parciales.

Curso:	COM 315 Producción de video
Alumno:	Sebastián Vargas
Profesor:	Dr. René Márquez
Tema:	Presentación del proyecto de fin de curso

Como proyecto final para este curso me propongo realizar un cortometraje de 10 minutos sobre la vida social de los estudiantes de primer año en esta universidad, a fin de contribuir a la lucha contra el abuso del alcohol. El cortometraje se filmará en un período de tres semanas durante el mes de mayo.

El abuso del alcohol entre los alumnos de primer año ha sido un problema serio en esta universidad, hasta el punto de que el periódico *El día* publicó dos editoriales criticando a la administración por esta causa. En respuesta a esas críticas, la universidad lanzó este año una campaña contra el abuso del alcohol dirigida especialmente a los estudiantes nuevos. Este proyecto sería una contribución a dicha campaña.

El año pasado yo tomé los cursos COM 300 El uso de la cámara y COM 228 El documental cinematográfico, por lo cual me encuentro bien preparado para realizar el proyecto. Además, cuento con la colaboración de dos estudiantes del curso COM 425 Sonido, una estudiante de TEA 228 El maquillaje para el teatro y el cine y otra de TEA 115 Iluminación cinematográfica. Todas estas personas están de acuerdo en formar parte del equipo técnico, ya que ellos recibirán crédito académico en sus respectivos cursos por este trabajo. Una condición para poder realizar este proyecto es que el Depto. de Comunicación me preste el siguiente equipo: dos cámaras digitales, un equipo de luces y un equipo de grabación de sonido.

La Pizzería de Tony ha ofrecido financiar parte de los costos, porque es uno de los sitios de reunión habituales de los estudiantes de primer año. Por otra parte, la Asociación de Estudiantes va a contribuir, puesto que hay un fondo especial para proyectos de estudiantes. Adicionalmente, voy a pedir una beca al Decano de Estudiantes, quien anunció recientemente que hará un concurso de proyectos para financiarlos.

Antes de empezar a filmar, trabajaré en el guión del documental y con la ayuda del servicio de jardinería de la Universidad voy a seleccionar algunos sitios apropiados para los exteriores, a fin de que todo esté decidido cuando empecemos a filmar. También antes de mayo hablaré con la Prof. Miller, consejera de primer año, y con los representantes estudiantiles de esa promoción (*class*) a fin de encontrar algunas personas que quieran participar en la película. A principios de abril haré una entrevista que se publicará en *El estudiante*, a fin de explicar el proyecto, darle publicidad, y buscar la cooperación de algunos participantes.

El equipo técnico se reunirá a finales de abril para establecer un plan de trabajo. Idealmente, empezaremos a filmar el primero de mayo. Esperamos contar con buen tiempo para que la filmación no se retrase. Deseamos empezar a trabajar en el montaje y la posproducción antes del fin del mes, ya que queremos presentar la versión final durante la graduación el 20 de junio.

Este proyecto cumple todos los requisitos indicados en el programa de este curso. Teniendo en cuenta la preparación del equipo técnico y la mía como director del proyecto, parece perfectamente viable. Por otra parte, los plazos establecidos se pueden cumplir con facilidad si todas las cosas funcionan como yo espero. Finalmente, quiero enfatizar que el proyecto tiene un propósito social importante, como es el de contribuir a la lucha contra el abuso del alcohol entre alumnos de primer año, un problema serio en esta universidad.

Segunda fase. Después de leer, identifiquen el propósito de este proyecto, completando la siguiente tabla con las respuestas apropiadas.

Pregunta	Respuesta
1. ¿Qué?	
2. ¿Cuándo?	
3. ¿Dónde?	
4. ¿Por qué?	

Tercera fase. En la columna izquierda de la siguiente tabla describan cinco aspectos parciales del proyecto, en la columna central escriban la razón por la cual se incluye cada uno de los aspectos en el proyecto y en la columna derecha escriban el conector que introduce dicha razón.

¿Qué?	¿Por qué o para qué?	Conector
1.		
2.		
3.		
4.		
5.		

Presentación de medios y condiciones

Un aspecto central de todo plan es la explicación de los medios, equipos y condiciones necesarias para realizarlo. En otras palabras, nuestra propuesta debe contestar claramente a la pregunta sobre **cómo** vamos a realizarla. Así, por ejemplo, si nuestro proyecto es un viaje, debemos señalar con claridad qué medio o medios de transporte vamos a utilizar, qué equipo especial será necesario para su realización y qué condiciones especiales (de clima, de financiación, de número de participantes, por ejemplo) serán necesarias para poderlo realizar. En el proyecto final del curso de Producción de video, Sebastián Vargas indica los siguientes medios y condiciones.

Condición: Préstamo de equipo del departamento

Medios económicos: Ayuda de la Pizzería de Tony, de la Asociación estudiantil y posiblemente una beca del Decano

Equipo: Cámaras, luces, sonido

Pero además, un componente fundamental de los medios para realizar una propuesta son **las personas** que van a participar. Debemos, pues, explicar claramente quienes van a participar y lo que esas personas pueden contribuir al proyecto. La propuesta de Sebastián Vargas presenta una lista de los participantes, indicando por qué son aptos para el trabajo: *dos estudiantes del curso* COM 425 Sonido, *una estudiante de* TEA 228 El maquillaje para el teatro y el cine *y una estudiante de* TEA 115 Iluminación cinematográfica.

4-21 Escríbelo tú. Basándote en la información del cuadro, y otra que tú te inventes, escribe el siguiente proyecto. Incluye el propósito y justifica algunos aspectos parciales, indicando la razón por la cual los incluyes.

Objetivo	Viaje de graduación
Participantes	Alumnos de la clase que se gradúa este año y sus invitados
Medios de transporte	Avión comercial Los Angeles-Anchorage; barco de crucero; autobús
Dónde	Alaska: diseña un itinerario
Cuándo	Junio 22–Julio 5
Por qué	Tradicional celebración del fin de los estudios
Precio	$800
Condiciones necesarias	Obtener ayudas del gobierno estudiantil; conseguir ayuda de las tiendas cercanas al campus; mínimo de 35 participantes.
Responsable de la organización	Juan Manrique, estudiante de último año del departamento de Turismo.
Responsable de la información	Luisa Bermúdez, estudiante de último año de Comunicación

La exposición de las ventajas del proyecto

A fin de presentar nuestros planes de una manera convincente, conviene terminar la propuesta haciendo un resumen de algunas de sus características más importantes y señalando sus ventajas. Por ejemplo, en el mensaje electrónico invitando a nuestro amigo Juan a pasar un día en la playa, terminamos con una breve afirmación: «¡Anímate! Yo sé que lo vamos a pasar estupendamente.»

Esta afirmación llama la atención sobre una de las ventajas de esta propuesta («lo vamos a pasar estupendamente») y al mismo tiempo anima al que lo lee a darle su apoyo o a participar en él.

Por otra parte, la conclusión de la propuesta de Sebastián Vargas expone sus ventajas. Nota que esta conclusión insiste sobre el aspecto social del proyecto y su contribución a la campaña contra el abuso del alcohol. Estas ideas, que ya aparecían al principio del proyecto, se repiten en la conclusión para cerrar el texto y darle unidad:

Este proyecto **[Ventaja #1:]** cumple todos los requisitos indicados en el programa de este curso. Teniendo en cuenta la preparación del equipo técnico y la mía como director del proyecto, **[Ventaja #2:]** parece perfectamente viable. Por otra parte, **[Ventaja #3:]** los plazos establecidos se pueden cumplir con facilidad si todas las cosas funcionan como yo espero. Finalmente, quiero enfatizar que el proyecto **[Conexión con la**

introducción, ventaja #4:] tiene un propósito social importante, como es el de contribuir a la lucha contra el abuso del alcohol entre alumnos de primer año, un problema serio en esta universidad.

4-22 **Escribe la conclusión.** Escribe un párrafo final para presentar las ventajas del siguiente proyecto.

Querido Juan,

El próximo sábado voy a comprarme un carro de segunda mano. Creo que el mejor sitio para hacerlo es Auto Market, porque tienen carros de buena calidad a muy buen precio. Mi padre me va a regalar una parte del precio y yo tengo algunos ahorros. También he hablado con mi banco y me van a prestar el dinero que me haga falta. Ya estoy cansado de llegar tarde a todas partes y espero no tener que seguir dependiendo de los buses.

La verdad es que pensaba comprarme una motocicleta, pero mis compañeros de apartamento me convencieron de que era mejor comprar un carro, ya que cuesta casi lo mismo. Mis compañeros y yo hemos estudiado varios modelos y nos hemos decidido por un japonés de 1999 o 2000. Así que el sábado iremos Sergio, Mario y yo en el carro de Cecilio al Bulevar de la Independencia, donde está Auto Market. Mario sabe mucho de carros y Sergio es un mecánico excelente, así que ellos me podrán aconsejar bien sobre cuál carro comprar. Por otra parte, Cecilio estudia Contabilidad y me podrá aconsejar sobre las opciones de pago.

Estoy muy contento con estos planes porque...

Para terminar, la siguiente «hoja de ruta» te puede ser útil en la formulación de una propuesta. Estúdiala con atención y úsala para escribir el proyecto final de este capítulo.

Identifica el propósito	Identifica medios y condiciones	Identifica actividades anteriores a la realización	Identifica resultados y consecuencias	Identifica las ventajas
¿Qué? ¿Cuándo? ¿Dónde? ¿Por qué?	Condiciones necesarias Condiciones ideales Medios económicos Equipo Participantes y sus características Otros medios y condiciones Alternativas si no se reúnen los medios o no se cumplen las condiciones	Pasos necesarios antes de empezar Secuencia de eventos Cronograma (pasos, etapas y plazos)	Consecuencias del proyecto Resultados deseables	¿Por qué la propuesta es adecuada o conveniente? ¿Por qué es útil? ¿Cómo se relacionan los resultados con el propósito?

Manos a la obra

Para terminar este capítulo, tendrás que presentar una solicitud de beca para un viaje de estudios. Dicha solicitud te exige incluir un plan de estudios en el que indiques las cosas que harás durante tu viaje. Como tú quieres ganarte la beca, tendrás que escribir una propuesta clara, bien organizada y rica en detalles. En esta sección vamos a estudiar algunas estrategias para escribir una buena solicitud de beca. Naturalmente, estas estrategias te servirán para escribir otro tipo de propuestas también.

Entender la convocatoria

La primera exigencia de este tipo de proyectos es leer, entender y satisfacer los requisitos que se establecen en la convocatoria. Normalmente en el anuncio de las becas se establecen los requisitos necesarios para concursar. Se suele identificar también el tipo de personas para las que están destinadas las becas. Normalmente, se identifica además la información que debe incluirse en la explicación del proyecto, y las últimas fechas para la recepción de propuestas. En el proceso de selección, estos criterios se utilizan para hacer la primera eliminación, de tal manera que se eliminará a las personas que no cumplan exactamente los requisitos establecidos, y también a las que no incluyan toda la información solicitada.

 4-23 **Entiende la convocatoria.** Lean la siguiente convocatoria y entre todos/as asegúrense de que entienden todos los requisitos establecidos en el anuncio de las becas.

Universidad de Occidente

Decanatura de estudiantes

Convocatoria de Becas:

La Decanatura de Estudiantes anuncia la convocatoria de un concurso de becas para financiar proyectos finales de curso.

Pueden participar en esta convocatoria estudiantes de cualquier facultad de la Universidad de Occidente que estén inscritos/as en cursos cuyos requisitos exijan la realización de un proyecto final. Se excluyen de esta convocatoria los proyectos de tesis de grado.

Para concursar es necesario presentar los siguientes documentos.

- Impreso de solicitud que se puede obtener en la oficina de la Decanatura de Estudiantes.
- Copia del programa (*syllabus*) del curso en el que se va a presentar el proyecto.
- Explicación de no más de tres páginas en la que se incluyan los siguientes puntos:
    - El propósito del proyecto
    - Cronograma
    - Condiciones especiales necesarias para la realización del proyecto
    - Equipo necesario
    - Presupuesto detallado

La solicitud debe entregarse completa en la oficina del Decano de Estudiantes, a más tardar el día 18 de mayo a las 5 PM.

 4-24 **Anuncien sus becas.**

Primera fase. La fundación que tú has creado (y que lleva tu nombre, claro) anuncia una convocatoria de becas. Escribe un anuncio que incluya toda la información necesaria para las personas interesadas en solicitar las becas.

Segunda fase. Intercambia tu anuncio con tu compañero/a y analiza todos los requisitos que su anuncio establece.

El propósito y la introducción

Como lo hemos explicado en el caso de otros tipos de escritos, en tu propuesta también debes tener una introducción en la que expreses con claridad su propósito. Estudia el siguiente párrafo.

Humanistas y Científicos

«Humanistas y Científicos» es una iniciativa de los departamentos de Ciencias Naturales de la Universidad del Este para incluir a estudiantes de las Humanidades en proyectos de investigación científica. Este año se proyecta realizar un viaje a las Islas Malvinas con el fin de estudiar la flora tan especial que las caracteriza. El viaje se realizará durante el verano austral de 2007–2008.

Esta formulación compacta del propósito del proyecto permite al lector formarse una idea clara de qué se va a hacer (estudiar la flora), dónde (en las Malvinas), cuándo (verano austral de 2007–2008) y por qué (incluir estudiantes de las Humanidades en proyectos científicos). La persona que lee nuestra propuesta debe encontrar esta información en la introducción.

4-25 **Presenta el propósito.** Por cada uno de los siguientes temas, escribe un párrafo breve (no más de tres o cuatro oraciones) en el que expliques el propósito de tu proyecto.

1. Un viaje de investigación científica
2. Un viaje de placer
3. Un viaje por un compromiso social (nacimiento, boda, muerte, etc.)

El cronograma

En una propuesta bien formulada es importante incluir un cronograma, o sea, una explicación de los plazos o etapas en las que se van a realizar los planes. La correcta formulación del cronograma es muy importante porque demuestra que sus autores/as han pensado detenidamente en las implicaciones de su proyecto. En algunos casos, el cronograma puede ser simplemente una gráfica en la que se muestren los periodos dedicados a cada etapa y las fechas en las que se espera haber completado cada una de ellas, pero lo más normal es incluir una explicación de lo que se espera hacer en cada una. Estudia el siguiente ejemplo, poniendo atención a las expresiones temporales que marcan las diferentes etapas del proyectado viaje a las Malvinas.

Saliendo de Nueva York en un vuelo comercial el 28 de diciembre, para coincidir con el verano austral, viajaremos a Londres. El domingo 29 descansaremos en Londres, y antes de continuar nuestro viaje, pasaremos los dos días siguientes investigando en el Museo Británico, para lo cual habremos preparado una serie de temas de investigación durante un seminario intensivo de dos semanas, entre el 1 y el 15 de diciembre.

Una vez en las islas, dedicaremos la primera semana a estudiar la vegetación de las estepas o llanuras y recolectaremos muestras de algunas de las 163 especies de plantas autóctonas. La segunda semana estará dedicada al estudio de musgos y líquenes. Finalmente, durante la tercera semana se adelantará un estudio de las algas marinas que abundan en las aguas alrededor de las islas.

4-26 **¿Una gráfica vale mil palabras?** Dibuja un esquema gráfico del cronograma anterior, indicando las diferentes etapas, lo que se hará en ellas y las fechas de terminación de cada una.

4-27 **Cuida los tiempos.**

Primera fase. Para cada una de las siguientes propuestas, dibuja un cronograma. Utiliza como punto de partida el propósito que definiste en el ejercicio 4–25.

1. Un viaje de investigación científica

2. Un viaje de placer

3. Un viaje por un compromiso social (nacimiento, boda, muerte, etc.)

Segunda fase. Transforma uno de los tres cronogramas en una explicación escrita, siguiendo el modelo anterior.

La exposición de los medios

Como explicamos anteriormente, la exposición de los medios incluye no solamente la presentación del equipo (máquinas, instrumentos, vestuario, etc.) que es necesario para la realización de los planes, sino también los medios de transporte, los medios económicos, y especialmente, las personas que van a participar. En el caso de las personas, es importante mostrar por qué se justifica la participación de cada una de ellas, y lo que cada una puede contribuir. En el siguiente ejemplo, se hace una exposición de los medios necesarios para realizar el viaje de estudios a las Islas Malvinas, y se explica cómo se van a financiar.

En el viaje de investigación a las Islas Malvinas participarán seis personas: Marissa Hall, Ph.D., profesora de Ecología en la

Universidad del Este; Oto Ramírez, Ph.D., profesor de Biología Marina en la misma universidad, y Luis Gallardón, María Peña, Juan José Cernuda y Cecilia Salinas, estudiantes de la Escuela de Idiomas. La universidad prestará el instrumental científico necesario. El proyecto está financiado en parte por una generosa beca de la *Fundación Rafael Martínez Girón*. Adicionalmente, la Real Fuerza Aérea Británica contribuirá con el transporte gratuito y prestará a cada participante una tienda de campaña unipersonal. Por otra parte, la cadena de tiendas deportivas Atlántida nos regalará ropa especial de protección contra el viento. Además, todos los participantes llevarán sus propias ropas adecuadas para bajas temperaturas.

4-28 **Identifica.** En el texto anterior, identifica los elementos que se piden en la columna de la izquierda de la siguiente tabla. Escribe tu respuesta en la columna de la derecha.

Participantes	
Equipo necesario	
Financiación	
Colaboradores	

4-29 **Explícalo tú.** Para cada uno de los proyectos siguientes, escribe uno o dos párrafos en los que expongas los medios para su realización. Para ayudarte utiliza los textos que ya escribiste en los ejercicios anteriores.

1. Un viaje de investigación científica
2. Un viaje de placer
3. Un viaje por un compromiso social (nacimiento, boda, muerte, etc.)

Explicación de las condiciones

Al explicar las condiciones de un plan debemos tener en cuenta dos cosas importantes: En primer lugar, las **condiciones especiales** dentro de las cuales se realizará. Por ejemplo, un proyecto se realiza en el polo Norte, en condiciones de temperaturas extremas, mientras que otro proyecto se realiza en un laboratorio, donde podemos controlar el medio ambiente. Un tercer proyecto, en cambio, se tiene que realizar en condiciones de urgencia y con rapidez. A manera de ejemplo, estas son algunas condiciones especiales que debemos señalar en nuestro viaje a las Malvinas:

1. Vamos a pasar muchas noches durmiendo en el campo.
2. Esta región se distingue por sus continuos y fuertes ventarrones.
3. Aunque las temperaturas no son extremas, el frío es constante.

Pero también, en segundo lugar, debemos tener en cuenta **condiciones necesarias**, aquellas que deben cumplirse a fin de que el proyecto tenga éxito o se pueda realizar. En este sentido, determinado plan requiere de buen tiempo (para filmar en exteriores, por ejemplo), mientras que otro sólo se puede realizar si se consiguen los permisos para entrar en zonas restringidas (una central nuclear, por ejemplo), o sólo es viable si se puede viajar en determinadas fechas (para estudiar un eclipse solar visible únicamente en África, por ejemplo). En el proyecto de viaje a las Malvinas se especifica que las actividades, especialmente las de la tercera semana, sólo se pueden realizar si hace buen tiempo:

> Es importante notar que el proyecto sólo podrá realizarse si se cuenta con un tiempo apropiado. Las actividades de la tercera semana son particularmente sensibles a esta condición.

4-30 **Determina las condiciones.** Por cada uno de los siguientes proyectos, haz una lista de condiciones especiales y condiciones necesarias. Para ayudarte, puedes utilizar los textos que ya has escrito sobre estos proyectos.

1. Un viaje de investigación científica
2. Un viaje de placer
3. Un viaje por un compromiso social (nacimiento, boda, muerte, etc.)

La conclusión y los resultados esperados

Un proyecto de estudios o de investigación se realiza con una meta en mente. En realidad, hacemos la exposición de los pasos, etapas, condiciones, etc., precisamente para poder explicar qué esperamos obtener como resultado de nuestro esfuerzo. En este sentido, la exposición de los resultados se puede hacer de una forma muy natural en la conclusión. En el proyecto *Humanistas y científicos* que hemos utilizado de ejemplo en esta sección, algunos resultados pueden ser:

- Dar a los/las estudiantes de Humanidades una oportunidad para conocer los métodos del trabajo científico.
- Dar a estudiantes y profesores la oportunidad de trabajar juntos en proyectos de investigación reales.

- Recolectar muestras de algunas de las 163 especies de plantas autóctonas de las estepas.
- La Dra. Hall espera clasificar algunas especies nuevas de líquenes y musgos.
- El Prof. Ramírez espera descubrir información nueva sobre algunas de las algas menos conocidas.

Por lo tanto, una conclusión adecuada en este proyecto podría ser algo así como:

> Para concluir, en el aspecto educativo, el proyecto «Humanistas y Científicos» espera mejorar la comprensión que los estudiantes de Humanidades tiene de los problemas y los métodos de las ciencias naturales, ya que el objetivo de la Universidad del Este es dar a sus estudiantes una amplia formación tanto humanística como científica. Al mismo tiempo, dará la oportunidad a un grupo de estudiantes y profesores de trabajar juntos en proyectos de investigación real. Por otra parte, en el aspecto científico, la expedición a las Islas Malvinas espera recolectar muestras de algunas de las 163 especies de plantas autóctonas de las estepas, mientras que la Dra. Hall espera clasificar algunas especies nuevas de líquenes y musgos; y el Prof. Ramírez intentará descubrir información nueva sobre algunas de las algas menos conocidas.

4-31 **Concluye tu proyecto.** Por cada uno de los siguientes proyectos, escribe uno o dos párrafos breves de conclusión explicando los resultados que esperas obtener. Para ayudarte, utiliza los textos que ya has escrito.

1. Un viaje de investigación científica
2. Un viaje de placer
3. Un viaje por un compromiso social (nacimiento, boda, muerte, etc.)

Revisión final

Una vez que hayas terminado tu plan de estudios, revísalo y completa los detalles que sean necesarios. Pon atención especial en explicar el por qué o el para qué de las diferentes opciones que se han tomado al realizar el plan. Lee con atención el texto revisado de la propuesta *Humanistas y Científicos*, en la que hemos resaltado las explicaciones de causas o consecuencias.

La Flora de las Islas Malvinas

[§1] «Humanistas y Científicos» es una iniciativa de los departamentos de Ciencias Naturales de la Universidad del Este para incluir a estudiantes de las Humanidades en proyectos de investigación científica, **a fin de** *mejorar su comprensión de los problemas y los métodos de las ciencias naturales*, **ya que** *el objetivo de la Universidad del Este es dar a sus estudiantes una amplia formación tanto humanística como científica.* Este año se proyecta realizar un viaje a las Islas Malvinas con el fin de estudiar la flora tan especial que las caracteriza. **Si** *el clima lo permite,* el viaje se realizará durante el verano austral de 2010–2011.

[§2] Saliendo de Nueva York en un vuelo comercial el 28 de diciembre, para coincidir con el verano austral, viajaremos a Londres, **puesto que** *las islas fueron ocupadas por el ejército británico durante la guerra de 1984 y* **por lo tanto** *esta es la mejor vía de acceso.* Antes de continuar nuestro viaje hacia las islas pasaremos dos días investigando en el Museo Británico, para lo cual habremos preparado una serie de temas de investigación durante un seminario intensivo de dos semanas, entre el 1 y el 15 de diciembre.

[§3] Una vez en las islas, dedicaremos la primera semana a estudiar la vegetación de las estepas o llanuras y recolectaremos muestras de algunas de las 163 especies de plantas autóctonas **porque** *el herbolario de la Universidad carece de ejemplares de la flora de las Malvinas.* La segunda semana estará dedicada al estudio de musgos y líquenes. Finalmente, durante la tercera semana se adelantará un estudio de las algas marinas que abundan en las aguas alrededor de las islas.

[§4] En el viaje de investigación a las Islas Malvinas participarán seis personas: Marissa Hall, Ph.D., profesora de Ecología en la Universidad del Este y especialista en líquenes y musgos; Oto Ramírez, Ph.D., profesor de Biología Marina en la misma universidad, autor de varios libros sobre algas marinas, y Luis Gallardón, María Peña, Juan José Cernuda y Cecilia Salinas, estudiantes de la Escuela de Idiomas, todos ellos seleccionados entre estudiantes que manifestaron su deseo de participar en esta experiencia pedagógica. La universidad prestará el instrumental científico necesario.

[§5] El proyecto está financiado en parte por una generosa beca de la *Fundación Rafael Martínez Girón*. Adicionalmente, la Real Fuerza Aérea Británica contribuirá con el transporte gratuito y prestará a cada participante una tienda de campaña unipersonal, **porque** *será necesario pasar muchas noches durmiendo en el campo*. Por otra parte, la cadena de tiendas deportiva Atlántida nos regalará ropa especial de protección contra el viento, **dado que** *esta región se distingue por sus continuos y fuertes ventarrones*. Además, todos los participantes deberán llevar sus propias ropas adecuadas para las bajas temperaturas, **teniendo en cuenta que**, *aunque las temperaturas no son extremas, el frío es constante en esta región*.

[§6] Es importante notar que el proyecto sólo podrá realizarse si se cuenta con un tiempo apropiado. Las actividades de la tercera semana son particularmente sensibles a esta condición, **ya que** *es indispensable que el tiempo permita la navegación y el buceo* **a fin de** *poder recolectar las muestras de algas necesarias para el estudio*.

[§7] Para concluir, en el aspecto educativo, el proyecto «Humanistas y Científicos» espera mejorar la comprensión que los estudiantes de Humanidades tienen de los problemas y los métodos de las ciencias naturales, ya que el objetivo de la Universidad del Este es promover una formación tanto humanística como científica. Al mismo tiempo, dará la oportunidad a un grupo de estudiantes y profesores de trabajar juntos en proyectos de investigación real **a fin de** *crear entre ellos lazos de colaboración*. Por otra parte, en el aspecto científico, la expedición a las Islas Malvinas enriquecerá el herbolario de la universidad con especies de la región, mientras que la Dra. Hall espera clasificar algunas especies nuevas de líquenes y musgos; y el Prof. Ramírez intentará descubrir información nueva sobre algunas de las algas menos conocidas.

4-32 **Analiza el proyecto.** Si es necesario, vuelve a leer el texto anterior y, en la tabla siguiente, identifica el contenido de cada párrafo.

§	Contenido	
[§1]	☐ Medios ☐ Condiciones ☐ Conclusión y resultados	☐ Introducción y propósito ☐ Cronograma
[§2]	☐ Medios ☐ Condiciones ☐ Conclusión y resultados	☐ Introducción y propósito ☐ Cronograma
[§3]	☐ Medios ☐ Condiciones ☐ Conclusión y resultados	☐ Introducción y propósito ☐ Cronograma
[§4]	☐ Medios ☐ Condiciones ☐ Conclusión y resultados	☐ Introducción y propósito ☐ Cronograma
[§5]	☐ Medios ☐ Condiciones ☐ Conclusión y resultados	☐ Introducción y propósito ☐ Cronograma
[§6]	☐ Medios ☐ Condiciones ☐ Conclusión y resultados	☐ Introducción y propósito ☐ Cronograma
[§7]	☐ Medios ☐ Condiciones ☐ Conclusión y resultados	☐ Introducción y propósito ☐ Cronograma

REVISIÓN

La organización

Una solicitud de beca está bien organizada cuando incluye toda la información que se pide en la convocatoria y cuando ésta está claramente agrupada. Aunque se incluya toda la información, si ésta está dispersa en el texto de la propuesta, la organización no es correcta, porque el/la lector/a tendrá dificultad para encontrarla. Por lo tanto, es esencial leer el anuncio con mucho cuidado, tomando nota de todo lo que se exige, y teniendo en cuenta exigencias tales como máximo número de páginas y fecha de recepción de las solicitudes.

4-33 **Lee tú la convocatoria.** Revisa la convocatoria al concurso de beca que se incluye para el proyecto final de este capítulo. Haz una lista de todos los requisitos, plazos, información exigida, límites, etc.

4-34 **Revisa tu trabajo.** Lee el proyecto que estás escribiendo para este capítulo y asegúrate de que has incluido todos los requisitos solicitados en la convocatoria. Asegúrate también de que la información pedida está claramente agrupada y que no está dispersa.

La introducción y el propósito

Recuerda que en una propuesta bien escrita, su propósito se especifica clara y directamente en la introducción a fin de que el lector se forme una idea desde el primer momento. Recuerda también que la explicación del propósito responde a las preguntas sobre ¿qué se va a hacer?, ¿cuándo?, ¿dónde? y ¿por qué? Si no has incluido esas respuestas en la introducción a tu proyecto para este capítulo, debes volverla a escribir. Igualmente, si lees el proyecto escrito por un/a compañero/a de tu clase, debes buscar una explicación del propósito y si no la encuentras, debes sugerirle formas específicas para mejorar su introducción.

4-35 **Evalúa la introducción.**
Primera fase. Utilizando la rúbrica, evalúa la siguiente introducción a un proyecto.

Rúbrica:

1. ¿Responde con claridad a la pregunta: «¿qué va a hacer?»? (0–2 puntos)
2. ¿Responde con claridad a la pregunta: «¿cuándo?»? (0–2 puntos)
3. ¿Responde con claridad a la pregunta: «¿dónde?»? (0–2 puntos)
4. ¿Responde con claridad a la pregunta: «por qué?»? (0–2 puntos)

Texto a evaluar:

La organización *Traductores Sin Límites* se fundó en el año 1999 respondiendo a la necesidad de ofrecer apoyo de traducción a muchas organizaciones no gubernamentales (ONGs) que trabajan en diversos países del mundo donde se hablan lenguas diferentes a las de sus miembros. En muchas oportunidades las ONGs tienen que enviar personas a trabajar en lugares cuya lengua sus miembros no saben hablar. Por esa razón *Traductores Sin Límites* les presta sus servicios. *Traductores Sin Límites* no cobra por la ayuda que presta a esas organizaciones e intenta cubrir todas las lenguas del mundo. Por esta razón necesita dinero.

Segunda fase. Vuelve a escribir este texto asegurándote de dar respuestas claras a las preguntas de la rúbrica.

4-36 Revisa tu proyecto. Vuelve a leer la introducción que escribiste para tu proyecto final y aplícale la misma rúbrica del ejercicio anterior. Haz los cambios que sean necesarios para mejorarla.

La causa y la finalidad

Cuando explicamos el **por qué** y el **para qué** de los diversos aspectos de nuestro proyecto hacemos una explicación más clara de sus objetivos y justificamos mejor su necesidad. Estas explicaciones por lo general se incluyen en cláusulas subordinadas que expresan la causa o la finalidad de las actividades y normalmente van precedidas de conectores que expresan causa o efecto.

CUADERNO

¿Necesitas revisar los conectores? Busca esta información en el capítulo 3 del *Cuaderno.*

4-37 Explica la causa y la finalidad. Enriquece el texto que sigue explicando el **por qué** o el **para qué** cuando sea posible.

La organización no gubernamental *Traductores Sin Límites* se propone enviar traductores voluntarios a las zonas de desastres naturales o catástrofes. Así, por ejemplo, durante la crisis provocada por el *tsunami* en el sudeste asiático, trabajamos con la organización española *Bomberos Sin Fronteras*. En esa ocasión enviamos un equipo compuesto por seis traductores. La utilidad de nuestros servicios fue muy grande. Debido a los altos costos de ese proyecto, nuestra organización tuvo que abrir una cuenta en un banco. Las donaciones recibidas fueron de mucha utilidad.

4-38 Revisa tu proyecto. Vuelve a leer el proyecto que estás escribiendo para este capítulo e identifica lugares donde puedes enriquecerlo mediante la explicación del **por qué** o el **para qué**. Haz los cambios que sean necesarios.

Controla tu progreso

Un texto de nivel avanzado se caracteriza, entre otras cosas, porque incorpora conectores que establecen lazos claros entre las ideas, sugiriendo la jerarquía que existe entre ellas. De esta manera se diferencia con claridad lo que es la idea central de lo que son sus apoyos. Así pues, en un texto de nivel avanzado encontramos oraciones subordinadas que expresan, entre otras cosas, las causas o la finalidad, aunque no siempre esta subordinación esté presentada de una forma gramaticalmente correcta.

Encontramos también una organización clara dentro de los párrafos, de tal manera que cada uno de ellos se ocupa de una idea principal que está formulada en una oración clara, generalmente al principio del párrafo. Las restantes oraciones presentan aspectos parciales, apoyos o ampliaciones de esa idea central.

Adicionalmente, un texto de nivel avanzado se caracteriza por mostrar control sobre las estructuras gramaticales sencillas (como serían, por ejemplo, la concordancia de género y número) y un control parcial de las estructuras más complejas (como, por ejemplo, el uso del pretérito y del imperfecto, o el uso del subjuntivo).

Usa estas ideas para describir tu propia escritura y reflexiona sobre lo siguiente en tu *Diario de escritura*.

- ¿Cómo son tus párrafos? ¿Están bien diferenciados unos de otros y cada uno tiene una función y trata de un tema?

- ¿Conectas tus oraciones o simplemente las yuxtapones?

- ¿Controlas las estructuras gramaticales sencillas (por ej., concordancia de género y número, ser/estar, por/para)?

- ¿Controlas las estructuras gramaticales más complejas? (por ej., pretérito/imperfecto, subjuntivo, subordinación?) ¿Siempre? ¿Algunas veces? ¿Evitas usarlas para no tener errores?

- ¿Qué puedes hacer para mejorar tus párrafos?

Evaluación y rúbricas

4-39 **Tú tienes la palabra.** Utiliza la siguiente rúbrica para autoevaluar la primera versión de tu proyecto de este capítulo y evaluar el proyecto de uno de tus compañeros/as y hacerle sugerencias para mejorar. En el apéndice 2 del cuaderno encontrarás una copia desprendible de esta rúbrica.

Nombre del autor del proyecto de beca: _____

Fecha: _____

Nombre del lector: _____

Criterios de calidad para la tarea del capítulo 4	No lo satisface	Se acerca	Lo satisface
La organización El texto incluye el propósito, el cronograma, los medios, las condiciones y los resultados.			
La introducción y el propósito El texto explica claramente y desde el principio qué se va a hacer, cuándo, dónde y por qué.			
El cronograma Las actividades del proyecto están claramente organizadas en cuatro etapas y se señalan los lugares que se van a visitar durante cada una de ellas.			
Las causas y las finalidades Las diferentes opciones se justifican señalando sus causas o finalidades (por qué o para qué).			
La conclusión y los resultados El proyecto presenta, a manera de conclusión, los resultados que se esperan obtener.			

Nota: Comenta únicamente sobre los aspectos indicados. No hagas comentarios sobre aspectos lingüísticos o gramaticales del texto.

A. Para autoevaluar tu trabajo.

Escribe un párrafo en tu *Diario de escritura* reflexionando sobre los siguientes temas.

1. ¿Qué aspectos de la tarea encontraste más difíciles?

2. ¿Has usado las destrezas, técnicas, vocabulario y estrategias discutidas en este capítulo al escribir tu proyecto? ¿Cuál o cuáles has dominado mejor? ¿En cuáles crees que necesitas trabajar un poco más?

3. ¿Qué puedes hacer para mejorar tu habilidad para escribir proyectos o invitaciones?

4. ¿Qué crees que puedes hacer para mejorar la organización de tus escritos?

5. Después de usar esta rúbrica, ¿qué debes cambiar al escribir una nueva versión de tu proyecto?

B. Para evaluar la tarea de otro/a estudiante.

Escribe un párrafo con tus sugerencias para el/la autor/a. Incluye sugerencias específicas de cómo tú crees que puede mejorar su texto.

C. Para mejorar lo escrito.

Después de haber leído detenidamente las evaluaciones y rúbricas que tus compañeros han hecho de tu trabajo, prepara una segunda versión para entregarla a tu profesor.

5

La exposición

El **capítulo 5** se enfoca en la **exposición,** en el contexto del comentario y el ensayo expositivo. Como proyecto de este capítulo, se te pedirá que escribas un ensayo breve en que deberás exponer un tema de tu selección.

PREPARACIÓN

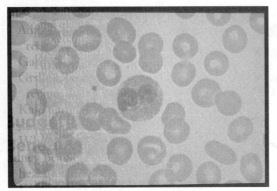

1.

2.

3.

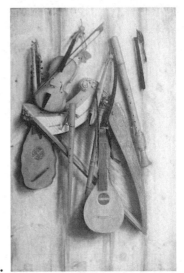

4.

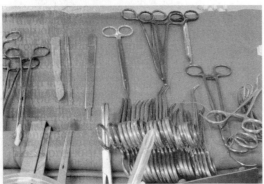

5.

6.

Vocabulario relacionado

barro	*mud*
cañas	*sticks*
célula	*cell*
enfermedad	*disease*
glóbulos rojos	*red cells*
instrumentos quirúrgicos	*surgical instruments*
microscopio	*microscope*
sangre	*blood*

 5-1 **Veo, veo.**

Primera fase. Observen las fotos en la página 162 y contesten las preguntas. Pueden utilizar las palabras del **Vocabulario relacionado** u otras que ustedes conozcan.

1. ¿Qué ven en esta foto? ¿Qué formas hay? ¿Con qué otras fotos de esta página se asocia ésta probablemente? ¿Por qué? ¿Qué instrumentos se necesitan para ver una foto así? ¿Qué historia les sugiere esta foto? ¿Conocen a alguien con alguna enfermedad parasitaria? ¿Cómo y dónde atrapó la enfermedad? ¿Quién la diagnosticó y cómo? ¿Cuál fue su primer pensamiento cuando vieron la foto? ¿Han visto alguna vez un cuadro abstracto? ¿Creen que hay alguna relación con esta foto? ¿Cuál es su pintor preferido y por qué?

2. ¿Qué hacen estas personas? ¿Dónde viven? ¿Cómo es su casa? ¿A qué se dedican probablemente? ¿Han visitado alguna vez una selva? ¿En qué países hay junglas? ¿Conocen la historia de algún/a explorador/a? ¿Dónde vivió? ¿Qué aventuras tuvo? ¿Qué saben sobre el Amazonas? ¿Qué piensan de la idea de construir una carretera a través de la selva amazónica?

3. ¿Cómo se llama este baile? ¿De dónde es típico? ¿Cómo van vestidas las personas de la foto? ¿Saben ustedes bailar este baile? ¿Otros bailes? ¿Tienen alguna anécdota relacionada con el baile? Algunas personas piensan que ciertos bailes modernos son demasiado eróticos o incluso obscenos. ¿Ustedes qué piensan?

4. ¿Qué hay en esta foto? ¿Qué otros instrumentos de música pueden nombrar? ¿Tocan ustedes alguno? ¿Qué tipo de música les gusta? ¿Dónde escuchan música? ¿Han escuchado alguna vez un concierto de música latina? ¿Qué tipo de música? ¿Quién la tocaba? ¿Han escuchado música latina en la calle? ¿En alguna fiesta? ¿En las discotecas? ¿Conocen a alguien que sepa bailar salsa o merengue? ¿Dónde aprendieron esas personas? Hay

algunas personas que piensan que una buena parte de la música popular a partir de los 90 depende más de la electrónica que del talento de los intérpretes. ¿Cómo lo ven ustedes?

5. ¿Qué objetos se ven en esta foto? ¿Para qué sirven? ¿Han operado a alguno de ustedes alguna vez? Expliquen cómo fue. ¿Saben algo sobre medicina alternativa? ¿Qué opinión tienen de tratamientos basados en los colores, los aromas o la acupuntura?

6. ¿Dónde están estas personas? ¿De qué materiales está hecha su casa? ¿Dónde duermen? ¿De qué se alimentan probablemente? ¿Han dormido ustedes alguna vez al aire libre? ¿Cuándo fue, dónde y por qué? ¿Han visto matar a un pollo? ¿Qué opinan de matar animales para alimentarnos? ¿Qué opinan de matar animales como deporte?

CUADERNO

¿Necesitas revisar cómo se expresan las opiniones? Busca esta información en la sección **Gramática aplicada** del capítulo 5 del *Cuaderno*.

Segunda fase. Elijan una de las fotos y escriban entre todos un breve comentario sobre la misma. Tengan en cuenta las preguntas y respuestas de primera fase para incluir descripciones sobre lo que ven: los colores, las formas, la acción, la situación, los personajes, el lugar, etc. Incluyan además lo que les sugiere la foto a ustedes o su reacción ante la misma.

5-2 Comentemos la película.

Primera fase. Tu compañero/a y tú van a comentar las últimas películas que han visto. Háganse preguntas sobre las películas, y tengan en cuenta los siguientes puntos para hacer comentarios interesantes y detallados pero también para hacer preguntas.

1. Título de la película, nombre del director y de los actores.

2. Tema de la película y resumen breve de lo que pasa (narración).

3. Descripción general de la película.
   a. Género (policíaca, de aventuras, histórica, psicológica, romántica, cómica, ciencia ficción, etc.)
   b. Fotografía (planos fijos, *travellings*, colorido, efectos especiales, etc.)
   c. Guión (*screenplay*) (original, adaptado, bueno, malo, etc.)
   d. Actuaciones (*casting*, buena o mala interpretación, comentar individualmente las dos o tres actuaciones principales, mejores o peores momentos, etc.)
   e. Decorados y vestuario
   f. Dirección (de fotografía, de actores, etc.)

4. Expresión de opinión (por qué o por qué no me gustó el tema, la actuación, el guión, etc.).

5. Dos o tres argumentos detallados que justifiquen esa opinión.

6. Recomendación argumentada de por qué el/la amigo/a debe o no debe ver la película.

Segunda fase. Ahora elijan una película que hayan visto los/las dos y sobre la que estén de acuerdo. Elaboren un comentario con una descripción que incluya algunos o todos los puntos anteriores y preséntenlo ante la clase.

5-3 **La reseña.**

Primera fase. El periódico de la universidad les ha pedido que escriban una reseña (*review*) sobre una película española o latinoamericana o un corto. Después de ver la película, coméntenla entre todos teniendo en cuenta los puntos de la actividad anterior y escriban una breve reseña. ¿Necesitas revisar algunos modelos de reseñas de cine? Visita la página electrónica de *La escritura paso a paso* (http://www.prenhall.com/laescritura).

Segunda fase. Lean la reseña y evalúenla haciendo los reajustes necesarios. Para mejorarla tengan en cuenta los siguientes puntos. Márquelos con una X.

1. _____ En la reseña aparece claramente el título de la película, la nacionalidad, el año, la dirección y el nombre de los actores más importantes.

2. _____ El género y el tema de la película están expresados brevemente.

3. _____ El resumen es conciso pero contiene lo más importante de la película.

4. _____ La opinión sobre la película está basada en un análisis objetivo y expresada con argumentos claros y bien ordenados.

5. _____ La recomendación de ver o no ver la película está justificada con argumentos que conectan con la opinión expresada y refuerzan el análisis de la película.

CUADERNO

¿Necesitas revisar las formas para recomendar o aconsejar? Busca esta información en la sección **Gramática aplicada** del capítulo 5 del *Cuaderno*.

CONTEXTO

El comentario y el ensayo

En muchas circunstancias de nuestra vida nos encontramos con la necesidad de **comentar** algo, es decir, de hablar sobre algo que nos sirve de **referente**, por ejemplo, la forma de vestir de la reina de Inglaterra, un discurso político, una película, la comida de un restaurante, etc. Nuestro comentario se basa en un **análisis**, más o menos serio o elaborado del referente (aquello sobre lo que comentamos). El comentario lo hacemos casi siempre con el objetivo de **expresar** o **argumentar** una **opinión personal**. El comentario puede hacerse **oralmente** o **por escrito**. En la sección anterior hemos practicado el comentario oral sobre unas fotos o una película. Cuando el comentario se hace por escrito el resultado puede ser una **reseña**, como ocurre en los periódicos, donde encontramos reseñas o comentarios de muchas cosas, por ejemplo, una corrida de toros, una obra de teatro, un libro, un concierto, etc. Sin embargo, en el ámbito académico, lo más común es el **comentario de textos**.

Cuando hablamos de «texto» nos referimos a una **unidad lingüística** que significa algo, es decir, a un mensaje completo en un hecho de comunicación, más grande que la palabra o que la oración. Es un **enunciado** coherente que puede ser autónomo o puede formar parte de otro mayor.

El comentario de texto es un ejercicio de **síntesis** y **redacción** que se basa en el análisis de un texto y que sirve para explicarlo o para entenderlo mejor. Cuando empezamos a analizar un texto, debemos hacernos varias preguntas: ¿qué tipo de texto es?; ¿para qué sirve?; ¿cuál es su tema?; ¿y su propósito?; ¿a quién está dirigido?; ¿cuál es su punto de vista?; ¿cómo está escrito?, etc. A todas estas preguntas debe responder el comentario de texto de una forma coherente y organizada.

En este capítulo vamos a desarrollar una serie de actividades que nos permitan familiarizarnos con las técnicas del análisis y del comentario de textos. La práctica del comentario nos llevará progresivamente hacia la escritura del **ensayo**, uno de los géneros más extendidos en el medio académico, y que consiste en el desarrollo y exposición de unas ideas, sea con el propósito de dar una opinión o mostrar unos conocimientos, sea con el ánimo de persuadir o convencer. Cuando el ensayo sólo tiene como objetivo informar o exponer un tema, se llama **expositivo** o **exposición**. Cuando además utiliza unos **argumentos** para convencer al lector de unas ideas se dice que el ensayo es **argumentativo** o una **argumentación**. No obstante, a menudo los textos combinan elementos descriptivos, narrativos, expositivos o argumentativos, dando lugar a textos **mixtos**.

La diferencia entre el comentario y el ensayo está, en cierto modo, en el grado de complejidad. Mientras que el primero se basa en el análisis de un texto concreto, el segundo exige la **investigación** sobre un tema, el análisis contrastado de las **fuentes**, la formulación y el desarrollo de una idea central. Es decir que el ensayo no deja de ser un comentario, aunque más elaborado.

Aunque el comentario varía mucho en función del tipo de texto que se analiza, en la sección *A tener en cuenta*, en la página 171 presentamos un esquema útil que sirve de guía para el análisis y la posterior elaboración del comentario.

CUADERNO

Tarea

Leer la sección **Historia y cultura** del capítulo 5 del *Cuaderno*. Actividades: 5-1, 5-2, 5-3 y 5-4.

Paso a paso

5-4 ¿Qué tipo de texto?

Primera fase. Lean las oraciones a continuación y asócienlas con la categoría de textos a la que probablemente pertenecen.

1. A media tarde de ayer atracó en el puerto de Valparaíso el mayor buque de mercancías que llega al Cono Sur.

2. ¿Quieres tener un cuerpo perfecto? Come un yogur Dietaplán todas las mañanas. Te aseguramos los mejores resultados en muy pocos días.

3. La propiedad es el derecho de gozar y disponer de una cosa, sin más limitaciones que las establecidas en las leyes.

4. Los procesos biotecnológicos más recientes se basan en las técnicas de recombinación genética así como en el empleo de enzimas y células inmovilizadas.

5. Me encantaría que estuvieras aquí para ver la primavera. Ahora están las flores hermosísimas y las higueras han recuperado sus hojas.

6. «A las ocho fuimos al comedor, que estaba pintorescamente situado en la parte oriental de la casa. Desde él se veían las crestas desnudas de las montañas sobre el fondo estrellado del cielo.» (Jorge Isaacs, *María*).

a. _____ Jurídico

b. _____ Publicitario

c. _____ Científico

d. _____ Periodístico

e. _____ Literario

f. _____ Epistolar

Segunda fase. Ahora asocien cada uno de los textos anteriores con la función o el propósito que les corresponde.

A. Informar:

B. Llamar la atención del que lo lee:

C. Contar una historia:

5-5 **Otra clasificación.**

Primera fase. Ahora clasifiquen los siguientes textos, indicando si son textos descriptivos (D), narrativos (N), expositivos (E), argumentativos (A) o mixtos (M).

1. Eran las doce de la noche. Se disponía a salir del apartamento de Vero. Atrás quedaban las colillas mal apagadas en los ceniceros desparramados por toda la estancia. Atrás quedaban también los vasos medio vacíos, la música tenue, el rumor alcohólico de los dormidos.

2. Las siguientes estadísticas son contundentes y demuestran una vez más que es necesario reforzar las leyes que promueven la igualdad y la incorporación de las mujeres al trabajo: 1. Sólo el 8% de las empresas dan permisos de maternidad más allá de lo que obliga la ley; 2. Únicamente el 1,4% de las empresas tienen guarderías.

3. El más joven de los hombres era alto y moreno, con unos ojos grandes que no dejaban pasar un detalle sin registrarlo. Lo miraba todo con explícita inquietud, como esperando que algo sucediera de un momento a otro.

4. Las últimas investigaciones demuestran que los avances en el campo de la genética podrían llevar a encontrar soluciones radicales para enfermedades hasta ahora consideradas incurables.

Segunda fase. Escriban breves párrafos según el género que se les pide utilizando como punto de partida las siguientes oraciones. Si necesitan conectores para enlazar las oraciones, los siguientes les pueden servir.

por un lado	por otro lado	además	por esta razón
es más	a pesar de ello	no obstante	

1. (descripción) Las hormigas son insectos generalmente de color negro, con patas largas y antenas.

2. (narración) Las hormigas eran tan fuertes y grandes que nos atacaban los pies.

3. (exposición) La extinción de ciertos insectos, por ejemplo, las hormigas, podría alterar el equilibrio ecológico de la tierra.

4. (argumentación) Los agricultores de Molinos del Jalón, queremos exigir a las autoridades que tomen medidas para controlar la proliferación de las hormigas en nuestra zona porque ellas son las causantes de la pérdida de nuestras cosechas.

5-6 El tema principal.

Primera fase. Determina el tema, el propósito y el punto de vista de cada uno de los siguientes textos y señálalos con un círculo.

A. Mi hijo era un chico alegre y normal cuando empezó la escuela secundaria. Tocaba la guitarra, cantaba, se interesaba por todo. Además, sus notas eran bastante buenas, aunque nunca ha sido un estudiante brillante. Sin embargo, al llegar a la escuela secundaria su vida cambió radicalmente. Se volvió tímido y huraño, pasaba horas en su habitación y no quería compartir su tiempo con la familia. Un día descubrimos la razón de su actitud: consumía drogas que le facilitaban algunos compañeros de la escuela. Poco a poco, supimos que en los recreos del patio se establecía un fructífero comercio ilegal que pasaba desapercibido a las autoridades de la escuela. En consecuencia, denunciamos el hecho a la policía y se le abrió un expediente al director. Desde entonces, los profesores tienen la obligación de vigilar y denunciar las actividades sospechosas que tienen lugar en el patio durante las horas de colegio.

1. Tema:
   a. El tráfico de drogas en el patio del colegio;
   b. La ineptitud del director de la escuela;
   c. La crisis de adolescencia de los hijos.

2. Propósito:
   a. Denunciar una situación;
   b. Informar sobre unos hechos;
   c. Narrar una secuencia.

3. Punto de vista:
   a. El padre de un alumno;
   b. Un hijo problemático;
   c. El director de la escuela.

B. Los estudiantes de la escuela secundaria El Olivo queremos protestar por algunas de las medidas de control que se han establecido recientemente en nuestro centro. Primero, durante la hora del recreo, los profesores no permiten que haya grupos de tres o más estudiantes. Esta medida atenta contra la libertad individual porque penaliza el derecho de tener amigos y reunirse con ellos. Segundo, al entrar en las clases, nos obligan a mostrar el contenido de nuestros bolsillos. Esto va contra el derecho a la intimidad y a tener cada uno lo que quiera. Nos parece inaceptable que se culpabilice a todos los estudiantes por casos aislados de venta y consumo de drogas en el colegio.

1. Tema:
   a. El tráfico de drogas en el patio del colegio;
   b. Las nuevas medidas de control en la escuela;
   c. La antipatía de los profesores.
2. Propósito:
   a. Denunciar una situación;
   b. Informar de unos hechos;
   c. Narrar una secuencia.
3. Punto de vista:
   a. Los profesores;
   b. Los padres;
   c. Los estudiantes.

Segunda fase. Ahora, usa tus propias palabras para determinar el tema, el propósito y el punto de vista del siguiente texto.

Te escribo para contarte algo que ha ocurrido recientemente en el colegio y que nos tiene a todos los profesores realmente indignados. Todo empezó cuando los padres de un alumno descubrieron que estaba tomando droga. El chico tenía la costumbre de juntarse durante el recreo con una pandilla algo conflictiva. A raíz de esta relación empezó a probar algunas sustancias ilegales que le proporcionaban sus amigos. Cuando sus padres lo descubrieron, denunciaron al director del colegio por falta de control sobre las actividades del patio. Entonces, el director, para evitar problemas, nos envió una carta obligándonos a los profesores a ejercer de policías y a informar con detalle de las actividades de cada uno de los estudiantes del centro. Nosotros no estamos de acuerdo porque esto no forma parte de nuestro contrato.

1. Tema:
2. Propósito:
3. Punto de vista:

Tercera fase. Comenten entre ustedes el punto de vista y los argumentos que encierran cada uno de los textos anteriores e intercambien sus opiniones y conocimientos sobre el tema del tráfico de droga en los colegios.

A tener en cuenta

El análisis de textos y el comentario

Antes de hacer un comentario es necesario analizar el texto. Hay muchas maneras de hacerlo, pero a continuación te damos unas pautas que pueden ser útiles.

El análisis de texto

- **Localización.** Hay que situar el texto en su contexto histórico, en el conjunto de la obra de un autor, en su entorno cultural, etc. Ejemplo: «Este texto proviene de una de las cartas que el escritor Benito Pérez Galdós envía a la escritora Emilia Pardo Bazán a finales del siglo XIX.»

- **Clasificación.** Los textos pueden clasificarse de diversas maneras: por su género literario (novela, poesía, teatro, etc.); por el género de escritura (descriptivo, narrativo, expositivo, argumentativo, etc.); por su función (informar, denunciar, narrar, etc.); por su contenido (jurídico, publicitario, humorístico, administrativo, etc.); por su lenguaje (coloquial, oficial, etc.).

- **Determinación.** Es necesario determinar los siguientes puntos: (a) el tema principal; (b) el punto de vista; y (c) el propósito. Para determinar del tema principal hay que hacerse la pregunta ¿Sobre qué es el texto? Pero contestar esta pregunta no siempre es fácil porque es necesario sintetizar muy bien el contenido del texto y ver qué es lo realmente importante. Utiliza las técnicas del resumen que aprendiste en el capítulo 1.

- **Estructura.** La estructura de los textos varía mucho pero es importante analizarla porque nos puede dar claves para entenderlo mejor. Ejemplo 1: Tesis —Argumentación— Conclusión. Ejemplo 2: Bloque temático A —Bloque temático B.

- **El lenguaje.** El lenguaje de los textos puede analizarse a varios niveles: (a) Fonético-fonológico (juego de sonidos, desviaciones del sistema fonológico común, onomatopeyas, repeticiones de sonidos, etc.); (b) Morfosintáctico (repeticiones de palabras, frecuencia de elementos verbales, tipo de sintaxis, etc.); (c) Léxico-semántico (connotaciones, metáforas, campos semánticos, etc.).

- **Los iconos.** A veces los textos van acompañados de ilustraciones, figuras, fotos, etc. Estos iconos suelen aportar algún significado al texto y es necesario analizarlos también.

El comentario

Es un ejercicio de síntesis y de redacción sobre todo lo que se ha ido analizando.

La opinión personal

El análisis y el comentario pueden dar lugar a una opinión personal que debe ser razonada y fundamentada en las conclusiones del análisis.

 5-7 **De qué se trata.** Antes de leer la noticia y el artículo a continuación, hagan las siguientes actividades de preparación.

1. **El vocabulario.** Dediquen cinco minutos a escribir en la pizarra todas las palabras que asocien con las palabras **enfermedad** y **salud**.

2. **Lo que tú sabes.** Los conocimientos que tienen sobre el mundo en que vivimos y sobre la vida en general son muy útiles para comprender un texto. El texto que van a leer trata de una enfermedad producida por un parásito. ¿Qué saben sobre este tipo de enfermedades? ¿Pueden dar algún ejemplo de ellas? ¿Cómo se transmiten? ¿Qué se puede hacer para prevenir algunas de ellas? ¿Cómo se pueden tratar?

3. **El titular y la entrada.** Lean el titular y el primer párrafo de esta noticia. ¿Han oído hablar de la enfermedad de Chagas? ¿Qué son las momias? ¿En qué partes del mundo se han encontrado momias? ¿En qué países de Centro o Sudamérica se han encontrado momias? ¿Han visto alguna en un museo? ¿Cómo son?

---

1. La noticia　　　　　　　　　　　　　　　　　　　　　**04/Feb/04**

Un mal transmitido por insectos fue hallado en momias antiguas

Los investigadores han descubierto que el mal de Chagas, una enfermedad mortal de la sangre provocada por un parásito (*Trypanosoma cruzi*) y que es transmitida por insectos (hemípteros hematófagos[1]), existe en Centro y Sudamérica desde hace por lo menos 9.000 años.

Un equipo de investigadores dirigido por Arthur C. Aufderheide de la facultad de medicina de la Universidad de Minnesota ha informado que el mal infectaba a los habitantes de los Andes costeños[2] desde hace 9.000 años.

En una edición reciente en Internet de *Proceedings of the National Academy of Sciences*, se informa que el equipo hizo ensayos con 283 momias y encontró rastros del ADN del parásito que provoca el mal en el 41 por ciento de ellas.

El mal de Chagas es provocado por el parásito *Tripanosoma cruzi*, emparentado con el microorganismo que produce la enfermedad del sueño en África, que penetra en los tejidos del huésped[3] y se multiplica. No tiene cura[4], y si bien el deterioro suele ser muy lento, el mal acaba por destruir los sistemas del paciente. El parásito es difundido por insectos que se alimentan de sangre, del orden de los Hemípteros.

Las momias fueron preservadas naturalmente por el clima árido[5] de los Andes en lo que hoy es Perú. Las poblaciones humanas de la región datan del 7050 AC, y los rastros del mal aparecían en la misma proporción, independientemente de la edad o sexo de la persona.

Los investigadores señalan que los techos de paja[6] donde se reproducen fácilmente los insectos eran comunes en tiempos antiguos y aún lo son en la región.

La Cruz Roja, alarmada por informes sobre Chagas en Estados Unidos, anunció el año pasado que empezará a buscar rastros[7] de la enfermedad en las donaciones de sangre. Se ha informado de siete casos, transmitidos por transfusión, en Estados Unidos y Canadá desde 1986.

Esta página se accede desde http://axxon.com.ar/mus/info/040069.htm

---

[1]Un tipo de insectos que chupan sangre　[2]Cercanos a la costa　[3]En este caso se refiere al enfermo　[4]Curación　[5]Duro y seco
[6]*Straw*　[7]Huellas, *traces*

5-8 **Una enfermedad mortal.**

Primera fase. Después de leer la noticia contesten las siguientes preguntas.

1. ¿Qué es el mal de Chagas? ¿Cómo se transmite? ¿Qué efectos tiene?

2. ¿Dónde se han encontrado restos de la enfermedad? ¿Cómo se han comprobado estos restos? ¿Qué indica este hallazgo (*finding*)?

3. ¿Dónde viven los insectos transmisores de la enfermedad? ¿Qué personas son más propensas a adquirir esta enfermedad? ¿Cuál es la causa probable de la transmisión por transfusión de sangre?

Segunda fase. Elaboren entre todos una lista de preguntas que les sugiera la noticia sobre este tema y comprueben si el artículo siguiente las contesta.

---

2. El ensayo.

Reportaje

■ Chagas, la epidemia silenciosa

18 millones de suramericanos sufren la dolencia, que tiene el 15% de mortalidad y sólo da síntomas cuando ya es irreversible.
ANA GABRIELA ROJAS - Madrid
EL PAÍS - 26-04-2005

Una chinche[1] pica y no pasa nada. De momento. Porque en realidad ha activado una bomba de tiempo. El insecto ha transmitido un parásito, el *Tripanosoma cruzi*, por el que 10 o 20 años después del contagio, hasta el 40% de los afectados sufrirán daños en el corazón, esófago, colon y sistema nervioso. El proceso, conocido como enfermedad de Chagas, es entonces irreversible y mortal hasta en el 15% de los casos.

La Organización Mundial de la Salud (OMS) calcula que unos 18 millones de latinoamericanos viven, sin saberlo, con esta *silenciosa* enfermedad, que no suele dar síntomas hasta que está en una fase avanzada. Según los datos más conservadores, unas

43.000 personas mueren por esta causa cada año en el continente americano, de donde este mal es exclusivo. Los países más afectados son los centroamericanos, principalmente Honduras y Nicaragua, y los andinos, sobre todo Bolivia, donde el Chagas es la cuarta causa de muerte. Médicos sin Fronteras España (MSF-E) asegura que los afectados «pueden ser muchos más», pues «unos 100 millones» de personas viven en contacto con el parásito y, por lo tanto, con riesgo de infección.

Silvia Sepúlveda, impulsora del proyecto internacional Chagas Space, por el que un grupo de investigadores de Argentina, Chile, Uruguay, Costa Rica y de la NASA intenta conseguir la curación de la enfermedad de Chagas, asegura que el parásito que la produce tiene enzimas similares a las del sida. Ambas atacan al sistema inmunitario, sólo que el Chagas de una manera más lenta. En ambos casos, el paciente no muere por la enfermedad

---

[1]Insecto de color rojo oscuro, de cuatro o cinco milímetros de largo, antenas cortas y cabeza inclinada hacia abajo (*bedbug*)

(Continúa)

en sí, sino por el daño que ha causado en otros órganos.

El 80% de los contagios son por la chinche, pero existen otras vías, como las transfusiones de sangre y el contagio de madre a hijo durante el embarazo. Algunos casos apuntan a que también podría transmitirse por comer alimentos contaminados con gran cantidad de heces[2] del insecto.

El Chagas «está ligado a la pobreza» dice Fran Román, coordinador del proyecto de Médicos sin Fronteras en América Latina. Por su precario estado, las casas rurales, con paredes de barro y techo de paja, son las más propensas a albergar los insectos portadores del parásito. El diagnóstico «es complicado» indica Román. Requiere de técnicas de laboratorio inalcanzables en muchos lugares «por falta de voluntad política y de dotación presupuestaria[3]».

El Chagas, además de ser silencioso, está silenciado, según ha denunciado la presidenta de MSF-E, Emilia Herranz. «Se ignora a los que sufren la enfermedad porque no se busca activamente a los infectados y no se aplican programas de diagnóstico, tratamiento y gestión del mal una vez contraído» asegura Herranz, que responsabiliza a los gobiernos de los países afectados y a los organismos internacionales, pero también al desinterés de la industria farmacéutica.

Los dos únicos medicamentos que hay disponibles (nifurtimox y benznidazol) son los que se utilizaban hace 30 años. «No son precisamente óptimos: requieren un tratamiento prolongado y la frecuencia de los efectos secundarios [daño del hígado, vómitos, dolor de cabeza] es elevada, y eso contribuye a que el índice de curación sea bajo» afirma Médicos sin Fronteras España. Por si las dificultades fueran pocas, uno de los laboratorios ha dejado de comercializar el medicamento, argumentando que «la escasa demanda no rentabiliza la producción y la distribución, y mucho menos el inicio de programas de investigación».

La investigadora del proyecto Chagas Space está de acuerdo: «Las farmacéuticas tienen poco interés porque la mayoría de los enfermos son pobres». Sin embargo, ella tiene más esperanzas y asegura que los investigadores han logrado una fórmula para matar los parásitos, pero todavía les quedan «dos o tres años para estudiar muchos parámetros, como los efectos de toxicidad y la lipofilia[4] antes de poder iniciar la fase de prueba».

La investigación de este grupo internacional se ha complicado desde que la NASA ha decidido dejar de aportar[5] en 2005 fondos por 1,7 millones de dólares (más de 1,3 millones de euros), alegando el coste que le significó el accidente del transbordador *Columbia*. «La situación es grave» reconoce la investigadora.

El escritor uruguayo Eduardo Galeano escribe en un libro sobre la enfermedad editado por MSF: «Elige a sus víctimas en el pobrerío. Las muerde y lentamente, poquito a poco, va acabando con ellas. Sus víctimas no tienen derechos, ni dinero para comprar los derechos que no tienen. Ni siquiera el derecho de saber de qué mueren».

---

[2]Excrementos.   [3]*Budget allocation*.   [4]*The ability of a substance to dissolve in an oily liquid*   [5]*To stop contributing*

5-9 **Analiza el texto y coméntalo.**

Primera fase. Después de leer el texto y de asegurarte de que comprendes casi todo, sigue las siguientes pautas para analizarlo. Toma notas para cada punto.

1. **Localización.** ¿De dónde proviene el texto? ¿En qué sección del periódico encontramos probablemente un texto como éste? ¿Sabemos si hay otros artículos en ese periódico que se relacionan con el tema? ¿Quién es el/la autor/a? ¿Tenemos información

sobre este/a autor/a? Por el lugar donde encontramos este texto, ¿será un artículo especializado o de divulgación?

2. Clasificación. Las preguntas anterio... es nos ayudan a clasificar ...rario? Dentro del género ...n noticia, un artículo de ...scriptivo, narrativo, expo-...ción: informar, denun-...ín su contenido?

...icipal del texto? Resume el ...árrafo breve. ¿Cuál es el ...es el propósito del/de la

...xto? ¿Hay un patrón en la ...ón?

...iliza el texto? ¿Es un len-...: una sintaxis complicada ...s impersonales? ¿Cuáles ...sintácticas hay? ¿Hay ...¿Cuáles son? ¿Hay citas ...opósito tienen las citas? ...formación sobre las

...ones) que acompañan al

...e un párrafo comentando ...i necesitas ayuda para **...enta** en la página 171.

...omentario cumple los ...a la letra correspondiente. ...iero/a y evalúa el suyo.

...ura clara. Localiza el texto

...xto es pertinente.

...del texto están bien

...lizada correctamente.

5. _____ El análisis del lenguaje ayuda a clasificar y a comprender el texto.

6. _____ La opinión personal está expresada claramente.

Segunda fase. Escríbele una nota a tu compañero/a indicando si su comentario es acertado o no y por qué. Indícale tanto los aspectos positivos como los posibles defectos del comentario (por ejemplo, si el tema del texto no está bien resumido, si hay detalles importantes del texto que se olvidó de mencionar, etc.).

5-11 **Más allá de la música.** Antes de leer el ensayo anota tus respuestas a los siguientes puntos.

1. ¿Qué aportaciones han hecho los afroamericanos a la historia de la música en Estados Unidos? Escribe un párrafo explicando cuáles han sido las aportaciones en cuanto a:
   a. tipos de música.
   b. instrumentos.
   c. ritmos.
   d. intérpretes.

2. ¿Conoces la música de Latinoamérica? Haz una lista para cada uno de los siguientes apartados sobre la música de Latinoamérica.
   a. tipos de música
   b. instrumentos que se usan
   c. músicos que conoces
   d. bailes

3. Explica brevemente lo que sabes sobre los siguientes tipos de música. Busca información en Internet o pregunta a tus compañeros si no conoces alguno.
   a. el jazz
   b. el reggae
   c. la rumba
   d. el bolero

4. Fíjate en el título y en los subtítulos que marcan la estructura del siguiente ensayo para hacerte una idea de lo que vas a leer. Luego lee el primer párrafo y asegúrate de que comprendes las palabras «frutos», «conchas», «huesos», «troncos», «palos». ¿Por qué se usan esas palabras en un texto que habla sobre música? ¿Qué instrumentos de percusión conoces?

Ensayo

La música africana en el Caribe

■ INTRODUCCIÓN

Los esclavos africanos trajeron al nuevo mundo el uso del tambor, que tomó un profundo arraigo en la región del Caribe, donde mostraron una gran creatividad al adaptar frutos, conchas de animales, huesos, troncos y palos para crear una manera especial de hacer música —una forma que aún perdura en la conciencia y en el arte musical de nuestros días.

Esa forma de hacer música, que inicialmente tal vez se hacía para complacer a espíritus y dioses, con el paso del tiempo fue dando origen a diversas formas musicales desprovistas de esa urgencia religiosa y que, en cambio, acogen otras necesidades más humanas, tales como el erotismo, la celebración de la vida misma, y que llegan incluso a convertirse en medios para la crítica política. Y así surgen los ritmos básicos de la rumba y el danzón, de los cuales se derivará posteriormente una amplia gama que, desde el bolero al merengue, pasando por la guaracha, el son, la guajira y otros muchos, constituyen la riqueza musical del mundo caribeño.

Durante siglos esta música, caracterizada por su intenso uso de la percusión, permaneció casi oculta para la cultura dominante y llegó incluso a ser considerada salvaje. Sin embargo, llegado el Siglo XX, se despertó un marcado interés entre compositores cultos por recoger esas melodías e incorporarlas en sus creaciones. Por la misma época, los poetas de la región descubren en la sonoridad especial del lenguaje de los negros una inspiración para su poesía, y ellos también se dedican a recoger o a imitar sus canciones y sus coplas. Poetas como Guillén, Palé Matos, Eloy Blanco, por citar sólo unos pocos, expresan en sus obras la sensibilidad de poetas populares de origen africano. Y entonces, esta música comenzó a invadir el mundo entero.

Un tipo de canción amorosa: el bolero

Los años cuarenta y cincuenta del Siglo XX marcan la época gloriosa del bolero, cuando las voces de Agustín Lara y Bobby Collazo, entre muchos otros, hacen volar no sólo por todo el continente, sino, incluso, por Europa, los grandes boleros del repertorio amoroso de la canción americana. Pero lo más interesante de este momento es la búsqueda de una hermandad musical con la cultura africana de los Estados Unidos, cuando los grandes boleristas de la época buscan acercarse al estilo interpretativo que cantantes como Billie Holliday o Ella Fitzgerald popularizan con el nombre de *«feeling»*.

La popularización

La popularización del radio y el cine presenta a la música caribeña una gran oportunidad para extender su difusión. Así, mientras en Estados Unidos se escucha y se baila con la música de las *Big Bands*, en el Caribe se forman grandes orquestas que crean unas de las formas musicales más populares de los años cincuenta y sesenta. La rumba y el mambo se escuchan en radios y películas, tanto latinoamericanas como norteamericanas y europeas, interpretados por orquestas y artistas como Pérez Prado («el rey del mambo»), Benny Moré («el bárbaro del ritmo»), Machito, o la Sonora Matancera, uno de los conjuntos de mayor prestigio y trayectoria de la música popular.

El florecimiento

Pero la evolución de esa música no terminó en el Siglo XX. Al contrario, en las últimas décadas del siglo pasado floreció una variedad musical y temática que presenta un arco iris que va desde la salsa caliente y neoyorquina de la grandísima Celia Cruz hasta la más delicada nueva trova cubana, cargada, al igual que el reggae de Bob Marley o los merengues de Juan Luis Guerra, de una clara crítica política y social.

En conclusión, el esfuerzo de aquellos africanos esclavizados en las islas del Caribe para agarrarse a su música y a su cultura como medio para afirmar su existencia y encontrar la dignidad que se les negaba, se convierte en la música caribeña en un motivo recurrente. Y es, precisamente, esa profunda raíz tradicional que sigue estando presente en la música caribeña de hoy lo que la hace única, rica, verdadera.

5-12 **Analiza y comprende.**

Primera fase. Después de leer el ensayo, ordena las siguientes ideas, indicando en cuál de las cuatro partes del texto se encuentran.

1. Los ritmos caribeños se han extendido por todo el mundo.
2. A veces la música del Caribe llegó a tener contenidos sociales y políticos.
3. Los cantos religiosos dieron paso a la música bailable.
4. La música afro de Norteamérica y Latinoamérica se influyeron mutuamente.
5. Músicas de origen afroamericano influyeron en compositores de música clásica.
6. Las grandes orquestas se popularizaron por la radio.
7. La percusión tiene una importancia enorme en el ritmo caribeño.
8. La poesía de algunos autores latinoamericanos está influida por estos ritmos.

Parte 1 (Introducción): _____

Parte 2 (Un tipo de canción amorosa: el bolero): _____

Parte 3 (La popularización): _____

Parte 4 (El florecimiento): _____

Segunda fase. Rellena el siguiente cuadro con información obtenida del texto.

1. Objetos utilizados como instrumentos	
2. Tipos de música popular	
3. Cantantes de boleros	
4. Músicos de orquesta	
5. Poetas influidos	
6. Músicos de reggae, salsa o merengue	

Tercera fase. Utilizando las técnicas del resumen, escribe cuatro párrafos para resumir el contenido de cada una de las cuatro partes del artículo y comparte los cuatro párrafos con la clase.

 5-13 **Investiga y escribe.**

Primera fase. Elige uno de los temas a continuación u otro tema relacionado con la música afroamericana que te interese y prepárate para escribir un breve ensayo (tres o cuatro párrafos). Asegúrate de seleccionar bien tus fuentes y de citarlas.

1. Los instrumentos de percusión
2. La rumba y el bolero
3. La poesía de Nicolás Guillén
4. Los bailes de Latinoamérica
5. La música de Benny Moré
6. La nueva trova cubana

Segunda fase. Después de escribir tu ensayo comprueba lo siguiente.

1. _____ El ensayo tiene un título apropiado y atractivo.
2. _____ La idea principal del ensayo aparece en una entrada o en el primer párrafo.
3. _____ El ensayo está organizado en secciones que contienen distintas unidades temáticas.
4. _____ Se usan conectores para ligar los párrafos.
5. _____ Hay consistencia en el uso de los tiempos verbales.
6. _____ Las citas directas o indirectas aportan información y se insertan bien en el texto.
7. _____ El ensayo es informativo y tiene un final coherente.

> **CUADERNO**
> **Tarea**
>
> Leer la sección **El arte de escribir un ensayo expositivo** del capítulo 5 del *Cuaderno*.
> Actividades: 5-5, 5-6, 5-7, 5-8, 5-9, 5-10, 5-11, 5-12, 5-13 y 5-14.

PRODUCCIÓN

El proyecto

5-14 Un ensayo expositivo. Usa los conocimientos sobre América Latina o España adquiridos en lecciones anteriores para escribir un ensayo expositivo sobre un aspecto de tu interés relacionado con alguno de los temas tratados en este libro. Además de la información que ya tienes, debes incorporar otra información relevante que puedes buscar en la página electrónica de *La escritura paso a paso* (http://www.prenhall.com/laescritura) y en otras fuentes impresas. Para ayudarte a escoger un tema, revisa la siguiente lista de sugerencias. Si te decides por un tema que no esté incluido en esta lista, debes conseguir la aprobación de tu profesor/a antes de empezar a trabajar en él.

Asegúrate de que tu ensayo cumple los siguientes requisitos.

1. Tiene una introducción en la que se explica claramente el tema y el orden de la exposición.
2. Muestra sin lugar a dudas que has investigado tanto en la Red como en la biblioteca.
3. Incorpora citas textuales o resumidas con sus referencias bibliográficas, siguiendo el estilo usado en tu disciplina.
4. Tiene también una sección de bibliografía con el título y estilo adecuados a las convenciones usuales en tu disciplina.
5. Tiene una extensión de más de una pero menos de cuatro páginas.

Posibles temas para el proyecto

1. Sobre la prensa:
   a. Los periódicos del mundo hispánico y los de tu país
   b. La prensa diaria y la prensa semanal
   c. La prensa de ámbito local y la prensa nacional
2. Sobre la publicidad:
   a. El anuncio clasificado y la publicidad en televisión

3. Sobre los países:
   a. Una ciudad del mundo hispánico
   b. El turismo ecológico en algún país del mundo hispánico
   c. Los recursos naturales de algún país hispánico

4. Sobre la cultura:
   a. La riqueza arqueológica de algún país hispánico
   b. La música de España o del Caribe
   c. América, Europa y África se encuentran en la música

5. Sobre la sociedad:
   a. La salud en los países de América Latina

5-15 **¡Atrévete!** Selecciona uno de los aspectos tratados en tu ensayo y desarróllalo para escribir otro ensayo expositivo más específico, de una extensión máxima de dos páginas. Incluye también citas y referencias bibliográficas y una sección de bibliografía para mostrar que has hecho una investigación sobre el tema.

Taller de escritura

A diferencia de otros tipos de texto que has escrito en este curso, el ensayo —y en especial el **ensayo académico**— exige una preparación muy específica antes de empezar a escribir. Un ensayo expositivo tiene como propósito, entre otras cosas, **definir** o explicar algo; mostrar el funcionamiento de un mecanismo, ya sea tecnológico o social; informar sobre algo que suponemos que el/la lector/a desconoce o no conoce muy bien. De aquí se deduce que para poder escribir un ensayo expositivo tenemos que conocer bien el tema sobre el que escribimos. Es, por lo tanto, indispensable hacer una lectura previa en busca de la información que necesitamos para incluir en nuestro ensayo. Este estudio previo a la escritura es lo que llamamos una **investigación**.

El propósito de la investigación es encontrar la información que queremos incorporar en nuestro ensayo. Cuando encontramos información que nos será útil, debemos tomar nota de ella. Así, principalmente, tomaremos dos tipos de notas: textuales y resumidas. Las **notas textuales** son aquellas en las que reproducimos el texto que leemos tal y como aparece en el original. Estas notas deben ir entre comillas para recordar que estamos reproduciendo las palabras que hemos tomado. Por ejemplo:

Leemos	**Escribimos**
La investigación de este grupo internacional se ha complicado desde que la NASA ha decidido dejar de aportar en 2005 fondos por 1,7 millones de dólares (más de 1,3 millones de euros), alegando el coste que le significó el accidente del transbordador *Columbia*. «La situación es grave» reconoce la investigadora.	«la NASA ha decidido dejar de aportar en 2005 fondos por 1,7 millones de dólares»

Las **notas resumidas** son aquellas en las que, usando las técnicas de resumen que hemos estudiado anteriormente, hacemos una síntesis de la idea principal de un texto o de un fragmento. Conviene escribir la palabra «Resumen» junto a estas notas, a fin de acordarnos de que estamos reproduciendo la idea, no las palabras.

Leemos	**Escribimos**
La investigación de este grupo internacional se ha complicado desde que la NASA ha decidido dejar de aportar en 2005 fondos por 1,7 millones de dólares (más de 1,3 millones de euros), alegando el coste que le significó el accidente del transbordador *Columbia*. «La situación es grave» reconoce la investigadora.	Resumen: Debido a problemas económicos causados por el accidente del Columbia, la NASA suspendió su aporte a la investigación en 2005.

Una de las características distintivas de todo ensayo académico es que permite a los/las lectores/as comprobar que las citas están hechas correctamente, es decir, que no hemos tomado palabras fuera de contexto y que nuestros resúmenes de las ideas de un determinado autor son apropiados. A diferencia de los ensayos periodísticos —donde basta con nombrar el autor, o el título del libro o la página Web— en los ensayos académicos es indispensable incluir *toda* la información necesaria para encontrar el lugar exacto de donde hemos tomado esas palabras o esas ideas. Normalmente, esa información es la siguiente:

- Nombre del/de la autor/a
- Título del libro o revista (si es un libro de artículos o un artículo publicado en una revista, se debe incluir también el título del artículo)
- Lugar y fecha de publicación del libro, o volumen, número y fecha de la revista
- Página de donde proviene la cita textual o resumida

Conviene, por lo tanto, desarrollar la costumbre de tomar notas que incluyan toda esta información, a fin de poderla usar en el futuro.

Existen diferentes modelos o estilos de citar y de incluir la información sobre las fuentes de nuestras citas. Estos estilos varían de una disciplina a otra y, por lo tanto, no vamos a explicarlos en detalle en estas páginas, pero sí diremos que, por ejemplo, en los estudios de literatura y lengua, se suele utilizar el estilo desarrollado por la Modern Language Association (MLA), en tanto que en los estudios de psicología se suele utilizar el estilo desarrollado por la American Psychological Association (APA).

Estrategias para incluir la información sobre las fuentes en un ensayo

Una vez que has hecho tu investigación y tienes todas tus notas bien ordenadas y con la información necesaria para que otra persona pueda encontrar las fuentes, es necesario incluir dicha información en el texto de tu ensayo. Antiguamente se solía poner una **nota al pie de página**, y esa información se escribía en dicha nota. Sin embargo, en la actualidad se prefiere incluirla de manera simplificada en el texto mismo. De nuevo, la manera de hacer las **referencias bibliográficas** varía de unas disciplinas a otras, pero en general, se incluye entre paréntesis simplemente el apellido del autor y la página de donde proviene la cita. En cambio, la información completa sobre dicha fuente sólo se incluye en la **bibliografía** al final del ensayo, de manera que la referencia dentro del texto y la bibliografía al final del ensayo trabajan juntas para darnos toda la información necesaria.

La bibliografía es una parte fundamental de todo ensayo académico, puesto que nos permite ver de manera rápida, cuánto ha investigado el autor y en qué autoridades basa su trabajo. Podemos ver si ha usado los trabajos más recientes sobre el tema, o si en cambio usa fuentes antiguas y, quizás, obsoletas.

 5-16 **¿Cómo se cita en tu disciplina?** Averigua qué estilo se usa para hacer citas y referencias en tu disciplina. Encuentra dos o tres ejemplos de cómo se incluye una referencia en el texto, y de cómo se hace una ficha para la bibliografía cuando se trata de:

1. una cita que proviene de un libro.
2. una cita que proviene de un artículo publicado en una revista.
3. una cita que proviene de una página Web.

Trae tus ejemplos y compártelos con la clase y si necesitas ayuda sobre cómo hacer referencias y bibliografías, la encontrarás en la sección **A tener en cuenta** de la página 186.

Estrategias para acreditar las fuentes

Una de las mayores exigencias en el mundo académico es la honestidad intelectual, una parte importante de la cual consiste en dar el crédito correspondiente a los autores cuyas palabras o ideas hemos utilizado para escribir nuestro ensayo. El no dar el crédito debido a nuestras fuentes puede considerarse como un caso de plagio, y esta es una de las peores faltas que se pueden cometer en el mundo académico contra la honestidad intelectual.

Debemos dar crédito por todas las imágenes, gráficas, palabras e ideas que hemos tomado de otros textos, excepto aquellas ideas o términos que son de **dominio público**. Analicemos el siguiente ejemplo.

«Montevideo, la capital del Uruguay, tiene 1.330.405 habitantes y posee el mejor puerto natural de América del Sur.»

En esta oración hay tres datos importantes: (1) que Montevideo es la capital del Uruguay, (2) que tiene 1.330.405 habitantes y (3) que posee el mejor puerto natural del continente. De estos tres datos el primero es del dominio público (ya que podemos asumir que casi cualquier persona educada lo sabe) y aunque lo hayamos leído en varios textos, no es necesario dar ninguna referencia sobre ese dato. En cambio, los otros dos datos no son del dominio público y es importante indicar cuáles son nuestras fuentes. Por lo tanto, la manera correcta de incluir la información en nuestro texto sería algo así:

«Montevideo, la capital del Uruguay, tiene 1.330.405 habitantes (Red Académica Uruguaya) y posee el mejor puerto natural de América del Sur (Gran Enciclopedia 8085).»

Estas referencias le indican al/a la lector/a que el número de habitantes de Montevideo lo hemos tomado de la Red Académica Uruguaya y que la información sobre el puerto de Montevideo proviene de la página 8085 de la *Gran Enciclopedia Universal Espasa Calpe*. En la bibliografía, al final del ensayo, se podrá encontrar la información completa y precisa sobre estas dos fuentes.

Gran Enciclopedia Universal Espasa Calpe. «Montevideo».
    Madrid: Espasa-Calpe, 2004.
Red Académica Uruguaya. «Montevideo». Versión de
    noviembre de 1999. Visitado el 28 de julio 2005.
    <http://www.rau.edu.uy/uruguay/generalidades/mvd. htm>.

Algunos estudiantes piensan que si incluyen muchas referencias en sus ensayos, sus profesores van a pensar que ellos no han trabaja-do bastante, o que no han presentado un ensayo original, y por eso prefieren utilizar ideas o textos ajenos sin incluir la referencia adecuada. Esto es un error fundamental y debes evitarlo, porque, en general, ocurre todo lo contrario. La presencia de citas y referencias bibliográficas le demuestra al profesor cuánto has investigado.

Otro error frecuente es pensar que no es necesario dar crédito por los textos o ideas que se han encontrado en el Internet. Recuerda que todo lo que se ha publicado en el Internet fue escrito o pintado o fotografiado por alguien y que si tú has usado sus palabras, sus imágenes o sus ideas, es una cuestión de honestidad darle el crédito debido.

A tener en cuenta

La bibliografía

Los siguientes son ejemplos de cómo escribir la bibliografía de un ensayo. Estos ejemplos están basados en el estilo de la MLA, en el cual la bibliografía recibe el título de «Obras citadas». ¡Pon atención a la puntuación!

Ficha bibliográfica de un libro:

Abello, Ignacio T. *Violencias y cultura*. Bogotá: Universidad de los Andes, Ceso, 2002.

<Apellido, Nombre del autor. *Título del libro en itálicas* o subrayado. Ciudad de publicación: Casa editorial, Fecha de publicación.>

Ficha bibliográfica de un artículo de una revista:

Ropero, Miguel. «Coplas flamencas populares.» *Litoral* 238 (2004): 40–54.

<Apellido, Nombre del autor. «Título del artículo entre comillas.» *Título de la revista en itálicas* o subrayado. Número de la revista (Fecha de publicación): Páginas.>

Ficha bibliográfica de un artículo de periódico:

García Márquez, Gabriel. «La misión secreta de García Márquez.» *El País*. Domingo 5 de junio de 2005: 1–5.

<Nombre del autor. «Título del artículo entre comillas.» *Nombre del periódico en itálicas* o subrayado. Fecha de publicación: páginas.>

Ficha bibliográfica de una página Web:

Red Académica Uruguaya. «Montevideo» versión de noviembre de 1999. Visitado: 28 de julio 2005. <http://www.rau.edu.uy/uruguay/generalidades/mvd.htm>.

<Autor o Dueño de la Página. «Título de la página entre comillas» fecha de la versión consultada, si la hay. Fecha de la última vez que la página fue consultada. Dirección completa y exacta.>

Para más detalles consulta la edición más reciente del *MLA Handbook for Writers of Research Papers*, o el manual apropiado a tu disciplina.

La organización de un ensayo expositivo: la introducción y el tema central

Puesto que un ensayo expositivo tiene por objeto explicar algo, presentar una idea o definir un concepto, es muy importante que esté bien organizado para que pueda cumplir su función. Como en otros textos en los que has trabajado, en un ensayo expositivo académico también es esencial presentar el tema general en la introducción, pero además, en la misma introducción, conviene explicarle al lector cómo vas a tratar el tema y el orden que vas a seguir. Estudia el siguiente ejemplo.

La enfermedad de Chagas, producida por el *Trypanosoma cruzi*, es una de las principales enfermedades parasitarias de América

Latina, y sin embargo es una de las menos conocidas. No existen muchas investigaciones recientes sobre ella y por lo tanto las drogas que se utilizan actualmente no han cambiado en más de 30 años. En este ensayo se presenta una historia de la enfermedad, una explicación de las razones por las cuales no se investiga sobre ella tanto como sería necesario y, para terminar, se hace una propuesta para cambiar la situación.

Esta introducción presenta el tema general del ensayo (la enfermedad de Chagas, de la cual se ofrece una brevísima definición), e inmediatamente presenta los aspectos básicos que se tratarán: (1) es muy poco conocida (el ensayo va a tocar este aspecto presentando una historia de la enfermedad); (2) no hay mucha investigación ni drogas nuevas (el ensayo va a tocar este punto explicando las razones de esta situación); finalmente, (3) el autor va a presentar una propuesta para cambiar esta situación. Después de leer esta introducción el/la lector/a sabe qué va a encontrar y en qué orden.

5-17 **Acredita tus fuentes.** A continuación te mostramos las notas que nos sirvieron para escribir la introducción anterior. Vuelve a escribir el párrafo, poniendo las referencias apropiadas a las fuentes.

«Los dos únicos medicamentos que hay disponibles (nifurtimox y benznidazol) son los que se utilizaban hace 30 años.» Rojas, Ana Gabriela. «Chagas, la epidemia silenciosa.» *El país* - 26-04-2005, SOCIEDAD/37

Resumen: la enfermedad de Chagas es provocada por el parásito *Trypanosoma cruzi* y es transmitida por la picadura de insectos. Eduardo Carleti. *Insectos de Argentina y el Mundo.* «Un mal transmitido por insectos fue hallado en momias antiguas». Fecha: 04/Feb/04, visitado: 7 de julio 2005. http://axxon.com.ar/mus/info/040069.htm.

5-18 **Analiza esta introducción.**

Primera fase. Lee la siguiente introducción a un ensayo expositivo sobre el puerto de la ciudad de Montevideo.

Diferentes países tienen diferentes recursos naturales y mientras unos son ricos en metales preciosos, otros, como es el caso de Uruguay, poseen puertos naturales que permiten la entrada de grandes barcos comerciales. Siendo Uruguay un país pequeño, la importancia que el puerto natural de Montevideo ha tenido a lo largo de su historia ha sido crucial. En la actualidad, con el fortalecimiento del Mercosur, el mercado común en el que participa con sus países vecinos, el puerto de Montevideo se ha convertido en una de las principales fuentes de trabajo del país. Este ensayo hará una breve historia del puerto y mostrará lo que el gobierno de Uruguay hace actualmente para aprovechar este recurso natural al máximo.

Segunda fase. Rellena la tabla siguiente con la información obtenida de la lectura de párrafo introductorio anterior.

Preguntas	Respuestas
1. ¿Cuál es el tema de este ensayo?	
2. ¿Qué aspectos parciales y en qué orden va a tratar?	
3. Indica otra información que se incluye en este párrafo.	

5-19 **Reconoce el tema y el orden.**

Primera fase. Estudia el siguiente ensayo expositivo. Toma nota del tema central, de los diferentes aspectos tratados y del orden en que se tratan.

Mercosur es el mercado común en el que participan Argentina, Brasil, Paraguay y Uruguay, creado mediante el Tratado de Asunción que entró en vigor el 29 de noviembre de 1991. Existen, además, cuatro protocolos y muchas actas y acuerdos, que han ido modificando y actualizando las normativas vigentes para crear las bases legales de la integración entre los países miembros.

La compleja estructura del Mercosur consta de tres órganos decisorios que son: el Consejo del Mercado Común, El Grupo Mercado Común y La Comisión de Comercio del Mercosur. Tiene también un órgano en el que están representados los parlamentos de los países miembros. Adicionalmente, hay un Foro Consultivo Económico-Social. Finalmente, la estructura del Mercosur incluye un órgano de apoyo llamado Secretaría del Mercosur.

Aunque normalmente se piensa que Mercosur es una organización con fines exclusivamente comerciales, en realidad, es también un espacio para el intercambio cultural, ya que uno de sus propósitos es el de buscar la integración cultural de la región y para ello promueve actos culturales y fomenta el conocimiento de las lenguas de los países miembros (Mercosur).

Segunda fase. Ahora lee y compara los siguientes párrafos introductorios. Selecciona el que te parezca más apropiado para este ensayo y comparte tu opinión con la clase, explicando tus razones.

Párrafo A
En un mundo dominado por la globalización, todos los intercambios comerciales adquieren una gran importancia. Por esta razón, algunos países han decidido crear espacios para el intercambio de productos con países de su misma región geográfica. Sin embargo, algunos economistas, entre los que destacan Smith, Laurence y Martínez, critican el modelo de mercado común regional, uno de cuyos ejemplos más recientes es el Mercosur.

Párrafo B
En un mundo dominado por la globalización, todos los intercambios comerciales adquieren una gran importancia. Por esta razón, algunos países han decidido crear espacios para el intercambio de productos con países de su misma región geográfica. Uno de los ejemplos más recientes es el Mercosur, que incorpora a unos 200 millones de consumidores potenciales. El presente ensayo explica brevemente el marco legal de este mercado, su estructura organizativa, y las implicaciones del Mercosur en el área cultural.

5-20 Escribe la introducción. Lee el siguiente ensayo expositivo sobre el compadrazgo. Enseguida, escribe una introducción y prepárate para compartirla con la clase.

El compadrazgo es una institución relacionada con la familia en los países de América Latina. Etimológicamente, la palabra significa «copaternidad», es decir el compromiso adquirido por el compadre y la comadre durante una ceremonia religiosa de compartir la paternidad de una criatura que es hija de otra familia.

En esta institución, por tanto, participan cinco personas: de una parte, el padre, la madre y el bebé; y de la otra, el padrino y la madrina. Sin embargo, la relación de «compadres» sólo se establece entre los padres y los padrinos. Entre éstos y el bebé se establece la relación de «padrinazgo» en la que el menor es el «ahijado» o «ahijada».

La función principal de la relación de «padrinazgo» es garantizar el bienestar del menor en caso de que falten sus padres, y se considera que es un mecanismo de protección social que funciona creando vínculos con personas ajenas a la familia nuclear, que entran así a formar parte de la familia extensa, mediante lo que ha sido llamado un «parentesco ritual» o «parentesco ceremonial» (Martens Ramírez 40). Se ha notado que esta relación es menos fuerte que la de «compadrazgo», que se establece entre los mayores, ya que estos quedan unidos por fuertes lazos de amistad y mutua obligación, respeto y solidaridad (Salas). Dentro de la iglesia católica se presentan muchas ocasiones en las que se necesita tener padrinos: el bautismo, la confirmación, la primera comunión, el matrimonio, etc., pero según Martens Ramírez, solamente el bautismo crea vínculos de compadrazgo (41).

Ya que el propósito es proteger al hijo o hija menor, se debe poner un cuidado especial al escoger sus padrinos de bautismo. Así, mientras para el matrimonio uno puede elegir padrinos jóvenes e inexpertos, la selección de los padrinos de bautismo es bastante más exclusiva. La mayoría prefiere a personas de integridad moral, solvencia económica y amplia experiencia, a fin de que puedan asumir a cabalidad sus obligaciones como segundos padres. Pero un aspecto muy importante a la hora de seleccionar padrinos es la relación social entre padres y padrinos, ya que hay dos posibilidades principales. La primera de ellas consiste en escoger a personas de la misma clase o grupo social con las que se tiene amistad o algún tipo de relación de igualdad. La segunda, y tal vez la más frecuente, consiste en seleccionar a personas que tienen una posición social y económica más elevada que los padres (Martens Ramírez 42). Cada una de estas opciones tiene sus ventajas, pero ambos casos permiten que el compadrazgo funcione como un mecanismo de integración social y como una red de apoyo a la familia.

Aunque hay variaciones locales en cuanto a las obligaciones que esta relación crea, el caso es que el compadrazgo siempre funciona para cohesionar el tejido social, creando lazos más fuertes entre los miembros de una comunidad determinada.

Desafortunadamente, sin embargo, esta institución ha creado una cierta cultura de la corrupción, ya que un compadre o comadre con poder político normalmente utiliza ese poder para favorecer a sus ahijados o compadres. Parece, pues, necesario que la ley introduzca límites que impidan el favoritismo que el compadrazgo estimula.

Obras citadas:

Martens Ramírez, Raquel. «El sistema de compadrazgo en una comunidad campesina de los Andes venezolanos.» *Boletín Antropológico* 48 (2000): 39–52.

Salas, Tenchy. «El bautizo, origen del estrecho compadrazgo.» Versión del 19 de marzo de 2004. Visitada 3 de marzo de 2006. http://www.lapalmainteractivo.com/vida/content/vida/tradicion/031804bautizo.html.

La organización de un ensayo expositivo: la conclusión y la opinión personal

Al igual que en otros tipos de textos que has escrito anteriormente, en un ensayo expositivo es posible usar la conclusión para presentar una opinión personal sobre el tema del ensayo. Dada la naturaleza de un ensayo expositivo y su propósito de informar, es importante mantener claramente separado lo que es puramente informativo de lo que es tu opinión personal, reservando esta para la conclusión.

Recuerda que la opinión que expresas en la conclusión debe ser coherente con lo que has dicho en el cuerpo del ensayo. Las opiniones expresadas deben ser presentadas de tal manera que no hieran la sensibilidad de posibles lectores/as, y recuerda que las opiniones extremas —críticas feroces o alabanzas desmedidas— suelen despertar sospechas entre los/las lectores/as y tienden a desacreditar a quien las emite.

Por otra parte, debes justificar tus opiniones mediante la explicación de las razones por las que piensas de tal manera.

CUADERNO

¿Necesitas ayuda para expresar opiniones? Busca esta información en la sección **Gramática aplicada** del capítulo 5 del *Cuaderno*.

La organización de un ensayo expositivo: la conclusión y la propuesta

Otra manera de terminar un ensayo expositivo es utilizando la conclusión para hacer una propuesta que, desde tu punto de vista, pueda mejorar o cambiar un determinado estado de cosas. Puedes apoyar una propuesta, aunque no necesariamente sea una idea original tuya. Por ejemplo, si estás escribiendo una exposición sobre la energía nuclear, después de explicar su historia y cómo funciona un reactor nuclear, en tu conclusión puedes proponer la necesidad de desarrollar energías limpias, como son, por ejemplo, la energía solar y la energía eólica.

CUADERNO

¿Necesitas ayuda para presentar planes y propuestas? Revisa la sección **El arte de escribir una propuesta** del capítulo 4 del *Cuaderno,* donde estudiamos algunas de estas estrategias.

5-21 **Analízalo.**

Primera fase. Hagan una lectura conjunta del ensayo sobre el compadrazgo en la página 189, tomando nota de las expresiones impersonales que encuentren en el texto.

Segunda fase. Hagan un análisis de la conclusión del mismo ensayo, y decidan si el autor (a) presenta una opinión y/o (b) presenta una propuesta.

Tercera fase. Informen a la clase sobre los resultados de su lectura y análisis.

Manos a la obra

La selección del tema

Vale la pena recordar que el propósito general de todo ensayo expositivo es el de enseñar, informar, presentar, o explicar algo, que bien puede ser un objeto (material o no) o un mecanismo, tanto social como tecnológico. No se trata de demostrar, probar o convencer. Recuerda que se trata de dar una información factual que nos permita explicar o presentar el tema elegido. Por lo tanto, es importante escoger un tema sobre el que tengamos información o la posibilidad de encontrarla en diversas fuentes.

Al escoger tu tema, piensa si es posible exponerlo dentro de los parámetros que se te han fijado. Así por ejemplo, si un profesor te asigna la tarea de escribir un ensayo expositivo sobre la ciudad de Santiago de Chile, pero te dice que tu ensayo no debe tener más de tres páginas, tú debes encontrar la manera de limitar el tema para que lo puedas incluir todo en sólo tres páginas. Para conseguir limitar tu tema, piensa en todos los aspectos de la ciudad que se podrían comentar. He aquí algunos: su localización y descripción; su historia; su importancia política; su importancia económica; sus monumentos; sus atracciones turísticas; sus barrios; sus restaurantes y bares; su vida nocturna; sus universidades… etc. Obviamente, en sólo tres páginas no puedes hablar de todo. Entonces tienes que hacer un esquema como, por ejemplo, el siguiente, para limitar tu ensayo.

- Descripción y entorno físico: ½ página (uno o dos párrafos)
- Historia: ¾ de página (dos o tres párrafos: la colonia, el Siglo XIX, la actualidad)
- Sus barrios más importantes: 1 página (un párrafo breve por cada uno de los cuatro barrios más importantes de la ciudad y un párrafo sobre otros menos importantes)
- Sus monumentos más importantes: ½ página (un párrafo en el que se describa el monumento más característico y se mencionen brevemente los otros)
- Introducción y conclusión: ½ página (dos párrafos)

Como ves, aunque tu profesor/a te ha dado un tema amplio, es posible limitarlo para poderte mantener dentro de los límites que te han puesto.

 5-22 Lluvia de ideas. Entre todos, hagan una lluvia de ideas para ver qué otros aspectos de la ciudad de Santiago se pueden tratar. Cuando la hayan terminado preparen al menos dos planes de trabajo diferentes, a semejanza del que se incluye arriba.

 5-23 Delimita tu tema. Entre los/las dos hagan una lluvia de ideas sobre los temas que han escogido para sus proyectos de este capítulo. Ayúdense a encontrar la mayor cantidad posible de aspectos a tratar. Entonces ayúdense a pensar de qué manera puede limitarse su tema, haciendo un esquema semejante al planteado arriba.

Estrategias para escribir un ensayo expositivo

Para escribir tu ensayo, ten en cuenta algunas de las siguientes estrategias que suelen utilizarse en ensayos de este tipo.

- **Definición.** En algunos casos, puedes incluir como parte de tu exposición una definición del objeto o proceso que vas a explicar. Una definición, según el *Diccionario de la Real Academia de la Lengua* es una «Proposición que expone con claridad y exactitud los caracteres genéricos y diferenciales de algo material o inmaterial». Los «caracteres genéricos» son aquellas características que lo asemejan a otros objetos del mismo género, es decir, aquellas características que nos permiten decir a qué grupo pertenece algo. Pero como ves, la definición también tiene que mostrar los caracteres «diferenciales», es decir, las diferencias que presenta con esos otros objetos del mismo género. Mira, por ejemplo, la definición que hace el mismo diccionario de la palabra *león*: «Gran mamífero carnívoro de la familia de los félidos, de pelaje entre rojo y amarillo. Tiene la cabeza grande, los dientes y las uñas muy fuertes y la cola larga y terminada en un fleco con cerdas. El macho se distingue por una larga melena.» En esta definición, los caracteres genéricos son: mamífero carnívoro y familia de los félidos; los caracteres diferenciales son: grande (lo diferencia de los gatos, también de la misma familia), cabeza grande (lo diferencia de los gatos, y también de los guepardos), pelo entre rojo y amarillo (lo diferencia de tigres y panteras), cola con cerdas (lo diferencia de gatos, tigres y otros félidos); la melena larga del macho (lo diferencia de tigres y otros félidos).

- **Descripción.** Una buena descripción de los aspectos físicos de un determinado objeto puede ser una excelente manera de presentarlo al público lector. Utiliza para ello todas las técnicas de la descripción que hemos practicado en este curso.

- **Historia.** Una forma de explicar algo es mediante la presentación de su historia. Pero ten en cuenta que esta historia puede estar más o menos desarrollada y contener más o menos detalles según los límites y el objetivo del ensayo. De nuevo, lee con cuidado los límites que te impone la tarea, antes de embarcarte en una investigación histórica muy detallada. Usa las técnicas del resumen que aprendiste en el capítulo 1 para referir solamente los aspectos más importantes de la historia.

- **Organización.** Describir la manera como los diferentes componentes de algo están organizados es otra de las estrategias que nos ayudan a explicarlo. Por ejemplo, si queremos explicar qué es la ONU, podemos señalar que las Naciones Unidas está compuesta por cinco organismos que tienen base en Nueva

York (la Asamblea General, el Consejo Económico y Social, el Consejo de Administración Fiduciaria y la Secretaría General), además de la Corte Internacional de Justicia, que tiene su sede en La Haya. Y según los límites de nuestra tarea, podemos entrar a explicar, con mayor o menor detalle, lo que hace cada uno de esos organismos.

- **Análisis.** Analizar es separar las partes que constituyen un objeto. Por lo tanto el análisis consiste en mostrar los diferentes componentes de un mecanismo, o de un objeto determinado. Con frecuencia, esta estrategia se combina con la siguiente, para mostrar cómo participa cada una de esas partes en el funcionamiento del objeto o mecanismo que estamos explicando.

- **Funcionamiento.** Otra estrategia para mostrar o explicar lo que es algo es mediante la explicación de cómo funciona. Así por ejemplo, si queremos hacer una exposición sobre el sistema judicial de nuestro país, podemos hacerlo mostrando su funcionamiento desde el momento en que alguien pone una denuncia o desde el momento en que la policía descubre una actuación ilegal.

- **Clasificación.** Otra estrategia útil en un ensayo expositivo es presentar las diferentes clases o tipos que existen del objeto explicado. De nuevo, para explicar el motor eléctrico, podemos decir que los hay de corriente continua y de corriente alterna, luego se puede proceder a mostrar cómo funciona cada uno de ellos, siempre según los límites de nuestra tarea.

- **Comparación.** Comparar es, según del *Diccionario de la Real Academia de la Lengua*, «fijar la atención en dos o más objetos para descubrir sus relaciones o estimar sus diferencias y semejanzas». Por lo tanto, esta estrategia requiere que pensemos en las semejanzas y diferencias entre los objetos que comparamos. Para exponerlas, se puede seguir una de las más frecuentes estrategias comparativas.

  1. En un párrafo describes el objeto A. En el siguiente describes el objeto B. Si es necesario, en el tercero resaltas las semejanzas entre A y B y en el cuarto, resaltas las diferencias entre A y B.

  2. En un párrafo describes las características semejantes entre A y B. En otro párrafo describes las características en que difieren A y B.

- **Causalidad.** Finalmente, se puede también mostrar cuáles son las causas o cuales son los efectos del fenómeno que estamos explicando. De esta manera, en una exposición sobre la malaria, por ejemplo, podemos detenernos a mostrar cuáles son sus causas, y cuáles los efectos de la enfermedad. Lo mismo se puede hacer si estamos escribiendo un ensayo expositivo sobre un terremoto, una tormenta o cualquier otro tipo de actividad o catástrofe natural.

Estas diferentes estrategias pueden utilizarse individualmente o combinadas en el mismo ensayo.

5-24 **Decide tu estrategia.** Revisa el esquema de tu proyecto que hiciste en el ejercicio anterior y decide qué estrategias expositivas vas a utilizar en él. Si vas a usar una combinación de ellas, decide qué partes del esquema que has preparado son apropiadas para cada una de las estrategias.

La investigación

La investigación es una parte fundamental del proceso de escribir un ensayo, pues de ella, más que de ningún otro factor, depende la calidad de tu trabajo. Recuerda que el propósito de todo ensayo es comunicar unas ideas y una información determinada y si esas ideas o esa información no son correctas, verdaderas y sólidas, tu ensayo será incorrecto, falso y débil. Cuánto tiempo debes dedicar a la investigación depende realmente del caso concreto. Si estás escribiendo un ensayo de fin de curso de una extensión de quince a veinte páginas, tendrás que investigar mucho más que si se trata de dos páginas que tienes que escribir como tarea durante un fin de semana.

En la página electrónica de *La escritura paso a paso* (http://www.prenhall.com/laescritura) hay una serie de recursos que te pueden ayudar en la investigación. Visita también la biblioteca de tu universidad y consulta con un/a bibliotecario/a si necesitas ayuda. Trata de utilizar fuentes escritas en español, pero si tienes que utilizar alguna fuente en inglés, no intentes traducir las citas textuales, ya que la traducción es una especialidad muy avanzada. Utiliza las técnicas que conoces para el resumen y escribe, directamente en español, tu propia versión de lo que vas a citar.

Si ya tienes un esquema que incluya las estrategias que vas a utilizar, este esquema te puede guiar en tu investigación. Así, si has decidido incluir una definición, ya sabes que tienes que buscar una en un diccionario, una enciclopedia o en otro artículo o libro más especializado. Si decidiste utilizar una estrategia histórica, sabes que tienes que buscar fuentes donde se estudie la historia del objeto que vas a presentar.

A medida que avanzas en tu investigación es posible que encuentres la necesidad de cambiar tu esquema inicial de trabajo. No dudes en hacerlo, pues el esquema que has preparado debe ser simplemente una guía y no una obligación. En cambio, los resultados que encuentras en tu investigación pueden mostrarte aspectos que antes no habías tenido en cuenta. Sé flexible y da prioridad a los resultados de tu estudio.

Acuérdate de tomar notas e incluir toda la información bibliográfica que necesitas para dar crédito a tus fuentes. El tiempo que gastes en hacerlo mientras investigas, te lo ahorrarás más tarde, cuando estés escribiendo. Y finalmente: nunca caigas en el error de no acreditar tus fuentes.

5-25 **Prepara la bibliografía de tu proyecto.** Consulta el manual de estilo apropiado a tu disciplina, o el de la MLA, busca la sección sobre bibliografía u «Obras citadas» y escribe la bibliografía de tu ensayo siguiendo esas normas.

> **CUADERNO**
> **Tarea**
>
> Leer la sección **Gramática aplicada**.
> Actividades: 5-15, 5-16, 5-17, 5-18, 5-19, 5-20, 5-21, 5-22.

REVISIÓN

La organización

El proyecto de este capítulo te exige presentar un ensayo expositivo de tipo académico, es decir, uno que contenga citas textuales o resumidas, referencias bibliográficas y una sección de bibliografía. Además tienes que expresar claramente el tema que vas a exponer en la introducción del ensayo y debes escribir una conclusión en la que, opcionalmente, puedes incluir una opinión personal. Adicionalmente, la tarea te impone un límite de páginas: tienes que escribir más de una, pero menos de cuatro. Esto significa que puedes tener dos páginas como mínimo o tres como máximo.

5-26 **El crédito a las fuentes.** Revisa el siguiente texto y encuentra los datos o informaciones que no pertenecen al dominio público y que, por lo tanto, tendrían que llevar una referencia a la fuente de donde provienen.

La leche es uno de los principales ingredientes de una dieta sana, aunque algunas personas manifiestan alergias o incapacidad para digerirla. En América Latina la producción de leche de vaca ha venido aumentando en los últimos años más rápidamente que la población, aunque unos pocos países han experimentado un estancamiento e incluso una disminución de su capacidad productiva. Por ejemplo, en Argentina, entre 1994 y 2004, la producción pasó de 7.772 millones de litros a 9.163, lo cual representa un aumento de 1.391 millones; de manera semejante, en Chile la producción de leche de vaca aumentó de 940 millones de litros en 1991 a 1.637 en 2001, para un crecimiento de 697 millones. En cambio, en Venezuela, pasó de 1.450 millones de litros en 1990 a 1.250 millones, con una disminución de 200 millones de litros.

5-27 **Revisa tu ensayo.** Asegúrate de que tu ensayo cumple todos los requisitos formales y de organización, que está dentro del límite de páginas exigido y que las referencias y la bibliografía están hechas correctamente.

La introducción y el orden

Recuerda que en un ensayo expositivo bien escrito, su tema se especifica clara y directamente en la introducción. Además de especificar el tema, la introducción también debe dar una idea de los pasos que seguirás en tu exposición.

5-28 **Evalúa la introducción.**

Primera fase. Utilizando la rúbrica, evalúa la siguiente introducción a un proyecto.

Rúbrica:

1. Especifica con claridad el tema general del ensayo (0–2 puntos).
2. Especifica con claridad las partes y el orden en que se van a tratar (0–2 puntos).

Texto a evaluar:

La organización *Traductores Sin Límites* es una organización no gubernamental (ONG) especializada en prestar servicios de traducción a otras ONGs que trabajan en diversos países del mundo. Sus actuaciones han sido de gran importancia en tiempos de catástrofes y guerras. Al fin de este ensayo se presentan diferentes maneras en que se puede colaborar con la labor de esta organización. Además, se incluye una breve historia del movimiento de las ONGs y también presenta una historia de Traductores sin límites.

Segunda fase. Vuelve a escribir este texto, asegurándote de dar respuestas claras a las preguntas de la rúbrica.

CUADERNO

? ¿Necesitas revisar las expresiones impersonales? Busca esta información en la sección **Gramática aplicada** del capítulo 5 del *Cuaderno*.

5-29 **Revisa tu proyecto.** Vuelve a leer la introducción de tu proyecto y aplícale la misma rúbrica del ejercicio anterior. Si es necesario, cámbiala para mejorarla.

La información

Recuerda que el propósito de un ensayo expositivo es presentar información y por lo tanto debe mantenerse en un nivel factual e impersonal. Es muy importante en un ensayo expositivo evitar mezclar la información factual y la opinión personal del autor, o cualquier tipo de intento de convencer a alguien o de argumentar un punto. Asegúrate de que la información que presentas es correcta y lo más completa posible, teniendo en cuenta los límites impuestos al ensayo. Si tienes una opinión personal sobre el tema, resérvala para la conclusión.

5-30 **Revisa tu proyecto.** Vuelve a leer el proyecto final que has escrito e identifica lugares donde puedes mejorar la calidad de la información que presentas. Revisa el uso de las expresiones impersonales. Haz los cambios que sean necesarios.

CUADERNO

? ¿Necesitas ayuda con las estrategias expositivas? Revisa la sección **El arte de escribir un ensayo expositivo** del capítulo 5 del *Cuaderno*.

Las estrategias expositivas

Cuando leas un texto expositivo, especialmente si tú eres el/la autor/a, léelo con el propósito de encontrar las estrategias expositivas que se usan. El reconocer con certeza estas estrategias te ayudará a comprender mejor el texto, pero también a leerlo críticamente. Haz el catálogo de las estrategias utilizadas y decide si su uso es apropiado o si su autor/a ha utilizado esas estrategias de manera inapropiada. Cuando leas el ensayo de un/una compañero/a de clase, pon especial atención al uso de las estrategias y sugiérele cambios cuando sean necesarios en tu opinión.

5-31 **Identifica las estrategias expositivas.** Lean el siguiente texto, y usando la lista de estrategias expositivas que aparece en la página 193, expliquen cuáles se utilizan en el siguiente texto.

Creemos tener una clara idea de lo que es un libro, ya que es un objeto cotidiano al que estamos habituados. Sin embargo, lo que normalmente entendemos por libro no es más que el producto de una determinada tecnología. En efecto, en este ensayo se compara la definición de ese libro «habitual» con los códices mesoamericanos y los libros digitales.

El diccionario de la Academia define el libro como un «conjunto de muchas hojas de papel u otro material semejante que, encuadernadas, forman un volumen». Según esta definición, un aspecto importante es el hecho de que las hojas están encuadernadas. En efecto, esto es lo que en general se entiende cuando se habla de un libro: un objeto cuyas hojas están unidas con pegamento o mediante una costura por uno de sus bordes que se llama el «lomo». La encuadernación permite leer en un orden secuencial preestablecido, aunque sólo se puede ver un máximo de dos hojas a la vez. Esta forma del libro se basa en la imprenta de tipos móviles de metal inventada en el Siglo XV por Gutenberg, que permite imprimir hojas enteras que luego se encuadernan para formar los libros (Cunchillos Ilarri).

Sin embargo, en el México prehispánico, existían libros de una concepción muy diferente. Estos libros, basados en una escritura pictográfica, eran dibujados a mano, y se escribían en largas tiras de papel que luego se doblaban como el fuelle de un acordeón. Por tanto, no estaban «encuadernados», y a diferencia de los libros con lomo, permitían ver simultáneamente más de dos páginas. Estos códices se acercan más a los manuscritos medievales anteriores a la imprenta, ya que eran ejemplares únicos, que requerían de pintores y de lectores especializados conocedores de la compleja técnica de escritura (Miller viii–xiii).

En el Siglo XX, con la llegada de la informática, se ha desarrollado un nuevo tipo de libro. Su soporte no es ya el papel sino un medio que almacena información digital y exige el uso de una máquina lectora. Este tipo de texto facilita una lectura menos secuencial que la del libro con lomo, cualidad que, en cierto modo, lo acerca a la tecnología de los códices mesoamericanos (Cunchillos Ilarri).

Se puede concluir, por lo tanto, que lo más importante del libro no es su forma ni su soporte, sino su capacidad para almacenar el conocimiento y la experiencia humanos. Esta función es la que, en mi opinión, realmente define al libro como objeto cultural.

Obras citadas:

Cunchillos Ilarri, Jesús-Luis, Director Instituto de filología del CSIC. "Breve historia de la imprenta." Página visitada el 30 de marzo de 2006. http://www.labherm.filol.csic.es/Sapanu1998/Es/Autoedicion/ PORTADA/MACMAP.HTM.

Miller, Arthur G. "Introduction to the Dover Edition" in Nutall, Zelia, ed. *The Codex Nutall. A Picture Manuscript from Ancient Mexico*. With an Introduction by Arthur G. Miller. New York: Dover Publications, 1975.

✻✻

Controla tu progreso

Funciones tales como argumentar una opinión presentando amplio y coherente apoyo discursivo; desarrollar una hipótesis de manera sostenida y coherente; hacer comparaciones, particularmente cuando se trata de temas abstractos o complejos, pertenecen al nivel superior en la escala de ACTFL. Este curso de escritura está destinado a llevar al estudiante al nivel avanzado y por lo tanto, no se espera que los trabajos presentados consigan desarrollar dichas funciones a plenitud. Sin embargo, es indispensable que una persona que escribe al nivel avanzado empiece a utilizarlas aunque su uso no sea sistemáticamente correcto ni tan rico como se espera en el nivel superior.

Para tener éxito en este tipo de tareas a nivel avanzado conviene que te mantengas en un plano concreto, sin pretender entrar en complejidades y sutilezas, ya que esa dificultad adicional en el contenido creará mayores dificultades en el uso de la lengua. Utiliza al máximo los recursos que has practicado en las unidades anteriores, tales como la descripción, la organización clara de introducción y conclusión y presentación de causas y propósitos, pero mantén la expresión de opiniones personales dentro de parámetros más bien sencillos. Usa las expresiones que has practicado en este capítulo para expresar preferencias (me gusta, no me gusta, prefiero, etc.) y para expresar opiniones (creo que…, en mi opinión…, etc.) y usa las expresiones que has practicado en otros capítulos para expresar el por qué y el para qué.

Usa estas ideas para describir tu propia escritura y reflexiona sobre lo siguiente en tu *Diario de escritura*.

- ¿Qué pasa con tu dominio de la lengua cuando tratas de expresar opiniones complejas? ¿Aumentan tus dificultades? ¿Tu capacidad para decir lo que quieres se ve disminuida, o es más o menos igual? ¿Notas que es más difícil escribir correctamente?

- ¿Puedes dar a conocer tus preferencias? ¿Puedes explicar de forma sencilla el por qué prefieres algo? ¿Tienes dificultades para hacerlo aún cuando evitas entrar en temas abstractos o complejos?

- ¿Controlas las estructuras gramaticales sencillas (por ejemplo, concordancia de género y número, ser/estar, por/para)?

- ¿Controlas las estructuras gramaticales más complejas? (por ejemplo, pretérito/imperfecto, subjuntivo, subordinación?) ¿Siempre? ¿Algunas veces? ¿Evitas usarlas para no tener errores?

✻✻

Evaluación y rúbricas

5-32 **Tú tienes la palabra.** Utiliza la siguiente rúbrica para autoevaluar la primera versión de tu proyecto de este capítulo (ver página 180) y evaluar el proyecto de uno de tus compañeros/as y hacerle sugerencias para mejorar. En el apéndice 2 del cuaderno encontrarás una copia desprendible de esta rúbrica.

Nombre del autor del ensayo expositivo: _____

Fecha: _____

Nombre del lector: _____

Criterios de calidad para la tarea del capítulo 5	Inexistente o no apropiado	Se acerca al estándar	Lo satisface
La organización El ensayo tiene una introducción, una conclusión y una sección de bibliografía. Tanto el tema como el orden de la exposición están expresados claramente en la introducción. Incluye referencias bibliográficas y citas textuales y/o resumidas. Tiene de dos a tres páginas.			
La información El texto presenta la información necesaria para explicar el tema y la expone de forma ordenada, clara y de manera factual, evitando el uso de expresiones personales.			
Las estrategias expositivas El texto utiliza adecuadamente una o varias estrategias expositivas y estas permiten presentar la información de manera clara y completa.			
La opinión personal (opcional) Si se incluye una opinión personal ésta está confinada a la conclusión, se apoya en lo dicho en la presentación del tema y evita posiciones extremas.			

Nota: Comenta únicamente sobre los aspectos indicados. No hagas comentarios sobre aspectos lingüísticos o gramaticales del texto.

A. Para autoevaluar tu trabajo.

Escribe un párrafo en tu *Diario de escritura* reflexionando sobre los siguientes temas.

1. ¿Qué aspectos de la tarea encontraste más difíciles?

2. ¿Has usado las destrezas, técnicas, vocabulario y estrategias discutidas en este capítulo al escribir tu proyecto? ¿Cuál o cuáles has dominado mejor? ¿En cuáles crees que necesitas trabajar un poco más?

3. ¿Qué puedes hacer para mejorar tu habilidad para escribir ensayos académicos basados en la exposición?

4. ¿Qué crees que puedes hacer para mejorar la organización de tus escritos?

5. Después de usar esta rúbrica, ¿qué debes cambiar al escribir una nueva versión de tu proyecto?

B. Para evaluar la tarea de otro/a estudiante.

Escribe un párrafo con tus sugerencias para el/la autor/a. Incluye sugerencias específicas de cómo tú crees que puede mejorar su texto.

C. Para mejorar lo escrito.

Después de haber leído detenidamente las evaluaciones y rúbricas que tus compañeros han hecho de tu trabajo, prepara una segunda versión para entregarla a tu profesor.

La argumentación

El capítulo 6 se enfoca en la **argumentación**, en el contexto de la publicidad y el ensayo argumentativo académico. Como proyecto de este capítulo, se te pedirá que escribas un ensayo breve en que deberás argumentar sobre un tema polémico de tu selección.

PREPARACIÓN

La revolución tecnológica que protege su casa.

Confíe el confort de su hogar a los aislantes multicapa de SICAT...

1. Porque usted quiere productos que no causan alergias ni contaminan
2. Porque usted quiere ahorrar en calefacción y refrigeración
3. Porque usted quiere tener la mayor comodidad por el menor costo
4. Porque usted quiere un producto fácil de instalar
5. Porque usted y su familia se merecen sólo lo mejor

Confíe el bienestar de su familia a los aislantes multicapa de SICAT...

1. Para que usted y los suyos disfruten de su casa como se lo merecen
2. Para que su casa esté siempre a la temperatura que les gusta
3. Para que sus hijos no estén expuestos a productos irritantes
4. Para que el invierno no les resulte insoportable
5. Para que el verano les sea tan placentero como la playa

Hermanos Rodríguez de la Peña
Agentes distribuidores de SICAT
Para todo Chile

Estamos en la red en http://www.hrp-sicat.com.cl

Vocabulario relacionado

aislamiento	*insulation*
anuncio	*ad/commercial*
bienestar	*well-being*
confianza	*trust*
filtración	*leak*
espesor	*thickness*
productos irritantes	*irritating agents*
temperaturas extremas	*extreme weather conditions*

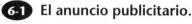 **6-1** **El anuncio publicitario.**

Primera fase. Observen el anuncio en la página 204 y contesten las preguntas para analizarlo entre todos. Las palabras del **Vocabulario relacionado** les ayudarán a comprenderlo y a hablar del mismo.

1. ¿Qué anuncia esta publicidad? ¿A quién se dirige este anuncio? ¿Quiénes son los clientes potenciales del producto? ¿Qué tiempos verbales se utilizan para «hablarle» al posible cliente? ¿Se usa tú o usted? ¿Por qué? ¿Cuál de las siguientes es/son la/s idea/s clave del anuncio que llama/n la atención del cliente?

   a. Tecnología
   b. Comodidad
   c. Revolución
   d. Aislamiento

2. ¿Qué impresión produce la disposición visual de los argumentos? ¿De orden y seriedad o de caos e improvisación? ¿Qué sentimientos refuerza en el posible cliente esta disposición?

3. ¿Cuáles son las palabras claves del anuncio? ¿Qué argumentos se usan para convencer al posible cliente de que el producto merece la pena? Resuman en una palabra cada uno de los argumentos.

Segunda fase. Basándose en las respuestas de la primera fase, escriban un breve texto explicando las ventajas de comprar el producto anunciado.

CUADERNO

 ¿Necesitas revisar las estrategias para convencer? Busca esta información en la sección **Gramática aplicada** del capítulo 6 del *Cuaderno*.

6-2 ¡Cómpratelo!

Primera fase. Ustedes van a hacer un anuncio para la televisión. En el anuncio, uno de ustedes va a tratar de convencer a su compañero/a la otra de las ventajas de un producto u objeto. Antes de actuar la situación, deben trabajar juntos en una lista de argumentos a favor y en contra del producto y elaborar un guión. Tengan en cuenta los siguientes puntos.

1. El anuncio es para ser visto en la televisión, por lo tanto debe tener en cuenta el aspecto visual.

2. El anuncio debe tener una estructura clara: con introducción, desarrollo y conclusión.

3. El anuncio debe incluir un diálogo para exponer las ventajas del producto y rebatir las desventajas, además de ayudar a hacer el anuncio más interesante.

4. Los argumentos a favor deben ser realistas y convincentes.

Segunda fase. Si tienen la posibilidad de grabar en vídeo cada anuncio de la clase, háganlo después de ensayarlos bien. Hagan uso de la utilería (*props*) necesaria.

Tercera fase. Utilicen la siguiente rúbrica para asegurarse de que han cumplido el objetivo de la actividad y también para analizar los anuncios de sus compañeros.

1. _____ El anuncio es interesante desde el punto de vista visual y temático.

2. _____ El enfoque del anuncio está en el producto que se vende.

3. _____ Los argumentos a favor son convincentes y contrarrestan bien los argumentos en contra.

4. _____ La actuación/la presentación es correcta.

5. _____ El uso de la lengua es correcto y apropiado.

CONTEXTO

La publicidad y la argumentación

Si todos los textos que escribimos deben tomar en consideración al posible lector, en los textos **publicitarios** y **argumentativos** esto es aún más evidente. No solamente debemos tener en cuenta la claridad del enfoque y el uso correcto de la lengua, sino que debemos hacer un esfuerzo por convencer al posible lector de las ventajas de un producto que intentamos venderle o de nuestras propias ideas. La publicidad y la argumentación tienen, por lo tanto, bastante en común porque, aunque su objetivo sea distinto —vender en el caso de la publicidad, hacer partícipe de unas ideas en el caso de la argumentación— en los dos casos se trata de llamar la atención del lector y de persuadirlo. A esta función lingüística, que es característica de estos textos, se le llama **función lingüística apelativa**.

La publicidad tiene un lenguaje particular que puede detectarse en los distintos niveles de la lengua. Por ejemplo, los textos publicitarios suelen ser breves para captar mejor la atención del lector; además, a **nivel fonológico** a veces tienen **onomatopeyas**, **rima** u otros recursos que permiten la memorización fácil de un eslogan: *«De El Caserío me fío»*. A **nivel morfo-sintáctico** es común encontrar expresiones breves, a veces enunciados nominales; es decir, frases sin verbo: *«X... ¡desde luego!»*. También es muy frecuente el uso de las oraciones de carácter **imperativo** o **exhortativo**: *«No lo pienses más, ¡cómpratelo!»*. A **nivel léxico** abunda el uso de **extranjerismos, tecnicismos, neologismos**, etc., que persiguen impresionar al lector: *«El software más avanzado»*.

A veces se confunden la **propaganda** y la publicidad. En el primer caso, la información suele ser más ideológica que comercial, por eso hablamos de propaganda política, por ejemplo, mientras que la publicidad lo que pretende es captar clientes.

Por lo general, a diferencia de los textos publicitarios, los textos argumentativos son más largos, desarrollan temas que pueden ser **controvertidos**, están rigurosamente estructurados y contienen un **razonamiento** cuyo objetivo es dar la mayor información posible sobre un tema a la vez que intentan convencer de unas ideas; en otras palabras, se demuestra algo con el objetivo de persuadir sobre un punto de vista. La argumentación se basa en los principios de la **lógica** (la presentación de unas leyes y sus **causas**) y de la antigua **dialéctica** (la confrontación de argumentos razonados), por eso, la **comparación,** la **corroboración** y la **refutación** de argumentos son recursos propios a la argumentación. Los elementos que por lo general constituyen una argumentación son los siguientes: la **tesis**, el **cuerpo argumentativo** y la **conclusión**. A su vez, el cuerpo argumentativo es la parte donde se exponen los **argumentos** y estos se componen de **afirmaciones** apoyadas en **evidencia**. En este capítulo vas a practicar la escritura de textos argumentativos y vas a aprender sobre su disposición, los tipos de argumentos que se utilizan en ellos y los elementos que los componen.

CUADERNO

Tarea

Leer la sección **Historia y cultura**. Actividades: 6-1, 6-2, 6-3 y 6-4.

Paso a paso

6-3 **Comparaciones.**

Primera fase. En todas las lenguas hay chistes (*jokes*) de comparaciones y frases comparativas de carácter humorístico. Lean los siguientes y subrayen las fórmulas comparativas que encuentren.

1. ¿Qué es peor que encontrar un gusano en una manzana? Encontrar medio gusano.
2. Era un hombre tan torpe (*clumsy*) que tropezaba con su sombra.
3. Hacía tanto frío, tanto frío, tanto frío, que hasta los abogados llevaban las manos metidas en sus propios bolsillos.
4. Esto es más complicado que instalar aire acondicionado en una moto.
5. Pedro está más deprimido que un alpinista en el desierto.
6. Tú trabajas menos que el sastre de Tarzán.
7. Marisa se pierde más que un paraguas.
8. Este objeto es más inútil que el limpiaparabrisas de un submarino.

Segunda fase. Ahora escriban su propia frase comparativa y compártanla con la clase.

6-4 **Semejanzas y diferencias.**

Primera fase. Lean el texto siguiente y rellenen el cuadro a continuación con ejemplos concretos de variaciones fonológicas, morfosintácticas y léxicas del español que ustedes conozcan.

El español es una lengua que hablan más de 400 millones de habitantes en más de veinte países distintos. Sin embargo, el español no se habla igual en todas partes. Las diferencias del español se dan más en la lengua hablada que en la lengua escrita, y en el léxico y la fonología más que en la sintaxis o la morfología. Las diferencias del español dependen sobre todo de dos factores: la región de origen de los conquistadores que llegaron a tierras americanas y la influencia del sustrato de las diferentes lenguas indígenas que se hablaban en las regiones conquistadas por los españoles. Además, en la época de Cristóbal Colón la lengua española estaba en proceso de afianzamiento y regularización, por lo que hay elementos de la lengua que tuvieron en América una evolución diferente a la de la península. Algunas características a nivel fonológico del español de América que lo diferencian del español de España son las siguientes: la pronunciación de la c y la z como s, la aspiración de la j entre vocales, el yeísmo o pronunciación de la ll como y. A nivel morfosintáctico tenemos el uso de la forma ustedes para el plural informal de los verbos, la forma del vos en algunos países en lugar del tú, o el mayor uso del pretérito (lo vi) en lugar del compuesto (lo he visto). En el léxico las diferencias son muchas, sobre todo en los términos que se refieren a la comida, la ropa y a otros campos relacionados con las actividades cotidianas.

CUADERNO

¿Necesitas revisar las oraciones comparativas? Busca esta información en la sección **Gramática aplicada** del capítulo 2 del *Cuaderno*.

Diferencias entre el español de América y el español de España		
	Español de América	**Español de España**
Nivel fonológico	Modelo: **mujer [pronunciación h]**	**[pronunciación j]**
Nivel morfosintáctico	Modelo: **¿dónde comiste hoy?**	**¿Dónde has comido hoy?**
Nivel léxico	Modelo: **pollera [Argentina]**	**falda**

6-5 **Publicidad positiva.**

Primera fase. El publicista de la Empresa de Viajes Julio Verne no está muy contento con el anuncio que ha diseñado sobre uno de sus productos. Ayúdenlo a corregirlo, resumiendo las ideas más importantes de cada uno de los cuatro párrafos. Eliminen todo lo que no sea necesario y transfórmenlo para captar mejor la atención de posibles clientes. Si necesitas ayuda para presentar argumentos publicitarios, consulta **A tener en cuenta** en la página 211.

1. En Viajes Organizados Julio Verne le proporcionamos las mejores ofertas de todo el mercado. Si usted compara los precios con otras empresas verá que los de éstas son más caros. Así como otras agencias cobran comisiones e impuestos ocultos, nuestros precios son los que anunciamos para que no haya sorpresas.

2. Nuestro objetivo es la calidad y la relación calidad-precio. Con nosotros no tendrá que hacer vuelos con escalas inter- minables, como ocurre con otras empresas que contratan compañías de aviación desconocidas, porque nuestros vuelos son directos y tienen la garantía de las mejores compañías de aviación.

3. Los hoteles que ofrecemos en nuestros paquetes son siempre de tres o cuatro estrellas. Así como otras agencias usan hoteles que no siempre están bien situados y que no tienen todas las comodidades, los nuestros suelen satisfacer a nuestros clientes.

4. Nuestro servicio al cliente es el mejor. Ofrecemos seguros de cancelación y le damos todas las facilidades por si tiene que cambiar de destino o de fecha, contrariamente a lo que hacen otras empresas.

Segunda fase. Después de completar su anuncio escriban un eslogan para captar la atención de los clientes y concursen con el resto de la clase para decidir cuál es el mejor anuncio. Pueden añadir fotos o presentarlo en forma de panfleto.

A tener en cuenta

Los argumentos de persuasión

Los anuncios y los textos publicitarios utilizan argumentos de muchos tipos para convencer a los clientes. Los siguientes, extraídos de ejemplos de anuncios, son sólo algunos de ellos.

- De **autoridad**: «el producto X está avalado por científicos de todo el mundo»; «el cocinero X utiliza nuestros condimentos».

- De **prestigio** social: «sus vecinos le van a envidiar»; «tú tienes clase, usa X».

- De apelación a la **autoestima**: «porque tú te lo mereces»; «con X me siento mejor y me gusto más».

- De **singularidad**: «X es diferente»; «nunca habrás hecho un viaje como éste».

- De **garantía**: «te garantizamos lo mejor»; «las inversiones X te garantizan un futuro más tranquilo».

- De apelación al **éxito**: «este coche te hará triunfar»; «tu éxito no se hará esperar».

Algunos de estos recursos de persuasión también se utilizan en la argumentación para reforzar una idea sostenida o para adelantarse a posibles argumentos contrarios.

- El argumento de autoridad. En este caso se suele recurrir a **citas** o **testimonios** de personajes famosos o expertos reconocidos: «como dice X...».

- La apelación al **sentir general** de la sociedad: «a nadie le gusta que le digan lo que tiene que hacer».

- El uso de **chistes**, **proverbios** o **refranes** que resumen o ejemplifican un argumento: «no hay mal que por bien no venga».

Otros recursos de persuasión son el uso de ejemplos o la repetición de argumentos.

 6-6 **De qué se trata.** Antes de leer la noticia y el artículo a continuación hagan las siguientes actividades de preparación.

1. **El vocabulario.** Dediquen cinco minutos a escribir en la pizarra todas las palabras que asocien con la palabra «medioambiente».

2. **Lo que se sabe.** Escriban en la pizarra sus respuestas a las siguientes preguntas. ¿Cuáles son los problemas más importantes relacionados con el medioambiente hoy en día? ¿Cuáles les afectan a ustedes directamente? ¿Cuáles piensan que pueden afectarles en el futuro?

3. **La tesis, la evidencia y los argumentos.** Lean el primer párrafo de este texto. ¿Cuál es su tesis? Escriban en la pizarra dos o tres frases u oraciones que, según ustedes, podrían servir para apoyar la tesis. Luego escriban dos o tres argumentos que podría utilizar el/la autor/a de esta tesis.

La deforestación

Como se sabe, las selvas y los bosques son los máximos productores de oxígeno y de agua, elementos necesarios para la vida en la tierra, y su eliminación favorece los cambios climáticos, el calentamiento global y la sequía. La deforestación es un proceso grave que está deteriorando el planeta a pasos gigantes y contra el cual hay que tomar medidas urgentes. Este proceso afecta por igual a los países más industrializados y a los más pobres y si no tomamos conciencia del problema actuando de manera responsable y eficaz, las consecuencias en el futuro pueden ser nefastas.

El gobierno brasileño publicó un informe en 2005 que contenía cifras aterradoras sobre el proceso de destrucción del Amazonas: cada año desaparece una superficie selvática equivalente a la extensión de Bélgica (*El País*). Otros estudios demuestran que las selvas tropicales de nuestro planeta, localizadas principalmente en América del Sur, África Central y el sudeste asiático son arrasadas a gran velocidad: sólo en Colombia, cada minuto desaparece una extensión equivalente a casi ocho campos de fútbol (De Muñoz).

Durante años se culpó de la tala de árboles en las selvas a los indígenas que vivían en ellas y que utilizaban la madera para fabricar muchos productos y la leña para calentarse o cocinar. La solución que encontraron algunos gobiernos fue la de expulsar a los indígenas de esos territorios, donde habían sobrevivido durante siglos, enviándolos a los grandes núcleos urbanos en los que su supervivencia sería mucho más dura. En realidad, lo que querían estos gobiernos no era evitar la tala de árboles sino librarse de unos «inquilinos molestos» que les impedían llevar a cabo sus planes. Y estos planes son los verdaderos causantes de la destrucción de los bosques.

Los bosques se destruyen, por una parte, para abastecer una creciente demanda del consumo de madera y papel de los países más industrializados. Por otra parte, grandes extensiones de bosques y zonas selváticas se transforman en pastos para la cría de ganado, en campos de cultivo y en zonas urbanizadas.

En 1980, el investigador ecologista Norman Myers hablaba de los efectos devastadores de la llamada «Conexión Hamburguesa» en las zonas selváticas de Centroamérica, reconvertidas en pastizales para criar ganado cuya carne garantizaba el suministro de las grandes cadenas norteamericanas de comida rápida. A raíz del miedo a la enfermedad de las vacas locas, que no afectó al ganado de Brasil, y debido al ventajoso cambio para el dólar de la devaluada moneda de este país, la reconversión de grandes extensiones de la selva amazónica brasileña en pastos ha sido imparable (Gutiérrez).

Esta situación se ve agravada por el cultivo masivo de la soja transgénica y otros productos que también se destinan al mercado internacional.

Pero, como decíamos antes, la deforestación no es un caso aislado y limitado a la zona del Amazonas o a los países subdesarrollados. Los países industrializados no sólo deterioraron y redujeron sus bosques en el pasado sino que lo siguen haciendo en el presente mediante la tala de árboles a gran escala, como ocurre en Canadá, Estados Unidos o Australia o mediante la simplificación o reducción de los bosques a especies de alto valor comercial a costa de la biodiversidad, como ocurre en Suecia, Finlandia o Francia. Por otro lado, las economías basadas en la construcción y el turismo convierten sin escrúpulos zonas de bosques en áreas masivamente urbanizadas, como está ocurriendo en el sur de Europa. Además, los incendios —a veces provocados—, la contaminación y la lluvia ácida son otros factores con los que los países industrializados contribuyen al deterioro de los bosques.

Es necesario encontrar estrategias globales para evitar este deterioro y las consecuencias que se derivan del mismo, como la desertización y la sequía, mediante la promoción de un uso sostenible de los recursos biológicos. Hay que respetar las necesidades tradicionales de los pueblos indígenas colaborando con ellos para identificar y promover los conocimientos relacionados con los bosques. Por otro lado, hay que mejorar los sistemas de información y utilizar todos los métodos disponibles para evaluar los bienes y servicios forestales; hay que penalizar la corrupción y la avaricia de los que destruyen los recursos naturales sin tomar en consideración las consecuencias; hay que concienciar a la población mundial de la importancia de conservar la naturaleza y, sobre todo, hay que coordinar los esfuerzos para encontrar alternativas económicas que en lugar de sacrificar el medioambiente contribuyan a preservarlo.

La conclusión es bien clara: los bosques son un bien común y necesario para la supervivencia en la tierra de millones de seres vivos, incluidos los humanos, y el deterioro y exterminio, al que por culpa nuestra se han sometido, debe ser urgentemente atajado si no queremos cometer un suicidio colectivo sin precedentes.

Obras citadas:

De Muñoz, Guadalupe. «Deforestación.» 5 de diciembre de, 2003. Sebastián Alvarez, Editor General. http://www.monografias.com, 10 de abril de, 2006.

Gutiérrez, Oscar. «La *Conexión Hamburguesa* en el Amazonas.» 19 de abril de 2004. *La Insignia*. Jesús Gómez Gutiérrez, editor. http://www.lainsignia.org/2004/abril/ecol_007.htm, 8 de abril de 2006.

«La agonía amazónica.» El país. sec. Opinión. Mayo 25, 2005:5.

Myers, Norman. "The Hamburger Connection: How Central America's Forests Became North America's Hamburgers." *Ambio* 10 (1981): 3–8.

6-7 La estructura del texto argumentativo.

Primera fase. Vuelve a leer el texto y a subrayar la tesis, después subraya el cuerpo argumentativo y finalmente la conclusión.

Segunda fase. Escribe un párrafo o dos resumiendo el tema del artículo. Incluye un resumen de la tesis y alguno de los argumentos más importantes.

6-8 Demostrar y persuadir.

Primera fase. Señala si las oraciones adaptadas del texto que has leído intentan demostrar (D) o persuadir (P).

1. _____ Cada año desaparece una superficie selvática equivalente a la extensión de Bélgica.

2. _____ La deforestación es un proceso grave contra el cual hay que tomar medidas urgentes.

3. _____ Los países industrializados siguen deteriorando sus bosques mediante la tala de árboles a gran escala.

4. _____ Hay que utilizar todos los métodos disponibles para evaluar los bienes y servicios forestales.

Segunda fase. Encuentra en el texto al menos dos ejemplos más de demostración y dos de persuasión.

Demostración:

1. _____

2. _____

Persuasión:

1. _____

2. _____

6-9 ¿Qué solución tiene?

Primera fase. Las siguientes preguntas les servirán de base para hacer una «lluvia de ideas» sobre los problemas de su comunidad. Identifiquen los que les parecen más importantes o más polémicos.

1. ¿Hay algún proyecto polémico en su comunidad? ¿Se va a construir algún edificio, parque, fábrica que no tenga el visto bueno de todos? ¿Cuáles son los argumentos a favor? ¿Y los argumentos en contra?

2. ¿Se está debatiendo alguna ley que no tenga la conformidad de todos? ¿Quiénes están a favor? ¿Quiénes están en contra? ¿Cuáles son las razones de las distintas posturas?

3. ¿Se ha tomado alguna medida a nivel local que haya suscitado reacciones a favor y en contra? ¿Cuáles son esas medidas? ¿A quiénes afectan? ¿A quiénes favorece la medida?

4. ¿Cuáles son los verdaderos problemas de su comunidad? ¿Están haciendo algo las autoridades para resolverlos? ¿Qué hace la población? ¿Salen artículos en los periódicos sobre estos temas?

 Segunda fase. Elijan cada uno un tema polémico que les preocupe y hagan una pequeña investigación sobre los argumentos que se barajan. Luego escriban un breve guión que siga el siguiente esquema.

1. Identificación del problema (dos ó tres líneas).

2. Argumentos a favor

3. Argumentos en contra

6-10 ¿Cuál es tu postura?

Primera fase. Después de haber leído y comprobado los argumentos a favor y en contra sobre el tema polémico que identificaste en la actividad anterior, decide cuál de las posturas enfrentadas te parece más convincente y escribe un párrafo a modo de tesis.

Segunda fase. Piensa y escribe una lista de argumentos que apoyen tu postura. Puedes utilizar los argumentos a favor o en contra que identificaste en la actividad anterior pero debes añadir algún argumento nuevo.

6-11 Es sólo una opinión. Antes de leer el siguiente texto argumentativo contesta las siguientes preguntas.

1. **El tema y la tesis.** Lee el título y los dos primeros párrafos del texto y resume en dos líneas el tema y la tesis que se plantean.

2. **El escritor, el propósito y el lector.** A continuación identifica al que escribe, su propósito y el lector al que se dirige.

3. **La conclusión.** Ahora lee el último párrafo y compara la conclusión con la tesis: ¿Cuáles serán los argumentos a favor y en contra más importantes que se van a desarrollar?

A favor: _____

En contra: _____

> **CUADERNO**
>
> ¿Necesitas revisar las oraciones adversativas? Busca esta información en la sección **Gramática aplicada** del capítulo 6 del *Cuaderno*.

El implante coclear

Mi hijo es sordo y tiene un implante coclear. No nació sordo sino que, por causa de un accidente, se quedó sordo a los 7 años, cuando ya había desarrollado el lenguaje. Cuando nos enteramos de la posibilidad de corregir su sordera mediante un implante coclear no lo dudamos ni un instante. Con mi testimonio quiero exponer las ventajas del implante para ayudar a aquellos padres que se ven en la encrucijada de tener que tomar una decisión al respecto.

Al hacer un implante coclear se instala un electrodo en el oído interno que se coordina con un aparato externo que tiene un procesador electrónico y un micrófono. Mediante la transducción de los sonidos y las señales del habla en señales eléctricas, el electrodo o prótesis coclear instala o restaura parcialmente la percepción auditiva.

El implante no es para todos, pero en el caso de mi hijo, la experiencia ha resultado positiva. Algunos dicen que si la sordera es de nacimiento el implante no es una buena solución. Es cierto que en aquellas personas que no han oído nunca el progreso es mucho más lento: necesitan años de logoterapia para poder identificar los sonidos. Sin embargo, en el caso de mi hijo, cuya capacidad lingüística ya estaba desarrollada, el implante le ha facilitado un reencuentro con los sonidos de su infancia. Por ejemplo, la música había sido siempre un ruido de sagradable para él, pero ahora la aprecia más.

Otros dicen que el implante es costoso, y es cierto. No sólo cuesta dinero la operación sino que cuesta mantener el aparato y sobre todo cuesta el tratamiento de rehabilitación, sin el cual el implante no puede tener éxito. Pero esta inversión en dinero y en tiempo no tiene importancia cuando uno está convencido de que el implante es la mejor solución para sus hijos. Hay que pensar en lo que se pierde siendo sordo, no en lo que se pierde pudiendo oír.

Comprendo que mi afirmación anterior es polémica. Muchos sordos no admiten que sea necesario participar de la cultura oyente. Ellos tienen su propia cultura y su lengua, el lenguaje de los signos, que deben ser respetadas. No obstante, el caso de nuestro hijo, que nació oyente en una familia de oyentes, es diferente. La imposibilidad de participar en nuestra cultura lo aísla de su entorno familiar, limita su desarrollo y le pone barreras a su futuro. Aunque hemos hecho lo posible por aprenderlo, el lenguaje de los signos no es el nuestro, mientras que mediante el implante, nosotros, sus familiares, tenemos la oportunidad de participar de su educación y de enriquecerlo como persona, ya que usamos nuestra propia lengua.

Algunas personas y organizaciones contrarias al implante dicen que la exigencia por parte de algunos terapeutas de que los implantados renuncien al lenguaje de los signos es una forma de renegar de la cultura de los sordos. Como he dicho antes, siento el máximo respeto por el lenguaje y la cultura de los sordos, sin embargo, coincido con los terapeutas en que si se opta por el implante, la única forma de conseguir que los niños desarrollen el oído y el habla es mediante el esfuerzo y la constancia. Recurrir al lenguaje de los signos es una tentación porque facilita la comunicación de forma inmediata, pero por esa razón es mejor evitarlo cuando tienes un implante. Es como si durante una estancia en otro país quieres aprender un idioma pero te resulta tan trabajoso hacerte entender por los nativos que prefieres comunicarte con tus compatriotas únicamente. La consecuencia es que no aprendes el idioma.

Algunos sordos piensan que con el implante hacemos que los niños se sientan ciudadanos de segunda o enfermos porque los sometemos al contacto diario con niños normales que naturalmente se desenvuelven mejor. Nosotros no pensamos que la sordera sea una patología pero sí una discapacidad de la que los sordos deben ser conscientes lo antes posible para que desarrollen mecanismos que les permitan desenvolverse lo mejor posible en un mundo en el que son minoría. Por eso creemos en la integración escolar y laboral, porque de lo contrario, los educaríamos para formar parte de un gueto y no de la sociedad en su conjunto.

Por último, la actitud de muchas personas contrarias al implante es la de exigir que la sociedad cumpla las normativas de igualdad y de facilidades para los discapacitados. Nosotros estamos de acuerdo en esto, pero pensamos también que para la sociedad los sordos y otros discapacitados no son una prioridad y por lo tanto no hay que esperar a que la sociedad se adapte a los sordos sino que los sordos se adapten a la sociedad lo mejor que puedan.

En conclusión, a pesar de que el implante coclear no es la panacea porque es costoso, exige una larga y constante rehabilitación y es más difícil para los niños porque requiere un esfuerzo constante, opino que el esfuerzo a la larga vale la pena porque en cierto modo se trata de ayudarles a participar de la cultura oyente y a facilitarles la integración.

6-12 Los argumentos.

Primera fase. Indica si los siguientes argumentos son verdaderos (V) o falsos (F) según el texto.

1. ____ El implante tiene más posibilidades de tener éxito cuando la sordera no es de nacimiento.

2. ____ La rehabilitación es cara pero la operación es barata.

3. ____ Es mejor prescindir del lenguaje de los signos cuando se hace un implante.

4. ____ La sordera es una patología.

5. ____ Los sordos deben adaptarse a la sociedad en que viven.

6. ____ El implante facilita la integración de los sordos en la cultura oyente.

Segunda fase. Ahora revisa las predicciones que hiciste en 6-11 sobre los argumentos a favor y en contra del implante coclear y añade los que no incluiste.

6-13 Lo contrario de lo dicho. Subraya en el texto los conectores que sirven para introducir ideas total o parcialmente contrarias a lo dicho anteriormente. Después, escribe las oraciones en que se encuentran.

MODELO: No nació sordo **sino que** [...] se quedó sordo a los 7 años.

6-14 En contra del implante.

Primera fase. Vuelve a leer los argumentos en contra del implante y escribe un texto de una página, defendiendo la posición contraria a la que se expone en el texto que has leído. Visita la página www.prenhall.com/laescritura, sigue los enlaces a esta actividad e investiga sobre este tema para reforzar tus argumentos. Los siguientes puntos te servirán de guía.

1. Usa la primera persona para expresar tu punto de vista (puedes inventarte un personaje).

2. Organiza tu texto con una tesis, un cuerpo argumentativo y una conclusión.

3. Utiliza los argumentos a favor del implante para refutarlos después.

4. Haz uso de los argumentos de autoridad o de los ejemplos para reforzar tu tesis.

5. Utiliza locuciones y partículas adversativas para contraponer los argumentos.

CUADERNO

Si tienes dudas sobre las oraciones adversativas, revísalas en la sección **Gramática aplicada** del capítulo 6 del *Cuaderno*.

Segunda fase. Después de escribir tu texto en contra del implante comprueba lo siguiente.

1. ____ La tesis es clara y se introduce en los primeros párrafos.
2. ____ En el cuerpo argumentativo se toman los argumentos contrarios para refutarlos eficazmente.
3. ____ La conclusión resume lo más importante de la tesis y de los argumentos.
4. ____ El uso de las fórmulas y oraciones adversativas es correcto.

> **CUADERNO**
> **Tarea**
> Leer la sección **El arte de escribir un ensayo argumentivo.** Actividades: 6-5 y 6-6.

PRODUCCIÓN

El proyecto

6-15 Un ensayo argumentativo académico. De acuerdo con tu profesor/a, escoge un tema apropiado para escribir un ensayo argumentativo académico. Además de la información que ya tengas sobre el tema, debes incorporar otra evidencia relevante que puedes buscar por tu cuenta en otras fuentes impresas y de la Red. Para ayudarte a encontrar un tema, revisa los que has tratado en otras clases de cultura o literatura que estés tomando o que hayas tomado recientemente, o en alguna clase de tu propia especialidad, si no eres especialista en español.

Asegúrate de que tu ensayo cumple los siguientes requisitos.

1. Debe tener una introducción en la que (a) se define claramente el problema general; (b) se enfoca en un aspecto específico; y (c) se hace explícita una opinión o idea controvertida sobre el tema que responda a una pregunta implícita o explícita (tesis).
2. Debe mostrar sin lugar a dudas que has investigado tanto en la biblioteca como en la Red, incorporando citas textuales o resumidas con sus referencias bibliográficas y una sección de bibliografía siguiendo el estilo y las convenciones usuales en tu disciplina.
3. Debe tener un cuerpo argumentativo en el que cada párrafo adelanta un aspecto específico que está contenido en una oración temática. La evidencia debe ser relevante y apropiada.
4. Debe tener una conclusión.
5. Debe tener una extensión de más de una pero menos de cuatro páginas.

6-16 **¡Atrévete!** Escribe otro ensayo en el que defiendas la posición contraria a la que sostienes. Este ensayo debe cumplir los mismos requisitos que el anterior.

Taller de escritura

El ensayo argumentativo es, por así decirlo, el rey de los ensayos académicos, y encontrarás que este tipo de ensayo es lo que muchos profesores esperan que los estudiantes universitarios escriban en sus clases. Un ensayo argumentativo es uno en el que se discute una afirmación controvertida o en el que se **razona** sobre una afirmación o tema que puede dar lugar a una **controversia** con el fin de contribuir a una **discusión** más amplia en la que participan otros ensayos argumentativos escritos por una variedad de autores. Pero, ¿qué significa discutir? ¿razonar? ¿argumentar?

La discusión

Una discusión, o controversia, surge cuando se contrastan o se enfrentan al menos dos afirmaciones opuestas o incompatibles y cada una de las personas sostiene que su afirmación es cierta. En el curso de la discusión, los participantes deben mostrar las razones por las cuales sostienen que su afirmación es cierta. La discusión se resuelve cuando uno de los participantes convence al otro, o bien cuando una autoridad externa determina cuál de los dos tiene la razón. En cierto sentido, el modelo ideal de la discusión es lo que ocurre en un juzgado. El fiscal sostiene que el acusado es culpable y el defensor sostiene que es inocente. Evidentemente, sólo una de las dos afirmaciones puede ser cierta y cada uno, por turnos, ofrece las razones por las cuales afirma la culpabilidad o la inocencia del acusado. Dado que es improbable que el defensor convenza al fiscal de la inocencia del reo o viceversa, el sistema legal ha establecido una autoridad que decide cuál de los dos ha conseguido demostrar su afirmación. En el sistema legal, esa autoridad es por lo general un juez o un jurado de ciudadanos. En la vida política, una discusión se resuelve mediante la negociación, de manera que los participantes ceden, eliminando algunos aspectos de su argumentación para ponerse de acuerdo, o bien mediante el recurso al voto, y en este caso la mayoría decide quién tiene la razón. En el mundo académico, de otra parte, la discusión se resuelve cuando una mayoría de la comunidad científica acepta las conclusiones de uno de los participantes en la discusión.

Con frecuencia una discusión académica no se lleva a cabo cara a cara, sino mediante ensayos publicados en diferentes medios. Los participantes en la discusión escriben sus ensayos, exponiendo y defendiendo sus ideas y sus puntos de vista sobre temas de interés científico y académico mediante estos textos.

Una discusión académica, de otra parte, requiere que el tema de la discusión sea interesante, es decir, que no sea evidente ni trivial. Por lo tanto, mientras dos personas pueden discutir durante horas en la cafetería de la universidad si los New York Yankees son mejores que los Boston Red Sox, este no es un tema que dé origen a una discusión de carácter académico (¡no sólo porque la respuesta es evidente!, sino porque además es trivial). En cambio la siguiente afirmación sobre el papel del destino en la obra *La vida es sueño* de Calderón de la Barca, sí puede dar origen a una discusión de carácter académico: «Algunas acciones de Segismundo sugieren la importancia de la libertad personal para escoger entre el bien y el mal, mientras que otras demuestran que dicha libertad está limitada por determinantes de carácter político.»

El razonamiento

La cultura occidental, que recoge la herencia de las antiguas Grecia y Roma, se ha caracterizado por su confianza en la capacidad de la razón humana para producir conocimiento. Una parte muy importante de la cultura occidental se ha dedicado al estudio de las reglas del funcionamiento de la razón.

Específicamente, por lo que en este momento nos interesa, se han estudiado dos procesos racionales de gran importancia para la producción de conocimiento que son el razonamiento **deductivo** y el **inductivo**. En el **razonamiento deductivo** se parte de una afirmación de carácter general que es aceptada como cierta (por ejemplo, «Todos los seres humanos son racionales»), para producir una afirmación cierta referida a un caso particular (por ejemplo, «Juan y María son seres humanos y, por lo tanto, son racionales»). En el **razonamiento inductivo** se parte de **observaciones** de validez particular que son aceptadas como ciertas (por ejemplo, «Una manzana cae»; «un zapato cae»; «un plato cae») para pasar a una afirmación de carácter general (por ejemplo, «Todas las cosas caen»), cuya validez es tan probable que estamos dispuestos a aceptarla como cierta ¡por lo menos hasta que se encuentre una cosa que no caiga al suelo cuando la soltamos!

El argumento

El argumento es la herramienta básica de la discusión, y consiste en una **afirmación** que alguien toma por cierta y que *está acompañada* de evidencia que la apoya. Al conjunto de una afirmación y una evidencia de apoyo lo llamamos **declaración** o **argumento afirmativo**.

Ejemplo:

- **Afirmación:** «El implante coclear es costoso.»
- **Evidencia:** «Implica costos de operación, mantenimiento y rehabilitación.»
- **Declaración:** «El implante coclear es costoso porque implica costos de operación, mantenimiento y rehabilitación.»

Cuando la evidencia que se da no apoya, sino que contradice la declaración, entonces el argumento se llama **objeción** o **argumento negativo**.

Ejemplo:

- **Declaración:** «El implante coclear es costoso porque hay que pagar la operación, el mantenimiento y la rehabilitación.»
- **Evidencia contraria:** «Los beneficios del implante sobrepasan sus costos.»
- **Objeción:** «No es cierto que el implante coclear sea costoso, porque sus beneficios sobrepasan los costos.»

6-17 **Identifícalos.** Lee las siguientes afirmaciones e indica en la columna de la derecha si se trata de afirmaciones, declaraciones o de objeciones.

1. Ernesto: *«La Guerra de las galaxias es una película tonta.»*	A. ☐ Declaración B. ☐ Objeción C. ☐ Afirmación
2. Alfonso: «Yo creo que es interesante.»	A. ☐ Declaración B. ☐ Objeción C. ☐ Afirmación
3. Ernesto: «El personaje principal es Anakin/Darth Vader, porque es el único que aparece en todos los episodios.»	A. ☐ Declaración B. ☐ Objeción C. ☐ Afirmación
4. Alfonso: «Anakin/Darth Vader no puede ser el personaje principal porque es un personaje negativo y cruel.»	A. ☐ Declaración B. ☐ Objeción C. ☐ Afirmación

6-18 **Procesos racionales.** Identifica, poniendo una marca en el sitio adecuado, el proceso racional (deductivo o inductivo) de los siguientes ejemplos.

1. En el capítulo 3, el héroe, al confrontar al jefe del espionaje, antes que recurrir al uso de las armas, intenta engañarlo dándole pistas falsas. Dos capítulos más adelante, cuando es interrogado por un policía de Buenos Aires, antes que eliminarlo, como se lo sugiere su acompañante, le da respuestas falsas a sus preguntas. En el episodio central de la historia, en el capítulo 8, cuando parece inevitable que el héroe tome las armas contra sus perseguidores, nuevamente recurre a la astucia de dar respuestas falsas que le permiten escapar ileso. Puede decirse, por tanto, que la obra hace una defensa de la astucia sobre la fuerza.

A. ☐ Deductivo   B. ☐ Inductivo

2. Al revisar los casos de muertes ocurridas en la sección de urgencias del hospital regional, los expertos analizaron 150 de las 400 que ocurrieron entre 1995 y 1999. De los casos estudiados, los expertos encontraron irregularidades administrativas, pero no clínicas, en sólo tres, y su informe concluye, por tanto, que en la sala de urgencias del hospital regional no ocurrieron irregularidades clínicas en dicho período.

A. ☐ Deductivo   B. ☐ Inductivo

3. Las Bodegas Riojanas, pequeños fabricantes de vino, descubrieron que todas las botellas producidas con uvas provenientes del lote #346 durante los años comprendidos entre 1999 y 2004 tenían características notablemente superiores a las provenientes de otros lotes. Por esta razón decidieron seleccionar cinco botellas de dicho lote para participar en la feria de vinos de Toulouse.

A. ☐ Deductivo   B. ☐ Inductivo

La organización de un ensayo argumentativo académico

Un ensayo argumentativo académico tiene, en primer lugar, una introducción, seguida de un cuerpo argumentativo y de una conclusión. Al igual que el ensayo expositivo académico, tiene también una bibliografía e incluye dentro del texto referencias bibliográficas para reconocer las fuentes utilizadas.

La introducción de un ensayo argumentativo *tiene que* tener las siguientes partes.

• Un **planteamiento general** del problema que se va a tratar y en el que se presenta el fondo o el contexto del tema que se va a discutir.

- Un **enfoque más específico del tema**, en el cual se presenta la faceta o aspecto particular del problema general que se va a discutir.

- La afirmación explícita de una opinión o una idea controvertida y de interés sobre el tema, que recibe el nombre de **tesis**, y que debe ser la respuesta a una pregunta (implícita o explícita) que el ensayo va a responder con más detalle y de manera argumentada.

 6-19 Reconoce los componentes.

Primera fase. Lean la siguiente introducción a un ensayo argumentativo y entre ambos/as reconozcan las tres partes esenciales de la introducción. Prepárense a compartir el resultado con la clase.

A lo largo de la historia de la humanidad, diferentes culturas han usado drogas para alterar la percepción de la realidad, llegando a establecer algún tipo de convivencia con dichas substancias. Sin embargo, en el mundo moderno, marcado por un mercado global que es capaz de convertir prácticamente cualquier producto en mercancía y de poner en contacto a productores y consumidores a nivel global, las drogas se han convertido en un problema, porque crean un mercado ilegal que genera violencia y corrupción. Para luchar contra este problema, se ha asumido una estrategia que frecuentemente se denomina «guerra contra el narcotráfico» y que se basa en la persecución del comercio de drogas. Desafortunadamente, después de una larguísima y costosísima «guerra», las autoridades no sólo no consiguen confiscar y castigar más que una mínima parte del comercio real, sino que el narcotráfico se ha fortalecido, dejando a su paso una huella de violencia, muerte y daños ecológicos. Es evidente, después de plantearse el problema sin prejuicios, que la verdadera solución es la legalización del comercio de estos productos, su regulación y control por parte del estado, y la educación de la juventud para que evite su consumo.

Segunda fase. ¿Cuál es la pregunta implícita que la tesis de esta introducción contesta?

6-20 Reconstruye la introducción.

Primera fase. Con las oraciones siguientes, que aparecen en desorden, construye la introducción a un ensayo sobre la importancia del estudio de las humanidades en la universidad.

1. En relativamente pocos años hemos pasado de una educación universitaria en la que se daba prioridad a los estudios de humanidades, tales como filosofía, arte, literatura o idiomas, a dar prioridad a los estudios tecnológicos.

2. Los efectos que esta nueva orientación de los estudios universitarios ha tenido sobre la sociedad son profundos y variados, pero entre ellos destaca la falta de reflexión crítica sobre el uso, los beneficios y la adecuación de la revolución tecnológica en marcha.

3. La orientación de los estudios universitarios ha sufrido cambios importantes en las últimas décadas.

4. De continuar esta tendencia hacia la eliminación de los estudios humanísticos, no pasarán muchos años antes de que nos encontremos con una sociedad en la que el Gran Hermano del libro de Orwell, símbolo de tiranía y deshumanización, sea una realidad.

5. De esta manera la universidad ha dado respuesta a las exigencias de un mercado económico en el que «competitividad» y «producción» se han convertido en palabras clave.

Segunda fase. Justifica tu respuesta ante la clase.

El **cuerpo argumentativo** del ensayo contiene una serie de párrafos en los que se presentan los argumentos (ya sean declaraciones u objeciones) que apoyan la idea u opinión expresada en la tesis. Puesto que el propósito fundamental del ensayo argumentativo es convencer, la organización de estos argumentos es fundamental. Por ello, cada uno de los diferentes argumentos debe presentarse en un párrafo independiente. También es fundamental presentar evidencia que verdaderamente apoye o niegue las afirmaciones que hacemos. La **evidencia** que se presenta en un ensayo académico consiste principalmente en:

1. citas de un texto literario donde se ejemplifica la afirmación que hacemos sobre un tema, un personaje, un narrador, etc.

2. citas de autores que han escrito sobre el tema y que forman parte de la discusión ampliada en la que nuestro ensayo participa.

3. razonamientos claros y bien fundamentados.

4. resultados de experimentos, observaciones o datos empíricos.

5. información estadística.

Recuerda siempre que un párrafo bien construido tiene una **oración temática**, que expresa una idea u opinión controvertida que el párrafo va a desarrollar. Evita, por tanto, construir tus párrafos con oraciones temáticas que simplemente afirman hechos demostrados, o hechos que todos aceptan normalmente como ciertos. El resto del párrafo debe contener la evidencia que apoya la idea u opinión expresada en la oración temática.

Finalmente, la **conclusión** de un ensayo argumentativo tiene el propósito de convencer al lector de que los argumentos expuestos verdaderamente apoyan la tesis planteada en el ensayo. En cierta forma, la conclusión es un resumen de los argumentos principales, pero al mismo tiempo relaciona esta argumentación con la tesis central y, por lo tanto, se refiere a lo que se ha dicho en la introducción.

6-21 La oración temática. En cada grupo, selecciona la oración más apropiada para ser oración temática de un párrafo argumentativo en un ensayo académico. Justifica tus respuestas ante la clase.

Grupo	Oraciones	Respuestas
1	A. La tierra está rodeada por una atmósfera gaseosa. B. Las capas altas de la atmósfera retienen el paso de una gran parte de radiaciones perjudiciales. C. La actividad humana, principalmente la actividad industrial, ha generado subproductos que, al destruir las capas altas de la atmósfera, permiten el paso de radiaciones perjudiciales y alteran el clima en el planeta.	☐ A ☐ B ☐ C
2	A. Aunque normalmente se reconoce a Colón como el «descubridor» de América, quien verdaderamente la descubrió para los europeos fue otro italiano, el navegante Américo Vespucio. B. Colón obtuvo el apoyo de los reyes de España para financiar su proyecto de llegar a las Indias navegando hacia el Oeste. C. Cristóbal Colón realizó cuatro viajes a tierras americanas entre 1492 y 1504, pero no comprendió inmediatamente que había llegado a un continente desconocido para los europeos.	☐ A ☐ B ☐ C
3	A. Simón Bolívar nació en Caracas. B. La lectura rápida y mal asimilada de los teóricos de la Revolución Francesa le dio a Bolívar una débil base para edificar su ideario político y social. C. Bolívar recibió la mejor educación al alcance de un joven de la clase *criolla*.	☐ A ☐ B ☐ C

Manos a la obra

De la selección del tema a la definición del problema

A diferencia de lo que ocurre en un ensayo expositivo, en un ensayo argumentativo no basta con seleccionar y delimitar un tema. Es necesario definir un «problema», es decir, encontrar un aspecto de dicho tema en el que hay elementos que sean susceptibles de una controversia. Hay dos técnicas particularmente útiles para este propósito, que son la «lluvia de ideas» y las «preguntas encadenadas». Puesto que ya conoces la primera, te presentamos una explicación de la segunda.

Las preguntas encadenadas. Esta técnica consiste en hacerse preguntas sobre el tema que queremos trabajar y contestarlas *por escrito* de forma breve. El objetivo de estas preguntas es explorar diferentes aspectos, encontrar los vacíos de información, identificar las diferentes opiniones, en fin, obligarnos a mirar el tema desde tantos ángulos como nos sea posible. Esta técnica se puede aplicar individualmente, pero también resulta útil cuando se hace en parejas o incluso en grupos. Veamos un ejemplo. Supongamos que queremos escribir sobre el implante coclear, entonces empezamos a hacernos preguntas sobre el tema.

Las preguntas a continuación te dan una idea de cómo se puede explorar el tema, pero como ves, por el momento, las «preguntas encadenadas» nos han permitido identificar al menos dos posiciones diferentes sobre el uso del implante e identificar una serie de vacíos de información.

¿Qué es el implante coclear?	Un aparato electrónico que se implanta en el oído de los sordos y que les permite oír.
¿Cómo funciona?	No lo sé exactamente. Tiene dos partes, una interna y otra externa. Se puede conectar y desconectar a voluntad.
¿Cuál es su efectividad?	No lo sé. Aparentemente funciona mejor en unos casos que en otros.
¿Cuántas personas lo llevan?	No lo sé. Su uso no se ha extendido más porque ha encontrado cierta oposición en la comunidad de los sordos.
¿Por qué razones se oponen al implante?	No lo sé exactamente. Una de las razones parece ser que el éxito del implante exige el abandono del lenguaje de signos.
¿Por qué es un problema abandonar el lenguaje de signos?	Muchos sordos piensan que ese es su lenguaje natural. Obligarlos a usar otro lenguaje sería forzarlos a hacer algo que no les viene naturalmente y que los aleja de su verdadero ser.
¿Quiere esto decir que algunos sordos prefieren seguir siendo sordos?	Sí. Muchos sordos consideran que su condición no es una enfermedad, sino una diferencia. No la consideran un problema.
¿Qué piensan de esto las personas que oyen?	La sociedad oyente tiene una concepción distinta sobre la sordera. Muchos la consideran una minusvalía (*handicap*).
¿Por qué piensan los sordos que les es más fácil inter-actuar con los oyentes mediante signos que mediante la voz y el oído?	El punto de contacto entre las dos comunidades es una de las causas del conflicto. Los oyentes y los sordos no se ponen de acuerdo sobre este punto.
¿Pero, qué pasa en una familia oyente que tiene un hijo sordo?	Este parece ser uno de los casos más favorables para el uso del implante.

6-22 **Preguntas y más preguntas.** Con la ayuda de su profesor/a, seleccionen un tema para explorar mediante la técnica de las «preguntas encadenadas». Hagan preguntas y traten de responderlas, con el fin de determinar áreas donde necesitan más información, y para tratar de encontrar posiciones diferentes.

 6-23 **Explora tu tema.** Con la ayuda de tu compañero/a explora el tema de tu proyecto para este capítulo, utilizando la técnica de las preguntas encadenadas. Tomen turnos para trabajar en el proyecto de cada uno/a.

La investigación

Si estuviéramos escribiendo un ensayo expositivo, tendríamos que estudiar ambas posiciones con el fin de explicarlas sin tomar partido a favor o en contra de ninguna, pero como se trata de un ensayo argumentativo, ***hay que*** formarse una opinión, tomar una posición y defenderla. Las «preguntas encadenadas» y otras técnicas de exploración temática nos permiten identificar las posiciones encontradas. Pero sólo la investigación, la lectura y el estudio nos permitirán formarnos una opinión propia y encontrar los argumentos necesarios para defenderla.

Al hacer tu investigación, recuerda que tienes que recoger la información necesaria para dar el crédito debido a tus fuentes: Nombre del/de la autor/a; título del ensayo y/o del libro; fecha y lugar de publicación; casa editorial, etc.

Cuando hagas tu investigación, busca no solamente información factual y objetiva, como lo harías en la investigación para un ensayo expositivo, sino también busca las diferentes opiniones que el tema genera. Lee artículos, ensayos y otros materiales que sostienen puntos de vista diferentes y haz listas de los argumentos utilizados por unos y otros, ya que estos te pueden ser muy útiles para formar tu opinión. Esta opinión es la que debes expresar claramente como tesis de tu ensayo en la introducción.

6-24 **La bibliografía de tu proyecto.** Escribe la sección de *Bibliografía* u *Obras citadas* con la información sobre los ensayos de otros autores citados directamente o de forma resumida en tu proyecto de este capítulo. No te olvides de utilizar el estilo de la MLA, o el que se usa normalmente en tu disciplina o en tu universidad. Asegúrate de que están en correcto orden alfabético.

6-25 **Investiga para tu proyecto.** Haz una lista de argumentos en pro y en contra de la tesis que sostienes en tu proyecto. Prepárate para presentarla a la clase.

Formulación de la tesis

La tesis es la respuesta resumida a una pregunta que el ensayo quiere responder detallada y argumentadamente. Recuerda que esta pregunta puede estar formulada de forma explícita en la introducción, pero con mucha frecuencia la pregunta está simplemente implícita. La pregunta que más te puede ayudar a formular tu tesis es una que no se puede contestar simplemente con sí o no. Haz preguntas que te obliguen a dar explicaciones: «¿Cuándo...?», «¿Cómo...?», «¿Por qué...?»

En un ensayo sobre la droga podremos formularnos muchas preguntas, pero una de ellas puede ser: «¿Cómo se puede resolver el problema del comercio de la droga?» Una posible respuesta a esta pregunta serviría como tesis para un ensayo que argumenta a favor de la legalización y regulación de este tipo de comercio: «la verdadera solución es la legalización del comercio de estos productos, su regulación y control por parte del estado, y la educación de la juventud para que evite su consumo.» Una respuesta diferente, sin embargo, puede servir de tesis para un ensayo que argumenta a favor de fortalecer la acción policial y punitiva contra los traficantes: «El gobierno debe fortalecer todos los mecanismos de lucha contra el narcotráfico, utilizar sistemas de espionaje por satélite, simplificar los procedimientos legales para la investigación y procesamiento de los traficantes y, sobre todo, aumentar las penas para que sirvan como elemento disuasorio».

6-26 **Pregunta sin parar.** Sobre cada uno de los siguientes temas, formula una pregunta que se pueda contestar con la tesis que aparece en la columna de la derecha.

Tema	Tesis
1. Las mujeres en el trabajo. Pregunta:	El mercado laboral simplemente responde al exceso de oferta laboral femenina con una paga inferior, al igual que lo hace en otros casos en que la oferta excede la demanda, y por lo tanto no se puede hablar de discriminación contra la mujer.
2. Los anticonceptivos en la escuela secundaria. Pregunta:	Ante el creciente problema de los embarazos de menores de edad, no existe otra alternativa que poner a disposición de todos los estudiantes de la escuela secundaria toda la gama de métodos anticonceptivos existentes y enseñarles a usarlos.
3. La oración en la escuela pública. Pregunta:	La Constitución establece la estricta separación de la iglesia y el Estado. Cualquier manifestación religiosa dentro de las escuelas financiadas con fondos públicos, viola la Constitución y por lo tanto debe estar prohibida en todos los casos.
4. La ayuda económica a los países pobres. Pregunta:	La ayuda económica no produce ningún beneficio al país receptor y, por tanto, el gobierno debe suspender toda ayuda económica a los países, pues en la mayoría de los casos el dinero termina en los bolsillos de funcionarios corruptos; no es una solución real, y con demasiada frecuencia es utilizada para obligar a países débiles a hacer concesiones económicas o apoyar políticas de los países donantes, aunque sean contrarias a los intereses de los países receptores.

6-27 **¿Qué vas a defender?** Escribe una pregunta que pueda dar origen a una tesis sobre el tema de tu proyecto y escribe una respuesta con la que tú estés de acuerdo. Si ya has escrito la introducción de tu proyecto, usa la misma tesis que vas a defender.

Argumentos y objeciones

La mejor manera de utilizar los argumentos contrarios, es decir, las objeciones, en un ensayo argumentativo no es ignorándolos, sino, al contrario, reconociéndolos y respondiendo a ellos. En una discusión, como se dice con frecuencia, la mejor defensa es un buen ataque. Una técnica muy eficaz consiste en resumir las objeciones y rebatirlas mediante argumentos positivos en favor de nuestra tesis.

6-28 **Adelanta las objeciones.** A continuación te damos una lista de argumentos a favor y en contra de la pena de muerte. Escribe tres párrafos (ya sea a favor, o en contra, según tu opinión) utilizando tres argumentos distintos. En cada párrafo, adelanta y refuta las objeciones a dicho argumento.

A favor	En contra
Hay veces en que el Estado tiene que quitarle la vida a alguien para salvar el bien común.	En ciertos casos los agentes del orden se pueden ver obligados a matar a alguien para salvar su propia vida o la de otros, pero este no es el caso de la pena de muerte, que es el homicidio premeditado de una persona a la que se puede dar otro castigo.
La pena de muerte es una de las más importantes herramientas del Estado para luchar contra el delito.	No existen pruebas científicas que demuestren que la pena de muerte sirve como disuasión.
Es necesario ejecutar a ciertos delincuentes para evitar que reincidan.	La ejecución se cobra un delito hipotético en el futuro, aunque en muchos casos el acusado nunca lo hubiera vuelto a cometer. Es una negación de la posibilidad de rehabilitación.
En ciertos casos es necesaria la pena de muerte para luchar contra la violencia política y el terrorismo.	Con frecuencia se la usa para silenciar a opositores políticos «incómodos», a pesar de que se mantienen dentro de la oposición legal.

CUADERNO

Tarea

Leer la sección
**Gramática
aplicada.**
Actividades: 6-7,
6-8, 6-9, 6-10,
6-11, 6-12, 6-13,
6-14, 6-15, 6-16.

Fuente: *Matar es Matar: Pena de muerte no*. «Preguntas y respuestas sobre la pena de muerte.» Sin fecha. Amnistía Internacional. 1 de julio de 2005. http://www.es.amnesty.org/penademuerte/faq_b.php

6-29 **Argumentos contra objeciones.** Usando un argumento a favor de la tesis de tu proyecto y una objeción a ese mismo argumento, construye un párrafo que puedas usar en tu proyecto. Asegúrate de que adelantas la objeción y la refutas.

REVISIÓN

La organización

La rúbrica que usarás para autoevaluar tu proyecto o para la evaluación del proyecto de un/a compañero/a de clase te pedirá evaluar la organización. Aquí tendrás que leer el proyecto poniendo atención a los siguientes aspectos.

- Que todos los componentes exigidos estén presentes en el proyecto. Es decir, que debes leer con cuidado la descripción del proyecto y sus requisitos, hacer una lista de todo lo que se exige y asegurarte de que el proyecto que estás evaluando incluye todo lo que se pide y que lo incluye en los lugares apropiados.
- Que todos los requisitos exigidos, tales como número de páginas, bibliografía, etc., están presentes.

6-30 **La familia.** En una hipotética clase de psicología de la familia, la profesora te ha pedido que escribas un ensayo argumentativo. Lee con cuidado la siguiente descripción de la tarea y haz una lista de los elementos que la profesora espera encontrar en los ensayos de sus estudiantes.

PS 625 Psicología de la Familia
Dra. Mesa

Proyecto de fin de curso

«Los padres deben hacer pruebas antidroga periódicamente a sus hijos para detectar si están usando narcóticos.»

Escribe un ensayo argumentando a favor o en contra de la afirmación citada arriba. Tu ensayo debe tener un máximo de cuatro páginas y un mínimo de tres. Debes incluir al menos dos citas de personas que están de acuerdo con tu posición y al menos dos citas de fuentes que están en desacuerdo y rebatirlas. Usa al menos dos argumentos apoyados en estadísticas. Estas fuentes deben estar reconocidas tanto en el texto como en la bibliografía. En la introducción de tu ensayo debe quedar claro cuál es su tema general, el enfoque específico y la tesis que tú vas a defender. Finalmente, tu ensayo debe incluir una conclusión.

6-31 **Evalúa la introducción.** A continuación tienes la introducción de dos ensayos escritos en respuesta a la tarea de la actividad anterior. Utilizando la rúbrica de organización que aparece al final de esta sección, evalúa cada una de ellas.

Texto A

El problema de la drogodependencia entre adolescentes es uno de los muchos que debe afrontar la familia en la actualidad. Afortunadamente, recientemente se han desarrollado exámenes que permiten saber con total efectividad y en la privacidad de la propia casa, sin necesidad de acudir a ningún médico ni laboratorio, si una persona ha usado drogas en los últimos veintiocho, cinco ó tres días, según se trate de unas drogas o de otras. Estas pruebas son tan fáciles de aplicar como las que se usan para detectar el embarazo. Con el desarrollo de esta tecnología se pone en manos de la familia un valioso instrumento para la protección de la salud de los jóvenes, pues ahora los padres pueden —y deben— hacer pruebas antidroga periódicamente a sus hijos para detectar si están usando narcóticos.

Texto B

Es impensable que un padre o una madre tenga que hacer pruebas antidroga a sus hijos para saber si están usando narcóticos. La mejor herramienta en la lucha contra la drogadicción en la familia es la confianza que se establece entre los padres y los hijos. Si en cualquier momento un padre utiliza un método que viola de manera tan flagrante la intimidad de sus hijos, la consecuencia inmediata es la pérdida de dicha confianza. Está claro que la mejor manera de saber si tus hijos están usando drogas es hablar, hablar, hablar y escuchar, escuchar, escuchar.

El cuerpo argumentativo

6-32 **¿Qué se exige?** Revisa nuevamente la descripción de la tarea sobre el uso de pruebas antidroga en la actividad 6-31 y haz una lista de los requisitos que conciernen al cuerpo argumentativo.

6-33 **Arguméntalo tú.**

Primera fase. A continuación te presentamos dos argumentos a favor de la proposición y dos argumentos en contra de ella. Escribe un párrafo que incluya una objeción a la tesis que tú defiendes y que la rebata.

A favor	En contra
1. Cuando los padres aplican la prueba, no lo hacen porque tienen desconfianza en sus hijos, sino en los amigos de sus hijos y en los sitios que visitan.	1. No sirve para prevenir, y sólo detecta a quienes ya usan drogas. Nada puede remplazar el diálogo y la confianza, y está demostrado que la represión no funciona.
2. Puesto que la prueba es totalmente fiable, los padres tienen en sus manos una herramienta efectiva para detectar la adición a tiempo. Y puesto que se puede aplicar en casa, se protege la intimidad del joven.	2. El tratamiento de la drogadicción no es cosa para aficionados. Si existen sospechas, lo mejor es poner el asunto en manos de profesionales.

 Segunda fase. Dale tu párrafo a un/a compañero/a para que lo evalúe.

Controla tu progreso

El control completo de la argumentación en la que se apoya una opinión mediante un discurso coherente y bien estructurado se adquiere en el nivel superior en la escala de ACTFL. Este curso de escritura está destinado a llevar al estudiante al nivel avanzado y por lo tanto, no se espera que en los ensayos presentados los estudiantes consigan demostrar un dominio completo de esta función. Sin embargo, es indispensable que una persona que escribe en el nivel avanzado empiece a desarrollar las estrategias argumentativas, aunque su uso no sea sistemáticamente correcto ni tan complejo como se espera en el nivel superior. Inclusive, es posible y probable que al intentar realizar una tarea que está por encima de su nivel, el dominio lingüístico del estudiante sufra pequeños o, incluso, grandes colapsos.

Para tener éxito en este tipo de tareas a nivel avanzado, conviene que te mantengas en un plano concreto. Trata de evitar entrar en complejidades y abstracciones, ya que esa dificultad adicional en el contenido creará mayores dificultades en tu dominio de la lengua. Utiliza al máximo los recursos que has practicado en las unidades anteriores, tales como la descripción, la organización clara de introducción y conclusión, presentación de causas y propósitos. Trabaja en la expresión clara de la tesis del ensayo. Usa las expresiones adversativas para rebatir las objeciones y usa las expresiones que has practicado en otros capítulos para expresar el por qué y el para qué.

Usa estas ideas para describir tu propia escritura, y reflexiona sobre lo siguiente en tu *Diario de escritura*

- ¿Qué pasa con tu dominio de la lengua cuando tratas de presentar argumentos para apoyar una tesis? ¿Aumentan tus dificultades? ¿Tu capacidad para decir lo que quieres se ve disminuida, o es más o menos igual? ¿Notas que es más difícil escribir correctamente?

- ¿Puedes expresar tu opinión en oraciones claras y concretas? ¿Puedes explicar de forma sencilla el por qué prefieres algo? ¿Tienes dificultades para hacerlo aún cuando evitas entrar en temas abstractos o complejos?

- ¿Controlas las estructuras gramaticales sencillas (por ejemplo, concordancia de género y número, ser/estar, por/para)? ¿Usas correctamente las expresiones y oraciones adversativas?

- ¿Controlas las estructuras gramaticales más complejas (por ejemplo, pretérito/ imperfecto, subjuntivo, subordinación)? ¿Siempre? ¿Algunas veces? ¿Evitas usarlas para no tener errores?

Evaluación y rúbricas

6-34 **Tú tienes la palabra.** Utiliza la siguiente rúbrica para autoevaluar la primera versión de tu proyecto de este capítulo (ver página 219) y evaluar el proyecto de uno de tus compañeros/as y hacerle sugerencias para mejorar. En el apéndice 2 del cuaderno encontrarás una copia desprendible de esta rúbrica.

Nombre del autor del ensayo argumentativo: _____

Fecha: _____

Nombre del lector: _____

Criterios de calidad para la tarea del capítulo 6	No lo satisface	Se acerca	Lo satisface
La organización El ensayo tiene una introducción, una conclusión y una sección de bibliografía. Tanto el tema como el foco y el trasfondo de la discusión están expresados claramente en la introducción. La introducción contiene una tesis clara. Incluye una conclusión claramente anunciada. Incluye referencias bibliográficas y citas textuales y/o resumidas. Tiene de dos a tres páginas.			
El cuerpo argumentativo El texto presenta los argumentos claramente organizados en párrafos que tienen una oración temática. La evidencia presentada apoya efectivamente la afirmación argumentada. La evidencia factual que se presenta es verdadera. Los razonamientos son lógicos. Las citas apoyan verdaderamente la tesis del ensayo.			

Nota: Comenta únicamente sobre los aspectos indicados. No hagas comentarios sobre aspectos lingüísticos o gramaticales del texto.

A. Para autoevaluar tu trabajo.

Escribe un párrafo en tu *Diario de escritura,* reflexionando sobre los siguientes temas.

1. ¿Qué aspectos de la tarea encontraste más difíciles?

2. ¿Has usado las técnicas, vocabulario y estrategias discutidas en este capítulo al escribir tu proyecto? ¿Cuál o cuáles has dominado mejor? ¿En cuáles crees que necesitas trabajar un poco más?

3. ¿Qué puedes hacer para mejorar tu habilidad para escribir ensayos académicos basados en la argumentación?

4. ¿Qué crees que puedes hacer para mejorar la organización de tus escritos?

5. Después de usar esta rúbrica, ¿qué debes cambiar al escribir una nueva versión de tu proyecto?

B. Para evaluar la tarea de otro/a estudiante.

Escribe un párrafo con tus sugerencias para el/la autor/a. Incluye sugerencias específicas de cómo tú crees que puede mejorar su texto.

C. Para mejorar lo escrito.

Después de haber leído detenidamente las evaluaciones y rúbricas que tus compañeros han hecho de tu trabajo, prepara una segunda versión para entregarla a tu profesor. Cuando te la devuelva con sus rúbricas y comentarios, debes escribir una última versión para tu portafolio final.

Credits

Guadalupe De Muñoz, «Deforestación». 5 de diciembre, 2003. http://www.monografias.com, 10 de abril, 2006.

Extraños seres de más de dos metros causan el pánico en Chile. August 5, 2004. http://www.elmundo.es/elmundo/2004/08/05/sociedad/1091672873. html. May 15, 2007. Reprinted by permission of Agencia EFE/EFE NEWS Services.

Elsa Granda, «Del dramatismo a la complicidad: La nueva campaña de Tráfico apela a la responsabilidad de los conductores.» *El País*. 17 de marzo, 2005.

Ana Gabriela Rojas, «Chagas, la epidemia silenciosa: 18 millones de suramericanos sufren la dolencia, que tiene el 15% de mortalidad y sólo da síntomas cuando ya es irreversible.» *El País*. 26 de abril, 2005.

Jaime Salinas, *Travesías. Memorias (1925–1955),* Barcelona: Tusquets, 2003. pp. 36–37. © Jaime Salinas, 2003.

Jean-Jacques Sempé, *Rien n'est simple.* © Sempé et Éditions Denoël, 1962, 2002.

Jay Weaver, «Dos grupos de balseros viven odiseas en alta mar.» *Nuevo Herald*. Copyright 2006 by *Miami Herald*. Reproduced with permission of *Miami Herald* in the format Textbook via Copyright Clearance Center.

«Todas las obras de Shakespeare en una sola temporada.» 17 de septiembre, 2004. http://mensual.prensa.com/mensual/contenido/2004/09/ 14/uhora/uhora_cultura.shtml#3101. 18 de mayo de 2007. Reprinted by permission of Associated Press.

Photo Credits

Page 2, Pat Benic/UPI/Corbis/Bettmann; page 6 (a) Janice Morris/Pearson Education/PH College, (b) Laimute Druskis/Pearson Education/PH College, (c) Getty Images, Inc., (d) Gianni Dagli Orti/CORBIS-NY, (e) Jacques Descloitres, MODIS Land Rapid Response Team, NASA/GSFC, (f) Richard Haynes/Silver Burdett Ginn Needham; page 13, Corbis/ Reuters; page 64, Henricks Hodge/SuperStock, Inc. page 66, Michael Littlejohn/Pearson Education/PH College, page 66, Pearson Education/

Índice

Notas

Notas

Notas

Notas

Notas

Notas

Notas

Notas